Gerd Gigerenzer

BAUCH-ENTSCHEIDUNGEN

Die Intelligenz des Unbewussten und die Macht der Intuition

Aus dem Englischen übertragen
von Hainer Kober

Pantheon

Die Originalausgabe erscheint 2007 unter dem Titel
»Gut Feelings« bei Viking, New York.

Klimaneutral
ClimatePartner.com/14044-1912-1001
Druckprodukt

MIX
Papier aus verantwortungsvollen Quellen
FSC® C083411

Penguin Random House Verlagsgruppe FSC® N001967

1. Auflage
Pantheon-Ausgabe August 2021

Umschlaggestaltung: Jorge Schmidt, München, nach einer Vorlage von:
R_M_E Roland Eschlbeck und Rosemarie Kreuzer
Satz: Uhl + Massopust, Aalen
Druck und Bindung: CPI books GmbH, Leck
Printed in Germany
ISBN 978-3-570-55446-3

www.pantheon-verlag.de

*In liebevoller Erinnerung an meine Mutter,
ihren Mut, ihren Humor und ihre Geduld*

Inhalt

Vorwort zur Neuausgabe

Albert Einstein sagte einmal: »Der intuitive Geist ist ein Geschenk und der rationale Geist ein treuer Diener. Wir haben eine Gesellschaft erschaffen, die den Diener ehrt und das Geschenk vergessen hat.« Einstein hatte so recht. Ohne Intuition gäbe es kaum Fortschritt und keine Innovation.

Doch auch heute gibt es immer noch tief verwurzelte Vorurteile gegen Intuition. Einmal wird sie als Selbsttäuschung oder Mystik abgetan, ein andermal werden intuitive Entscheidungen, also Bauchentscheidungen, mit Willkür gleichgesetzt. Das hat eine lange Geschichte. Anfang des 20. Jahrhunderts sahen noch namhafte Psychologen Frauen als intuitiv und Männer als rational an. Erst Ende des Jahrhunderts war dies als Genderstereotyp erkannt, aber die Assoziation zwischen Intuition und Irrationalität blieb bestehen, auch in Teilen der Psychologie. Doch es ist ein Irrtum. Intuition ist kein sechster Sinn, keine göttliche Eingabe, kein weibliches Merkmal. Intuition ist unbewusste Intelligenz, die – unabhängig vom Geschlecht – auf jahrelanger Erfahrung beruht. Man spürt sofort, was man tun soll, kann es aber nicht begründen. Ärzte, die ihre Patienten gut kennen, spüren, wenn etwas mit denen nicht in Ordnung ist, können aber nicht gleich sagen, was es ist. Das ist ein Bauchgefühl. Und dieses Gefühl ist notwendig, um dann Diagnostik einzuleiten und das Problem zu finden. Beides braucht man, Kopf und Bauch. Sie sind keine Gegenpole, sie gehören zusammen.

Ich habe *Bauchentscheidungen* geschrieben, um Intuition aus dem Nebel der Mystik zu befreien und ihr den Stellenwert zu geben, den sie verdient. Und auch um zu zeigen, dass man mit wissenschaftlichen Methoden herausfinden kann, wie Intuition funktioniert. Ein überraschendes Ergebnis ist, dass die Intuition oft mit schnellen, einfachen »Faustregeln« arbeitet. Wenn man diese kennt, kann man sie auch bewusst einsetzen, um bessere Entscheidungen zu treffen oder auch um Anfänger zu unterrichten.

Bauchentscheidungen ist in zwanzig Sprachen und Ausgaben erschienen, und verschiedene Kulturen haben darauf unterschiedlich reagiert. Es beginnt mit der Übersetzung des Titels. In den meisten Sprachen konnte das Wort *Bauchentscheidungen* nicht mal direkt übersetzt werden. Am besten ging es im Englischen mit *Gut Feelings*. Im Französischen bringt man eher das Herz mit Intuition in Verbindung, doch die meisten Kulturen – vom Spanischen und Kroatischen bis zum Chinesischen und Koreanischen – sprechen von Intuition, ohne sie mit einem Körperteil zu verbinden. Wenn Sie also Bücher lesen, in denen behauptet wird, dass das Nervennetz in Ihrem Bauch der Sitz Ihrer Intuition sei, dann wissen Sie, dass die Bücher von deutschen Autoren stammen. Das Nervennetz existiert tatsächlich, kümmert sich aber um die Verdauung.

Auch innerhalb des deutschsprachigen Raums lesen verschiedene Gruppen das Buch mit unterschiedlichen Augen. In Deutschland wurde *Bauchentscheidungen* beispielsweise zum *Wissenschaftsbuch des Jahres* gekürt, in der Schweiz dagegen zum *Wirtschaftsbuch des Jahres* (*Bild der Wissenschaft* bzw. *Handelsblatt*). Was haben Bauchentscheidungen mit Wirtschaft zu tun? Mehr, als man denken würde.

Ich habe Top-Manager von DAX-Konzernen befragt, wie häufig eine wichtige professionelle Entscheidung, die sie treffen, letztendlich eine Bauchentscheidung ist. Die Betonung liegt auf »letztendlich«, denn Manager sitzen meist vor einem Berg von Daten, die nicht immer zuverlässig sind und oft keine eindeutige Entscheidung erlauben. Eine Bauchentscheidung geschieht, wenn Manager sich dann auf ihre innere Stimme verlassen. Es hat mich selbst überrascht, wie häufig Bauchentscheidungen in großen Konzernen sind: in etwa 50 Prozent aller Fälle! Dieselben Manager würden das allerdings aus Angst öffentlich nie zugeben.

Angst wovor? Bei einer Bauchentscheidung muss man selbst die Verantwortung übernehmen. Wir leben aber in einer Gesellschaft, in der immer weniger Führungskräfte bereit sind, Verantwortung zu tragen. Stattdessen versucht man, sich abzusichern. Man stellt etwa Mitarbeiter ab, die eine Woche lang nach Gründen suchen, um die schon getroffene Bauchentscheidung im Nachhinein zu rechtfertigen. Dann präsentiert die Führungskraft der Öffentlichkeit und den Shareholdern diese Intuition als eine rein faktenbasierte Entscheidung. Das ist eine Verschwendung von Zeit, Geld und Intelligenz, nur weil man sich scheut, für Bauchentscheidungen geradezustehen. Es gibt aber einen noch teureren Weg, sich abzusichern. Man stellt eine Beratungsfirma ein, die auf Hunderten von Seiten die bereits getroffene Entscheidung begründet. Sie fragen sich vielleicht, wie oft das passiert? In Gesprächen mit Führungskräften globaler Beratungsfirmen sagten diese mir vertraulich, dass sie für mehr als die Hälfte ihrer Kunden Entscheidungen begründen, die bereits getroffen sind.

Wir bewegen uns immer mehr weg von einer Leistungskultur und hin zu einer Rechtfertigungskultur. Eine Bauchentscheidung kann man nicht mit harten Fakten begründen und wird damit angreifbar. Doch mit einer Rechtfertigungskultur erstickt man Innovation in einer Flut von Dokumentation, um sich abzusichern statt etwas zu riskieren. Bloß nichts wagen, langsam agieren und Verantwortung abschieben, statt sie zu übernehmen. Immer größere Teile der Wirtschaft, Behörden und Politik verkörpern diese Kultur. Innovation hemmt man, indem man Intuition generell als verdächtig ansieht und bei jeder neuen Idee sofort eine Begründung verlangt. Es ist wohl kein Zufall, dass keine Bank PayPal und kein Medienkonzern Google erfunden hat.

Gott sei Dank gibt es noch Bereiche, in denen Intuition mehr geschätzt als gefürchtet wird. Familienunternehmen gehen recht offen mit Bauchentscheidungen um, denn es geht um Leistung und um das eigene Geld. Bei Liebe, Kunst und Sport gilt Intuition ebenfalls als Richtschnur. Stellen Sie sich einmal vor, man würde die Rechtfertigungskultur auch im Sport einführen: Nachdem ein Stürmer ein Tor aus einem unglaublichen Winkel geschossen hat, sagt ihm der Schiedsrichter »Erklären Sie mir, wie Sie das gemacht haben. Wenn Sie das nicht können, zählt das Tor nicht«.

Inzwischen wollen auch immer mehr Tech-Unternehmen uns davon überzeugen, Algorithmen statt der eigenen Urteilskraft und Intuition zu benutzen. Algorithmen können in der Tat weit schneller rechnen als wir, und wenn es um Schach oder andere genau definierte Aufgaben geht, dann sind sie auch meist flinker und genauer als Menschen. Aber wenn es notwendig ist, das Verhalten von Menschen zu verstehen, dann war dazu bisher kein Algorithmus in der Lage. Algorithmen fehlt etwas Wesentliches: Intuition.

Gerd Gigerenzer
Berlin, im Juni 2021

Teil I
Unbewusste Intelligenz

Wir wissen mehr, als wir zu sagen wissen.
Michael Polanyi

Kapitel 1
Bauchgefühle

Das Herz hat seine Gründe, die der Verstand nicht kennt.

Blaise Pascal

Intelligenz stellen wir uns als eine überlegte, bewusste Tätigkeit vor, die von den Gesetzen der Logik bestimmt wird. Doch ein Großteil unseres geistigen Lebens vollzieht sich unbewusst und beruht auf Prozessen, die nichts mit Logik zu tun haben: Bauchgefühle oder Intuitionen. Wir haben Intuitionen über Sport, Freunde, die richtige Zahnpasta und andere gefährliche Dinge. Wir verlieben uns und spüren, dass der DAX steigen wird. Woher kommen diese Gefühle? Woher wissen wir es?

Können unsere Bauchgefühle zu besseren Entscheidungen führen? Diese Annahme erscheint naiv, sogar absurd. Seit Jahrzehnten predigen uns Bücher über rationale Entscheidung und Unternehmensberater Weisheiten wie »Erst wägen, dann wagen« oder »Erst denken, dann handeln«. Seien Sie aufmerksam. Gehen Sie überlegt, besonnen und analytisch vor. Berücksichtigen Sie alle Alternativen, schreiben Sie alle Gründe pro und kontra auf und wägen Sie deren Nutzen und Wahrscheinlichkeiten ab, am besten mithilfe eines teuren statistischen Softwarepakets. Allerdings beschreibt dieses Schema nicht, wie wirkliche Menschen denken – einschließlich der Autoren dieser Bücher. Ein Professor der Columbia University in New York überlegte hin und her, ob er das Angebot einer anderen Universität annehmen sollte. Schließlich nahm ihn ein Kollege beiseite und riet ihm: »Maximiere doch einfach deinen erwarteten Nutzen – du schreibst doch immer darüber.« Darauf entgegnete der Professor entnervt: »Hör auf damit – das ist jetzt ernst!«

Ob Wirtschaftswissenschaftler, Psychologe oder Otto Normalverbraucher – die meisten räumen gern ein, dass das Ideal eines perfekten Menschen mit grenzenlosem Wissen und unbeschränkter Zeit unrealistisch sei. Andererseits sind sie aber überzeugt davon, dass wir ohne diese Einschränkungen und mit mehr Logik bessere Entscheidungen treffen würden, dass wir vielleicht nicht jeden Aspekt berücksichtigen, es aber nach Möglichkeit tun sollten. Dieser Ansicht werden Sie auf den folgenden Seiten nicht begegnen.

Mit diesem Buch lade ich Sie zu einer Reise in ein weitgehend unbekanntes Land der Rationalität ein, das mit Menschen wie uns bevölkert ist, Menschen, die teils unwissend sind, deren Zeit begrenzt und deren Zukunft ungewiss ist. Es ist nicht das Land, über das viele Wissenschaftler so gern schreiben. Sie schildern ein Land, auf das die Sonne der Aufklärung ihre Strahlen der Logik und Wahrscheinlichkeit fallen lässt, während das Land, das wir besuchen, in einen Dunst der Ungewissheit gehüllt ist. In meiner Geschichte können sich die vermeintlichen »Beschränkungen« der Intelligenz in Wahrheit als ihre Stärke entpuppen. Wie sich die Intelligenz anpasst und mit ihren Mitteln haushaltet, indem sie sich auf das Unbewusste, auf Faustregeln und auf evolvierte Fähigkeiten verlässt – davon handelt dieses Buch. Die Gesetze in der wirklichen Welt unterscheiden sich verblüffend von denjenigen in der logischen, idealisierten Welt. Mehr Informationen und Überlegungen sind nicht immer besser – weniger kann mehr sein. Wollen Sie einen Blick riskieren?

Herzensentscheidung

Ein guter Freund von mir (nennen wir ihn Harry) stand eines Tages zwischen zwei Freundinnen, die er beide liebte, begehrte und bewunderte. Zwei waren jedoch eine zu viel. Verwirrt von widersprüchlichen Emotionen und unfähig, eine Entscheidung zu treffen, erinnerte er sich an den Rat, den Benjamin Franklin einst einem Neffen in einer ähnlichen Situation gegeben hatte:[1]

8. April 1779

Wenn du zweifelst, notiere alle Gründe, pro und contra, in zwei nebeneinanderliegenden Spalten auf einem Blatt Papier, und nachdem du sie zwei oder drei Tage bedacht hast, führe eine Operation aus, die manchen algebraischen Aufgaben ähnelt; prüfe, welche Gründe oder Motive in der einen Spalte denen in der anderen an Wichtigkeit entsprechen – eins zu eins, eins zu zwei, zwei zu drei oder wie auch immer –, und wenn du alle Gleichwertigkeiten auf beiden Seiten gestrichen hast, kannst du sehen, wo noch ein Rest bleibt. … Dieser Art *moralischer Algebra* habe ich mich häufig in wichtigen und zweifelhaften Angelegenheiten bedient, und obwohl sie nicht mathematisch exakt sein kann, hat sie sich für mich häufig als außerordentlich nützlich erwiesen. Nebenbei bemerkt, wenn du sie nicht lernst, wirst du dich, fürchte ich, nie verheiraten.

Dein dich liebender Onkel
B. Franklin

Harry war sehr erleichtert, dass eine logische Formel existierte, um seinen Konflikt zu lösen. Also nahm er sich die Zeit, schrieb alle wichtigen Gründe auf, die ihm einfielen, gewichtete sie sorgfältig und begann zu rechnen. Als er das Ergebnis sah, geschah etwas Unerwartetes. Eine innere Stimme sagte ihm, es sei nicht richtig. Da erkannte Harry zum ersten Mal, dass sein Herz bereits entschieden hatte – gegen die Kalkulation und zugunsten des anderen Mädchens. Die Berechnung half ihm bei der Lösung, aber nicht durch ihre Logik. Vielmehr brachte sie ihm eine unbewusste Entscheidung zu Bewusstsein, deren Gründe ihm selber unklar waren.

Dankbar für die plötzliche Lösung, aber von dem Vorgang selbst verwirrt, fragte sich Harry, wie es möglich sei, unbewusste Entscheidungen zu treffen, die im Widerspruch zu unserem bewussten Denken stehen. Er war nicht der Erste, der erkennen musste, dass unser Denken mit den Prozessen kollidieren kann, die wir als Intuition bezeichnen. So haben der Sozialpsychologe Timothy Wilson und seine Kollegen Frauen ein Poster als Dank für die Mitwirkung an einem Experiment geschenkt.[2] In einer Gruppe von Frauen wählte jede einfach unter fünf zur Auswahl stehenden Postern dasjenige aus, das ihr am besten gefiel; in einer zweiten Gruppe musste jede Teilnehmerin die Gründe beschreiben, warum ihr die einzelnen Poster gefielen oder missfielen, bevor sie sich für eines entschied. Interessanterweise tendierten die beiden Gruppen dazu, unterschiedliche Poster mit nach Hause zu nehmen. Vier Wochen später fragte man sie, wie ihnen ihr Geschenk gefalle. Die Frauen, die Gründe genannt hatten, waren weniger zufrieden und bedauerten ihre Wahl mehr als diejenigen, die keine genannt hatten. Hier und in ähnlichen Experimenten scheint uns die bewusste Vergegenwärtigung von Gründen zu Entscheidungen zu führen, die uns weniger glücklich machen – so wie etwa das bewusste Nachdenken über den genauen Ablauf des Fahrradfahrens oder eines spontanen Lächelns nicht immer bessere Ergebnisse zeitigt als deren unmittelbare Versionen. Die unbewussten Teile unserer Intelligenz können entscheiden, ohne dass wir – das bewusste Selbst – ihre Gründe kennen oder, wie in Harrys Fall, überhaupt wissen, dass eine Entscheidung längst gefallen ist.

Doch ist nicht die Fähigkeit der Selbstreflexion eine besondere Eigenschaft des Menschen und damit grundsätzlich von Vorteil? Macht nicht dieses Nachdenken über das eigene Denken das Wesen des Menschen aus? Freud verwendete die Selbstbeobachtung als therapeutisches Verfahren, und Unternehmensberater empfehlen moderne Spielarten von Franklins moralischer Algebra als rationales Werkzeug. Aber die Forschungsergebnisse lassen darauf schließen, dass uns das Abwägen von Pro und Kontra nicht generell glücklich macht. In einer Studie wurden die Teilnehmer nach verschiedenen Alltagsbeschäftigungen gefragt, etwa wie sie entschieden, welche Fernsehsendung sie sich abends ansahen oder was sie im Supermarkt kauften. Überprüften sie alle Kanäle, indem sie, ständig auf der Suche nach einer besseren Sendung, pausenlos hin und her zappten? Oder stellten sie die Suche rasch ein und gaben sich mit einem ersten interessanten Programm zufrieden? Menschen, die von umfangreicher Suche bei Einkauf und Freizeitaktivitäten berichteten, wurden als *Maximierer* bezeichnet, weil sie die bestmögliche Wahl treffen wollten. Wer seine Suche begrenzte und sich rasch mit der ersten Alternative begnügte, die »gut genug« war, wurde als *Satisficer* bezeichnet.[3] Laut der Studie zeigten die *Satisficer* größeren Optimismus, höhere Selbstachtung und Lebenszufriedenheit, während die *Maximierer* bei Depressionen, Perfektionismus, Reue und Selbstvorwürfen vorne lagen.

Ein nützliches Maß an Unwissenheit

Stellen Sie sich vor, Sie nehmen an einer Gameshow im Fernsehen teil. Sie haben alle Mitbewerber aus dem Feld geschlagen und erwarten nun bebend die Eine-Million-Euro-Frage. Hier ist sie:

Welche Stadt hat mehr Einwohner, Detroit oder Milwaukee?

Mist, Geografie ist nie Ihre Stärke gewesen! Die Zeit läuft erbarmungslos ab. Abgesehen von ein paar absonderlichen Trivial-Pursuit-Junkies dürften nur wenige Menschen die Antwort kennen. Es gibt keine Möglichkeit, die richtige Lösung logisch abzuleiten; Sie müssen auf der Grundlage dessen, was Sie wissen, eine Vermutung äußern. Vielleicht erinnern Sie sich, dass Detroit eine Industriestadt ist, der Geburtsort von Motown und der amerikanischen Automobilindustrie. Doch auch Milwaukee ist eine Industriestadt, bekannt für ihre Brauereien, und vielleicht erinnern Sie sich auch an den Song von Ella Fitzgerald, in dem sie von ihrer Cousine mit der quäkenden Stimme erzählt. Was können Sie daraus schließen?

Daniel Goldstein und ich stellten diese Frage in einem amerikanischen College-Kurs, und die Studenten waren geteilter Meinung – rund 40 Prozent entschieden sich für Milwaukee, die anderen für Detroit. Anschließend testeten wir eine entsprechende Gruppe von deutschen Studenten. Praktisch alle gaben die richtige Antwort: Detroit. Man könnte daraus schließen, die Deutschen seien schlauer oder wüssten zumindest besser in amerikanischer Geografie Bescheid. Doch das Gegenteil ist der Fall. Sie wussten sehr wenig über Detroit, und viele von ihnen hatten sogar noch nie etwas von Milwaukee gehört. Daher mussten sich die deutschen Studenten auf ihre Intuition anstatt auf gute Gründe verlassen. Worin liegt das Geheimnis dieser verblüffenden Intuition?

Die Antwort ist überraschend einfach. Die Deutschen verwendeten eine Faustregel, die als *Rekognitionsheuristik* bezeichnet wird:[4]

> *Wenn du den Namen der einen Stadt, aber nicht den der anderen erkennst, dann schließe daraus, dass die wiedererkannte Stadt mehr Einwohner hat.*

Die amerikanischen Studenten konnten diese Faustregel *nicht* benutzen, weil sie schon von beiden Städten gehört hatten. Sie wussten zu viel. Die vielen Fakten trübten ihr Urteil und hinderten sie daran, die richtige Antwort zu finden. Ein gewisses Maß an Unwissenheit kann also durchaus von Wert sein. Natürlich ist, wer sich auf das Wiedererkennen von Namen verlässt, auch nicht gegen Fehler gefeit. Beispielsweise werden japanische Touristen mit hoher Wahrscheinlichkeit darauf schließen, dass Heidelberg größer als Bielefeld ist, weil sie von letzterer Stadt noch nie etwas gehört haben. Trotzdem verhilft uns diese Regel in den meisten Fällen zu der richtigen Antwort, und zwar besser als selbst ein beträchtliches Wissen.

Die Rekognitionsheuristik kann uns nicht nur dabei helfen, eine Million Euro zu gewinnen. So wenden wir sie gewöhnlich auch dann an, wenn wir Produkte kaufen, deren Markennamen wir erkennen. Diese Heuristiken oder Faustregeln von Verbrauchern machen sich Unternehmen zunutze, indem sie wenig informative Werbekampagnen finanzieren, die nur einen einzigen Zweck haben: den Wiedererkennungswert eines Markennamens zu erhöhen. Der Instinkt, sich an das zu halten, was man kennt, hat in freier Natur Überlebenswert. Denken Sie nur an die lila Kuh. Wenn die Milch vom letzten Einkauf eine ähnliche Farbe hätte, würden Sie da nicht lieber eine weniger exotische Variante wählen? Wenn Sie sich an vertraute Nahrungsmittel halten, bekommen Sie die erforderlichen Kalorien, ohne Zeit zu verschwenden und ohne Ihr Schicksal herauszufordern. Wie sollen Sie wissen, ob die bunte Flüssigkeit ungenießbar oder gar giftig ist?

Siegen, ohne zu denken

Wie fängt ein Spieler einen hoch fliegenden Ball beim Baseball oder Kricket? Wenn Sie einen Berufsspieler fragen, würde er Sie vermutlich verständnislos anblicken und antworten, dass er noch nie darüber nachgedacht habe. Mein Freund Phil spielte Baseball für ein lokales Team. Sein Trainer warf ihm wiederholt Faulheit vor, weil Phil, wie andere Mannschaftskameraden auch, gelegentlich in gemächlichem Tempo zu dem Punkt trottete, wo der Ball herunterkam. Der zornige Trainer dachte, Phil ginge ein überflüssiges Risiko ein, und verlangte von ihm, er solle so schnell wie möglich zu dieser Stelle laufen, um im letzten Augenblick noch notwendige Korrekturen vornehmen zu können. Phil steckte in einem Dilemma. Er und seine Mannschaftskameraden suchten dem Zorn des Trainers zu entgehen, indem sie nun mit höchstem Tempo sprinteten. Sie verfehlten den Ball jedoch weitaus häufiger. Was ging da schief? Phil hatte jahrelang als Outfielder gespielt und nie verstanden, wie er den Ball fing. Sein Trainer dagegen hatte eine Theorie: Er glaubte, die Spieler würden intuitiv die Flugbahn des Balls berechnen, daher wäre die beste Strategie, so schnell wie möglich zu der Stelle zu laufen, wo der Ball auf dem Boden auftreffen musste. Gab es eine andere Möglichkeit?

Phils Trainer war nicht der Einzige, der sich über die Berechnung von Flugbahnen den Kopf zerbrach. In seinem Buch *Das egoistische Gen* schrieb der Biologe Richard Dawkins:[5]

> »Wenn ein Mensch einen Ball hoch in die Luft wirft und wieder auffängt, verhält er sich so, als hätte er eine Reihe von Differenzialgleichungen gelöst, um die Flugbahn des Balls vorauszusagen. Er mag gar nicht wissen oder sich dafür interessieren, was eine Differenzialgleichung ist, aber das beeinträchtigt seine Geschicklichkeit beim Ballspiel nicht im Geringsten. Auf einer unbewussten Ebene geschieht etwas, das funktionell den mathematischen Berechnungen entspricht.«

Es ist gar nicht so einfach, die Flugbahn eines Balls zu berechnen. Theoretisch haben Bälle parabolische Flugbahnen. Um die richtige

Abbildung 1.1: Wie fängt man einen hohen Ball? Die Spieler verlassen sich auf unbewusste Faustregeln. Wenn ein Ball hoch ankommt, richtet der Spieler den Blick auf den Ball, beginnt zu laufen und passt seine Geschwindigkeit so an, dass der Blickwinkel konstant bleibt.

Parabel auszuwählen, müsste das Gehirn des Spielers die ursprüngliche Entfernung, die Geschwindigkeit und den Winkel der Flugbahn des Balls schätzen. Doch in der realen Welt fliegen Bälle infolge von Luftwiderstand, Wind und Drall nicht in Parabeln. Das Gehirn müsste also darüber hinaus fortwährend die Geschwindigkeit und Richtung des Winds berücksichtigen, um die resultierende Flugbahn und den voraussichtlichen Landepunkt zu berechnen. All das müsste in wenigen Sekunden geschehen – das heißt, während der Ball in der Luft ist. Das ist die Standarderklärung, die davon ausgeht, dass die menschliche Intelligenz ein komplexes Problem durch einen komplexen Prozess löst. Doch als man sie experimentell überprüfte, erzielten die Spieler nur dürftige Ergebnisse, sobald sie schätzten, wo der Ball auf den Boden treffen würde.[6] Wären sie zu solchen Schätzungen fähig, sähe man sie bei dem Versuch, einen hohen Ball zu fangen, nicht in Mauern, Spielerbänke und Zuschauerränge laufen. Offenbar ist da etwas anderes am Werk.

Gibt es eine einfache Faustregel, mit deren Hilfe Spieler Bälle fangen? Experimente haben gezeigt, dass erfahrene Spieler sogar mehrere Faustregeln benutzen. Eine von ihnen ist die *Blickheuristik*, die zur Anwendung kommt, wenn der Ball bereits hoch in der Luft ist:

> *Fixiere den Ball, beginne zu laufen, und passe deine Laufgeschwindigkeit so an, dass der Blickwinkel konstant bleibt.*

Der Blickwinkel ist der Winkel einer gedachten Achse zwischen Auge und Ball relativ zum Erdboden. Ein Spieler, der diese Regel anwendet, muss weder Wind, Luftwiderstand, Drall noch die anderen kausalen Variablen messen. Alles, was er wissen muss, ist in einer einzigen Größe enthalten: dem Blickwinkel. Zwar wird der Spieler, der die Blickheuristik anwendet, nicht berechnen können, wo der Ball landet, doch die Heuristik wird ihn zum Landepunkt führen.

Wie bereits erwähnt, ist die Blickheuristik nur in Situationen anwendbar, in denen sich der Ball bereits hoch in der Luft befindet. Ist das noch nicht der Fall, muss der Spieler nur den letzten seiner drei »Bausteine« verändern:[7]

> *Fixiere den Ball, beginne zu laufen, und passe deine Laufgeschwindigkeit so an, dass der Ball aus deinem Blickwinkel mit konstanter Geschwindigkeit steigt.*

Die Logik ist intuitiv zu erkennen. Wenn der Spieler den Ball vom Abschlagpunkt mit sich beschleunigendem Tempo steigen sieht, sollte er lieber rückwärtslaufen, weil der Ball hinter seiner derzeitigen Position auf den Boden treffen wird. Sieht er den Ball jedoch mit abnehmender Geschwindigkeit steigen, muss er umgekehrt auf den Ball zu laufen. Steigt der Ball mit gleichbleibender Geschwindigkeit, befindet sich der Spieler in der richtigen Position.

Jetzt können wir verstehen, wie Spieler hohe Bälle fangen, ohne nachzudenken, und worin Phils Dilemma besteht. Während der Trainer fälschlicherweise annahm, seine Spieler würden irgendwie die Flugbahn berechnen, verließen sich seine Leute tatsächlich auf eine einfache, unbewusste Faustregel, die vorgibt, wie schnell ein Spieler läuft. Da Phil nicht wusste, warum er sich so und nicht anders verhielt, konnte er sich nicht verteidigen. Die Faustregel nicht zu kennen kann unerwünschte Folgen haben.

Die meisten Feldspieler sind sich der Blickheuristik völlig unbewusst, obwohl sie so einfach ist.[8] Sobald jedoch die Regel, die einem intuitiven Gefühl zugrunde liegt, bewusst gemacht ist, kann sie auch gelehrt werden. Wenn Sie fliegen lernen, bringt man Ihnen eine Spielart dieser Heuristik bei: Falls sich Ihnen ein anderes Flugzeug nähert und Sie eine Kollision befürchten, schauen Sie auf einen Kratzer in Ihrer Windschutzscheibe und beobachten, ob sich das andere Flugzeug relativ zu diesem Kratzer bewegt. Wenn nicht, ziehen Sie die Maschine augenblicklich nach unten. Kein vernünftiger Fluglehrer wird Sie dazu auffordern, die Bahn Ihres Flugzeugs im vierdimensionalen Raum (einschließlich der Zeit) zu berechnen, die des anderen Flugzeugs zu schätzen und dann zu ermitteln, ob sich die beiden Flugbahnen schneiden. Bevor der Pilot nämlich seine Berechnungen abgeschlossen hätte und zu der Erkenntnis gelangt wäre, dass eine Kollision droht, hätte sie schon stattgefunden. Eine einfache Regel ist weniger anfällig für Schätz- oder Rechenfehler und intuitiv einsichtig.

Die Blickheuristik und ihre Verwandten sind für eine Klasse von Problemen zuständig, die mit dem Zusammenstoß bewegter Objekte zu tun haben. Bei Ballspiel und Jagd dient die Blickheuristik zur Erzeugung von Kollisionen, bei Luft- und Seefahrt zu ihrer Vermeidung.[9] Das Fangen bewegter Objekte ist eine wichtige Adaptionsleistung in der Menschheitsgeschichte, und leicht lässt sich die Blickheuristik von ihrem evolutionären Ursprung, etwa in der Jagd, auf Ballspiele übertragen. Abfangtechniken sind nicht nur bei Menschen zu beobachten. Viele Organismen, von Fischen bis zu Fledermäusen, besitzen die angeborene Fähigkeit, ein Objekt mit den Augen zu verfolgen, das durch den dreidimensionalen Raum fliegt – eine biologische Vorbedingung für die Blickheuristik. Der Knochenfisch fängt seine Beute, indem er einen konstanten Winkel zwischen der eigenen Bewegungsrichtung und der des Zielobjekts einhält, und männliche Schwebefliegen wenden die gleiche Technik an, um Weibchen zur Paarung abzufangen.[10] Wenn ein Hund hinter einem fliegenden Frisbee herjagt, folgt er dem gleichen Instinkt wie der Outfielder beim Baseball. Allerdings hat ein Frisbee eine kompliziertere Flugbahn als ein Baseball; er beschreibt Kurven in der Luft. Wie eine Studie zeigte, bei der man eine winzige Kamera am Kopf eines Spaniels angebracht hatte, lief der Hund so, dass der Ball sich aus seiner Perspektive geradlinig bewegte.[11]

Obwohl die Blickheuristik auf einer unbewussten Ebene angewendet wird, sind einige ihrer »Bausteine« Bestandteil der Volksweisheit. So meinte US-Senator Russ Feingold zum Vorgehen der Bush-Administration gegen den Irak, während Al-Qaida anderweitig ihr Unwesen trieb: »Ich frage Sie, Vize-Verteidigungsminister Wolfowitz, sind Sie sicher, dass wir den Ball im Blick haben?«[12] Übrigens lässt sich die Blickheuristik nicht auf alle diese Probleme anwenden. Viele Ballspieler erklären übereinstimmend, der schwierigste Ball sei derjenige, der direkt auf den Körper gespielt werde – eine Situation, in der die Faustregel nutzlos ist.

Die Blickheuristik verdeutlicht, wie ein komplexes Problem, bei dem kein Roboter es einem Menschen gleichtun könnte – einen Ball in Echtzeit zu fangen –, leicht gemeistert werden kann. Sie lässt alle kausalen Informationen außer Acht, die erforderlich sind, um die Flugbahn des Balls zu berechnen, und berücksichtigt nur eine Information, den Blickwinkel. Ihre Logik ist kurzsichtig, denn sie orientiert sich nur an inkrementellen Veränderungen, statt von der Idealvorstellung auszugehen, nach der man erst die beste Lösung errechnet und dann entsprechend handelt. Strategien, die sich an inkrementellen Veränderungen ausrichten, sind auch charakteristisch für die Entscheidungen, die Organisationen über ihren Jahreshaushalt treffen. Am Max-Planck-Institut, an dem ich arbeite, nehmen meine Kollegen und ich meist nur kleine Korrekturen am Haushalt des Vorjahrs vor, statt das Budget vollkommen neu aufzustellen. Weder Sportler noch Manager müssen den Kurs von Bällen oder Unternehmen im Voraus berechnen können. In der Regel wird sie eine intuitive »Abkürzung« ans gewünschte Ziel bringen und das Risiko schwerwiegender Fehler verringern.

Drogenkuriere

Dan Horan wollte schon immer Polizeibeamter werden, und nach vielen Jahren als Polizist ist es noch immer sein Traumberuf. Seine Welt ist der Los Angeles International Airport, wo er versucht, Drogenkuriere aufzuspüren. Die Kuriere kommen mit vielen hunderttausend Dollar Bargeld nach L.A. und fliegen von dort in andere US-amerikanische Großstädte, um die erworbenen Drogen abzuliefern. An einem Sommerabend war der Flughafen voller Menschen, die auf ihren Flug warteten oder ankommende Fluggäste abholen wollten. Officer Horan ging zwischen ihnen umher und hielt nach etwas Ungewöhnlichem Ausschau. Lose hing das Polohemd über seine Shorts herab, um Pistole, Handschellen und Funkgerät zu verbergen. Für das ungeübte Auge wies nichts an ihm darauf hin, dass er ein Polizist war.

Doch die Frau, die mit einem Flugzeug vom Kennedy Airport in New York eingetroffen war, war weder unerfahren noch unvorsichtig.[13] Sie zog einen schwarzen Rollkoffer hinter sich her, die Farbe, für die sich heute fast jeder entscheidet. Wenige Schritte hinter dem Tor ihres Flugsteigs kreuzten sich ihre Blicke. Augenblicklich bildete sich jeder eine Meinung über den anderen und über die Gründe, die jeden zum Flughafen geführt hatten, und beide hatten recht. Horan folgte ihr nicht über die Rolltreppe hinaus, sondern verständigte über Funk seinen Partner, der vor dem Abfertigungsgebäude wartete. Horan und sein Partner sahen völlig unterschiedlich aus. Horan war Anfang vierzig und glatt rasiert, während sein Partner einen Bart trug und Ende fünfzig war. Doch als sich die Frau durch die Drehtür in die Gepäckhalle begab, brauchte sie lediglich zehn Sekunden, um in der wartenden Menge den Partner von Horan als das zu erkennen, was er war. Als die Frau die Halle rasch durchschritt, stieg vor dem Gebäude ein Mann aus seinem geparkten Ford Explorer und ging ihr entgegen. Die Frau wechselte kurz ein paar Worte mit ihm, warnte ihn vor den Kriminalbeamten und wandte ihm dann den Rücken zu. Der Mann ging zu seinem Wagen, fuhr sofort davon und ließ sie bei den Polizisten allein zurück.

Horans Partner ging auf die Frau zu, wies sich als Polizeibeamter aus und bat sie um ihr Flugticket. Lächelnd und plaudernd suchte sie ihre Nervosität zu verbergen, doch als der Beamte sie nach dem Inhalt ihres Koffers befragte, gab sie sich beleidigt und verweigerte die Durchsuchung ihres Koffers. Dann müsse sie ihn aufs Revier begleiten, sagte der Partner, und warten, während er versuche, einen Durchsuchungsbeschluss für ihren Koffer zu bekommen. Trotz wütender Proteste wurden ihr Handschellen angelegt, und nach wenigen Minuten hatte ein Polizeihund Rauschgiftspuren an ihrem Koffer gewittert. Ein Richter unterschrieb einen Durchsuchungsbeschluss, und als die Polizeibeamten den Koffer öffneten, fanden sie 200 000 Dollar in bar. Sie waren, wie die Frau schließlich gestand, zum Ankauf einer größeren Menge Marihuana bestimmt, das nach New York gebracht und auf der Straße verkauft werden sollte.

Wie gelang es Horan, diese Frau intuitiv in einer Menge von mehreren hundert Menschen herauszufinden? Als ich ihn fragte, antwortete er, das wisse er nicht. Er konnte sie in dieser großen Menge entdecken, aber nicht angeben, was ihm an ihr ungewöhnlich erschienen war. Er hielt nach jemandem Ausschau, der nach ihm Ausschau hielt. Doch was für Hinweise in ihrem Erscheinungsbild brachten ihn zu der Vermutung, sie sei ein Kurier? Horan wusste es nicht.

Obwohl Horans Intuition ihn zu einem ausgezeichneten Polizisten macht, wird das vom Rechtssystem nicht unbedingt anerkannt. In der Regel berücksichtigen US-amerikanische Gerichte die Ahnungen von Polizeibeamten nicht, sondern verlangen von ihnen, eindeutige Fakten zu benennen, die eine Fahndung, ein Verhör oder eine Verhaftung rechtfertigen. Selbst wenn ein Polizeibeamter aufgrund einer Ahnung ein Auto anhält, dabei Drogen oder illegale Waffen findet und genau dies aussagt, lassen Richter »bloße Ahnungen« oft nicht als ausreichende Gründe für eine Durchsuchung gelten.[14] Sie versuchen die Bevölkerung vor willkürlichen Durchsuchungen zu bewahren und ganz allgemein die bürgerlichen Freiheiten zu schützen. Doch ihr Bestehen auf nachträglicher Rechtfertigung verkennt, dass gute Expertenurteile in der Regel intuitiv sind. Daher haben Polizeibeamte gelernt, vor Gericht keine Ausdrücke wie »Ahnung« oder »Instinkt« zu verwenden, sondern im

Nachhinein »objektive« Gründe zu liefern. Denn sonst könnten nach US-amerikanischem Recht alle Beweise, die aufgrund einer Intuition gefunden wurden, vom Gericht nicht anerkannt und der Beschuldigte freigesprochen werden.

Zwar sprechen viele Richter den Ahnungen von Polizisten jegliche Bedeutung ab, verlassen sich selbst aber durchaus auf ihre Intuition. Dazu erklärte mir ein Richter: »Ich misstraue den Ahnungen von Polizisten, weil es nicht meine Ahnungen sind.« Entsprechend zögert ein Staatsanwalt nicht, eine potenzielle Geschworene von vornherein abzulehnen, weil sie Goldschmuck zum T-Shirt trägt oder weil er angesichts ihrer Hobbys – Essen, Frisuren und Talkshows – ihre Intelligenz in Zweifel zieht. Jedoch sollte es weder um die Ahnungen an sich noch um die Fähigkeit gehen, hinterher Gründe zu erfinden, während man die unbewusste Natur der Ahnungen verheimlicht. Um Diskriminierung zu vermeiden, müsste das Rechtssystem stattdessen die Qualität der Intuitionen von Polizisten kontrollieren, das heißt überprüfen, wie gut es einem Beamten tatsächlich gelingt, Straftäter zu erkennen. In anderen Berufen werden erfolgreiche Experten nach ihrer Leistung beurteilt – und nicht nach ihrer Fähigkeit, nachgeschobene Erklärungen für ihre Leistungen zu liefern. »Chicken Sexers« (Spezialisten für die Geschlechtsbestimmung von Küken)[15], Schachgroßmeister, Baseballprofis, Komponisten und preisgekrönte Schriftsteller sind in der Regel unfähig zu beschreiben, wie sie tun, was sie tun. Für viele Fertigkeiten gibt es keinen sprachlichen Ausdruck.

Unbewusste Intelligenz

Gibt es Bauchgefühle? Die vier vorstehenden Geschichten legen den Schluss nahe, dass die Antwort Ja heißt und sich sowohl Fachleute als auch Laien auf sie verlassen. Partner zu wählen, Antworten auf Eine-Million-Euro-Fragen zu finden, Bälle zu fangen und Drogenkuriere aufzuspüren – diese Episoden sind nur winzige Flecken auf dem weiten Feld von Problemen, welche die Intuition zu lösen hilft. Es gibt sehr viel mehr Situationen, in denen uns die Intuition durchs Leben steuert. Häufig ist die Intelligenz ohne bewusstes Denken am Werk. Tatsächlich ist die Großhirnrinde, in der die Flamme des Bewusstseins leuchtet, ebenso angefüllt mit unbewussten Prozessen wie die älteren Teile unseres Gehirns. Es ist ein Irrtum anzunehmen, Intelligenz sei zwangsläufig bewusst und hänge nur mit Überlegung zusammen.[16] Muttersprachler sind augenblicklich in der Lage anzugeben, ob ein Satz grammatisch korrekt ist oder nicht, aber nur wenige können die zugrunde liegenden grammatischen Prinzipien verbalisieren. Wir wissen mehr, als wir zu sagen wissen. Lassen Sie mich nun klar zum Ausdruck bringen, was ein Bauchgefühl ist.[17] Ich verwende die Begriffe *Bauchgefühl, Intuition* oder *Ahnung* austauschbar, um ein Urteil zu bezeichnen,

1. das rasch im Bewusstsein auftaucht,
2. dessen tiefere Gründe uns nicht ganz bewusst sind und
3. das stark genug ist, um danach zu handeln.

Doch können wir unserem Bauch trauen? Die Antwort auf diese Frage teilt die Menschheit in skeptische Pessimisten und leidenschaftliche Optimisten. Auf der einen Seite meinte Sigmund Freud warnend, es sei »nur Illusion, wenn man von der Intuition … etwas erwartet«. Und wie er werfen viele zeitgenössische Psychologen der Intuition systematische Unzulänglichkeit vor, weil sie Informationen missachte, gegen die Gesetze der Logik verstoße und die Ursache menschlicher Katastrophen sei.[18] In Übereinstimmung mit dieser negativen Haltung misst unser Bildungssystem der Kunst der Intuition so gut wie keine Bedeutung bei. Auf der anderen Seite sind die Menschen im Alltag geneigt, ihren Intuitionen zu vertrauen, und populärwissenschaftliche Bücher preisen die Wunder rascher Einsicht.[19] Nach dieser optimistischen Auffassung wissen wir im Allgemeinen, was zu tun ist, wenn auch nicht, warum. Im Endeffekt sind sich Optimisten und Pessimisten darin einig, dass Ahnungen oft gut sind, ausgenommen, sie sind schlecht – was vollkommen richtig ist, uns aber nicht wirklich weiterhilft. Daher lautet die eigentliche Frage nicht, ob, sondern wann wir unserem Bauch vertrauen können. Um sie zu beantworten, müssen wir zunächst klären, wie Intuition zustande kommt.

Welches rationale Prinzip liegt einem Bauchgefühl zugrunde? Bis in jüngster Zeit war die Antwort auf diese Frage weitgehend unbekannt. Definitionsgemäß hat das Subjekt des Gefühls keine Ahnung. Angesehene Philosophen haben die Ansicht vertreten, Intuition sei geheimnisvoll und unerklärlich. Kann Wissenschaft das Geheimnis lüften? Oder ist Intuition menschlichem Zugriff entzogen – die Stimme Gottes, Eingebung oder ein sechster Sinn jenseits wissenschaftlicher Erklärungen? In diesem Buch vertrete ich die Auffassung, dass Intuition nicht nur ein Impuls oder eine Laune ist, sondern auch ihre eigene Gesetzmäßigkeit hat. Lassen Sie mich daher zunächst erklären, woraus diese *nicht* besteht. Wenn Experimente wie die Poster-Studie zeigen, dass bewusstes Denken im Vergleich zur Intuition zu schlechteren Ergebnissen führt, drängt sich eine Frage auf: Wie kann Franklins Bilanzmethode, die Bibel der Entscheidungstheorie, ihre Wirkung verfehlen? Statt die geheiligte Autorität infrage zu stellen, zogen die Forscher den Schluss, die Intuition müsse die Bilanzmethode automatisch angewendet haben: Alle Informationen seien berücksichtigt und optimal gewichtet, während das bewusste Denken dies versäumt habe.[20] Gute Entscheidungen müssten immer auf einer komplexen Gewichtung von Pro und Kontra beruhen, so diese Überzeugung. Doch Franklins moralische Algebra deckt sich nicht mit meiner Vorstellung von Intuition, und Komplexität ist, wie wir gleich sehen werden, nicht immer der beste Weg.

Wie funktionieren Bauchgefühle? Nach meiner Ansicht besteht ihr Grundprinzip aus zwei Elementen:

1. einfache Faustregeln, die sich
2. evolvierte Fähigkeiten des Gehirns zunutze machen.

Dabei verwende ich den umgangssprachlichen Ausdruck *Faustregel* synonym mit dem wissenschaftlichen Terminus *Heuristik*. Eine Faustregel unterscheidet sich grundlegend von einer Bilanzmethode mit Pro und Kontra; sie versucht, die wichtigste Information herauszugreifen, und lässt den Rest außer Acht. Bei der Eine-Million-Euro-Frage kennen wir das Grundprinzip – die Rekognitionsheuristik, deren interessantes Merkmal darin besteht, dass sie sich unsere partielle Unwissenheit zunutze macht. Für das Fangen eines Balls haben wir die Blickheuristik identifiziert, die alle für die Berechnung der Wurfbahn erforderlichen Informationen beiseitelässt. Diese Faustregeln ermöglichen rasches Handeln. Jede macht sich eine evolvierte Fähigkeit des Gehirns zunutze: das Wiedererkennungsgedächtnis beziehungsweise das Vermögen, bewegte Objekte mit den Augen zu verfolgen. Der Terminus *evolviert* bezeichnet keine Fertigkeit, die allein von der Natur oder der Kultur hervorgebracht wurde. Vielmehr gibt die Natur dem Menschen eine Möglichkeit, die dann durch längere Übung zu einer Fähigkeit wird. Ohne die evolvierten Fähigkeiten könnte die einfache Regel ihre Aufgabe nicht erfüllen; doch ohne die Regel könnten auch die Fähigkeiten das Problem nicht lösen.

Man kann das Wesen von Bauchgefühlen in zweierlei Weise verstehen. Die eine beruht auf logischen Grundsätzen und der Annahme, Intuition löse ein komplexes Problem durch eine komplexe Strategie. Die andere bezieht psychologische Prinzipien ein, die auf Einfachheit setzen und die Fähigkeiten unseres evolvierten Gehirns ausnutzen. Franklins Regel verkörpert den logischen Ansatz: Gib für jede Handlung alle Konsequenzen an, gewichte sie sorgfältig nach ihrer Bedeutung, und addiere die Zahlenwerte; dann wähle diejenige, die den höchsten Wert oder den größten Nutzen aufweist. Moderne Spielarten dieser Regel bezeichnet man als *Maximierung des erwarteten Nutzens*. Dieser logische Ansatz geht davon aus, dass die Intelligenz wie eine Rechenmaschine funktioniere, und lässt unsere evolvierten Fähigkeiten außer Acht, unter anderem unsere kognitiven Möglichkeiten und sozialen Instinkte. Doch diese Fähigkeiten stehen uns quasi natürlich zur Verfügung und ermöglichen schnelle und einfache Lösungen für komplexe Probleme. So hat das vorliegende Buch das Ziel, zunächst die verborgenen Faustregeln zu erläutern, die der Intuition zugrunde liegen, und an zweiter Stelle zu verstehen, wann Intuitionen zum Erfolg oder zum Scheitern führen können. Die Intelligenz des Unbewussten liegt darin, dass es, ohne zu denken, weiß, welche Regel in welcher Situation vermutlich funktioniert.

Ich habe Sie zu einer Reise eingeladen, muss Sie aber warnen: Einige der Erkenntnisse, die Sie unterwegs gewinnen, sind mit dem

Dogma der rationalen Entscheidungsfindung nicht zu vereinbaren. Wir werden von Zweifeln an der Zuverlässigkeit der Intuition hören, auch von schroffer Ablehnung und Misstrauen ob ihrer unbewussten Natur. Logik und verwandte Denksysteme haben die westliche Philosophie des Geistes einfach zu lange beherrscht. Die menschliche Intelligenz lässt sich meiner Meinung nach als ein *adaptiver Werkzeugkasten* verstehen, der über genetisch, kulturell und individuell hervorgebrachte und übermittelte Faustregeln verfügt. Dabei ist die Logik nur eines von vielen nützlichen Werkzeugen, deren sich der Verstand bedienen kann. Vieles von dem, was ich vertrete, ist noch umstritten. Doch die Hoffnung stirbt zuletzt. Zu neuen wissenschaftlichen Erkenntnissen hat der amerikanische Biologe und Geologe Louis Agassiz einmal gesagt: »Erst sagen die Menschen, es widerspreche der Bibel. Dann sagen sie, es sei schon früher entdeckt worden. Schließlich sagen sie, sie hätten schon immer daran geglaubt.« Was wir bislang gehört haben, beruht auf den Forschungsarbeiten, die meine Kollegen und ich am Max-Planck-Institut für Bildungsforschung, aber auch viele geschätzte Kollegen in aller Welt durchgeführt haben.[21] Ich hoffe, dieses kleine Buch wird die Leser dazu ermutigen, an unserer Entdeckungsreise in das Neuland der Rationalität teilzunehmen.

Kapitel 2
Weniger ist (manchmal) mehr

Man soll die Dinge so einfach wie möglich machen, aber nicht noch einfacher.

Albert Einstein[22]

Die Kinderstation einer führenden US-amerikanischen Universitätsklinik gehört zu den besten im Land. Vor Jahren wurde dort ein einundzwanzig Monate alter Junge eingeliefert – nennen wir ihn Kevin.[23] Fast nichts war so, wie es sein sollte: Er war blass und verschlossen, hatte für sein Alter dramatisches Untergewicht, wollte nichts essen und litt unter ständigen Ohrentzündungen. Als Kevin sieben Monate alt war, verließ der Vater die Familie. Die Mutter, die häufig »um die Häuser zog«, versäumte es gelegentlich, ihn zu füttern, oder stopfte ihm unter Zwang Babybrei aus Gläsern und Kartoffelchips in den Mund. Ein junger Arzt nahm sich des Falls an; nur mühsam konnte er sich dazu durchringen, diesem ausgemergelten Kind Blut abzunehmen, und bemerkte, dass es die Nahrungsaufnahme verweigerte, nachdem es mit Nadeln gestochen worden war. Intuitiv schränkte er alle invasiven Untersuchungen auf ein Minimum ein und versuchte stattdessen, ihm möglichst viel Fürsorge angedeihen zu lassen. Der Junge begann zu essen und erholte sich.

Doch der junge Arzt stieß bei seinen Vorgesetzten auf wenig Verständnis für seine unkonventionellen Bemühungen. Schließlich konnte er den diagnostischen Apparat nicht mehr aufhalten, und die Verantwortung für Kevin wurde auf einen Schwarm von Spezialisten aufgeteilt, von denen jeder bestrebt war, seine ganz besondere Diagnosetechnik anzuwenden. Nach ihrem Verständnis ärztlicher Fürsorge hatten sie die Aufgabe, die Ursache für die Krankheit des kleinen Jungen herauszufinden. Man dürfe kein Risiko eingehen: »Wenn er ohne Diagnose stirbt, haben wir versagt.« Im Lauf der folgenden neun Wochen wurde Kevin einer ganzen Reihe von Untersuchungen unterzogen: Computertomografie, Barium-Breischluck, zahlreiche Gewebeproben und Blutkulturen, sechs Lumbalpunktionen, Ultraschall und Dutzende anderer klinischer Tests. Was brachten die Untersuchungen? Nichts Eindeutiges. Doch unter diesem Bombardement von Untersuchungen hörte Kevin wieder auf zu essen. Den Folgen von Entzündungen, Unterernährung und Untersuchungen wirkten die Spezialisten mit intravenöser Ernährung durch Dauertropf und Blutinfusionen entgegen. Vor einer weiteren angesetzten Untersuchung, einer Biopsie der Thymusdrüse, starb Kevin. Die Ärzte setzten ihre Tests bei der Autopsie fort, in der Hoffnung, die verborgene Ursache zu finden. Ein Assistenzarzt meinte nach dem Tod des Jungen: »Wissen Sie, einmal hing er sogar an drei Schläuchen gleichzeitig! Um herauszufinden, was mit ihm los war, haben wir keine Untersuchung ausgelassen. Er starb trotz allem, was wir getan haben.«

Vom Nutzen des Vergessens

Eines Tages in den 1920er-Jahren traf sich der Chefredakteur einer russischen Zeitung wie jeden Morgen zu einer Besprechung mit seinen Mitarbeitern. Er las die für diesen Tag anstehenden Aufgaben vor – eine längere Liste von Ereignissen und Orten, über die berichtet werden sollte, Adressen und Anweisungen. Während er sprach, fiel ihm ein frisch angestellter Reporter auf, der sich keine Notizen machte. Der Chefredakteur wollte ihn gerade zurechtweisen in der Annahme, dass er nicht aufpasste, als dieser begann, die ganze Auftragsliste Wort für Wort zu wiederholen. Der Reporter hieß Schereschewski. Kurz nach diesem Ereignis begann der russische Psychologe Alexander R. Luria, Schereschewskis fantastisches Gedächtnis zu untersuchen. Luria las ihm bis zu dreißig Wörter, Zahlen oder Buchstaben vor und forderte Schereschewski auf, sie zu wiederholen. Während ein normaler Mensch rund sieben (plus/minus zwei) wiederholen kann, merkte sich der Reporter alle dreißig. Luria erhöhte die Zahl auf fünfzig, dann auf siebzig, doch der Reporter wiederholte alle einwandfrei und konnte sie sogar in umgekehrter Reihenfolge wiedergeben. Luria untersuchte ihn über drei Jahrzehnte hinweg, ohne an die Grenzen dieses Gedächtnisses zu stoßen. Er forderte Schereschewski rund fünfzehn Jahre nach ihrer ersten Begegnung auf, die Sequenz von Wörtern, Zahlen und Buchstaben zu reproduzieren, die er ihm damals genannt hatte. Schereschewski schloss die Augen und rief sich die Situation ins Gedächtnis: Sie hatten in Lurias Wohnung gesessen; Luria hatte einen grauen Anzug getragen, in einem Schaukelstuhl gesessen und ihm die Folge vorgelesen. Nach all diesen Jahren sagte ihm Schereschewski dann die Sequenz exakt auf. Das war zu diesem Zeitpunkt wirklich eine ganz außerordentliche Leistung, denn inzwischen war Schereschewski ein berühmter Gedächtniskünstler geworden, der öffentlich auftrat und sich in jeder Vorstellung viele Fakten einprägte und sie wiederholte – insgesamt eine ungeheure Informationsmenge, die eigentlich seine alten Erinnerungen hätte überlagern müssen. Warum hat Mutter Natur ihm ein vollkommenes Gedächtnis gegeben und nicht Ihnen oder mir?

Solch ein unbegrenztes Gedächtnis hat auch seine Schattenseiten. Schereschewski konnte praktisch alles, was ihm jemals zugestoßen war, detailliert aus dem Gedächtnis abrufen – die wichtigen wie die trivialen Erlebnisse. Nur eines konnte sein brillantes Gedächtnis nicht – vergessen. Beispielsweise wurde es von Bildern aus der Kindheit überflutet, die ihm Kummer und Leid verursachten. Er war unfähig, mit einem Gedächtnis, das mit Einzelheiten vollgestopft war, abstrakt zu denken. Er klagte darüber, dass er Schwierigkeiten habe, Gesichter wiederzuerkennen. »Die Gesichter der Menschen verändern sich ständig«, sagte er, »das wechselnde Mienenspiel verwirrt mich und macht es schwer, sich an Gesichter zu erinnern.«[24] Wenn er eine Geschichte las, konnte er sie Wort für Wort wiedergeben, doch wenn man ihn aufforderte, den Kern dieser Geschichte zusammenzufassen, hatte er zu kämpfen. Im Allgemeinen stand Schereschewski auf verlorenem Posten, wenn es eine Aufgabe erforderte, über die gegebenen Informationen hinauszugehen, etwa Metaphern, Gedichte, Synonyme und Homonyme zu verstehen. Einzelheiten, die andere Menschen einfach vergaßen, setzten sich in seinem Gedächtnis fest und erschwerten es ihm, aus dem Strom der Bilder und Empfindungen auf eine höhere Ebene des Bewusstseins davon zu gelangen, was das Leben letztlich ausmacht: Wesen, Abstraktion, Bedeutung. Mehr Gedächtnis ist also nicht immer besser.

In der Nachfolge von Luria argumentieren prominente Gedächtnisforscher seither, dass die »Sünden« unseres Gedächtnisses notwendige Nebenprodukte eines Systems seien, das an die Erfordernisse unserer jeweiligen Umgebung angepasst sei.[25] Nach dieser Auffassung verhindert das Vergessen, dass die bloße Menge der Einzelheiten den Abruf der wenigen relevanten Erfahrungen verlangsamt und die Fähigkeit unseres Verstands beeinträchtigt, zu abstrahieren, zu schlussfolgern und zu lernen. Schon Freud war ein früher Vertreter der These vom adaptiven Vergessen. Durch Verdrängung von Erinnerungen, die unangenehme emotionale Eigenschaften beinhalten oder beim Abruf aus dem Gedächtnis negative Emotionen auslösen, könne man, so Freud, kurzfristige psychologische Vorteile erlangen, wenn auch die langfristigen Kosten der Verdrängung schmerzlich und schädlich seien. Der Psychologe William James vertrat eine ähnliche Ansicht, als er schrieb: »Wenn wir uns an alles erinnerten, erginge es uns in den meisten Situationen ebenso schlecht, wie wenn wir gar nichts erinnerten.«[26] Ein gutes Gedächtnis arbeitet funktional und stellt Vermutungen darüber an, was als Nächstes erinnert werden muss. Das gleiche Prinzip wird im Dateimenü vieler Computerprogramme verwendet, etwa bei Microsoft Word, wo nur die zuletzt aufgerufenen Dateien aufgelistet werden. Word setzt darauf, dass die Dateien, welche die Nutzer zuletzt geöffnet haben, auch die Dateien sind, die sie bald wieder aufrufen werden.

Daraus ergibt sich jedoch nicht notwendig der Schluss, dass weniger Gedächtnis immer besser ist als ein vollkommenes Gedächtnis oder umgekehrt. Die Frage ist, welche Strukturen der jeweiligen Umgebung ein nicht ganz vollkommenes Gedächtnis wünschenswert machen und welche Strukturen ein vollkommenes Gedächtnis begünstigen. Ich nenne das eine ökologische Frage, weil es darum geht, wie die Kognition an ihre Umwelt angepasst ist. Wie sähe eine

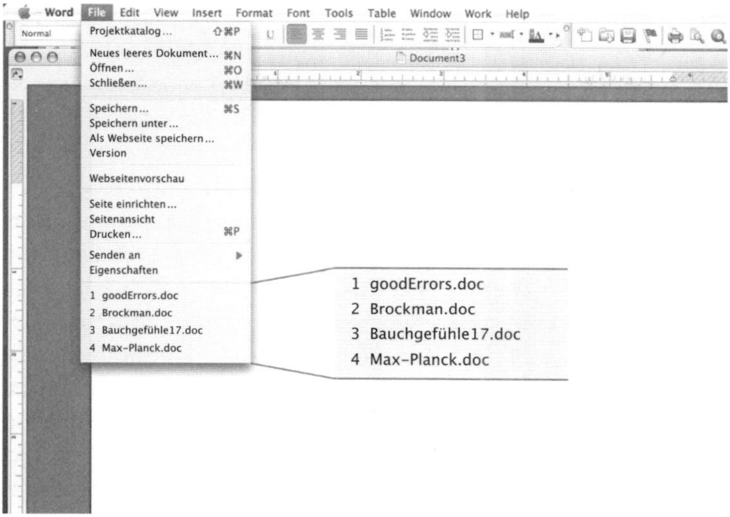

Abbildung 2.1: Das Word-Programm bewahrt nur die zuletzt geöffneten Dateien im Speicher und »vergisst« die anderen. Das sorgt im Allgemeinen dafür, dass wir rascher finden, was wir suchen.

Welt aus, in der ein vollkommenes Gedächtnis von Vorteil ist? Eine solche Welt war diejenige des professionellen Gedächtniskünstlers, in den sich Schereschewski verwandelt hatte, wo man keinerlei Abstraktion von ihm verlangte. Philosophisch wäre eine Welt, in der das vollkommene Gedächtnis seinen Platz hätte, eine absolut vorhersagbare ohne jegliche Ungewissheit.

Besser klein anfangen

Die Welt des adaptiven Vergessens ist größer, als wir denken. Die Fähigkeit zu vergessen kann nicht nur Menschen mit schmerzlichen und traumatischen Erfahrungen Erleichterung verschaffen, sondern scheint auch für den Spracherwerb von Kindern von wesentlicher Bedeutung zu sein. Als der Kognitionswissenschaftler Jeffrey Elman ein großes neuronales Netz mit einem umfangreichen Speicher dazu bringen wollte, die grammatischen Beziehungen in einer

Stichprobe von mehreren tausend Sätzen zu lernen, geriet das Netz ins Stocken.[27] Statt sich für das nahe liegende Vorgehen zu entscheiden, das Problem durch Erweiterung der Speicherkapazität zu lösen, *begrenzte* Elman den Speicher, sodass sich das Netz nicht mehr als drei oder vier Wörter merken konnte – womit er die eingeschränkte Gedächtnisfähigkeit von Kleinkindern zu Beginn des Spracherwerbs simulierte. Das Netz mit dem begrenzten Gedächtnis konnte natürlich nichts mit den langen, komplizierten Sätzen anfangen. Vielmehr sah es sich durch seine Beschränkungen dazu gezwungen, sich auf die kurzen, einfachen Sätze zu konzentrieren, was ihm ermöglichte, sie korrekt zu lernen und die kleine Anzahl von grammatischen Beziehungen in dieser Untermenge zu meistern. Dann erhöhte Elman die Gedächtnisleistung seines Netzes auf fünf bis sechs Wörter und so fort. Weil das Netz erst klein anfing, lernte es schließlich den ganzen Bestand an Sätzen, was das komplette Netz mit der gesamten Gedächtnisleistung nie von allein geschafft hätte.

Sollten Eltern ihren Babys das *Wall Street Journal* vorlesen und nur dessen komplizierten Wortschatz verwenden, wenn sie mit ihnen reden, wird sich die Sprachentwicklung der Kinder vermutlich verzögern. Das wissen Mütter und Väter intuitiv, daher verständigen sie sich mit ihren Säuglingen in der »Babysprache« anstatt mit komplizierten grammatischen Strukturen. Ein begrenztes Gedächtnis kann wie ein Filter wirken. Unbewusst erkennen Eltern diese adaptive Unreife, indem sie ihr Kind zunächst nur mit begrenztem Input versorgen.

Klein anzufangen kann auch nützlich sein auf Gebieten jenseits der Sprachentwicklung. So entwickelt sich ein neues Unternehmen unter Umständen mit weniger Leuten und weniger Geld stetiger als mit vielen Mitarbeitern und einer Investition von zehn Millionen Euro. Ähnlich ist es, wenn eine Firma jemanden mit einem spektakulären Projekt betraut und dafür gleich eine große Geldsumme zur Verfügung stellt, was das Projekt möglicherweise zum Scheitern verurteilt. Die Regel »Sorge zunächst für Mangel und dann für eine systematische Entwicklung« ist eine vernünftige Alternative für Menschen wie Organisationen.

Kognitive Einschränkungen sind jedoch nicht nur hilfreich, sondern können auch hinderlich sein. Man kann sich leicht Situationen vorstellen, in denen es vorteilhaft ist, groß anzufangen. Doch kognitive Einschränkungen sind nicht schlecht an sich, sondern nur gut oder schlecht relativ zur anstehenden Aufgabe. Je komplexer eine Art, desto länger in der Regel die Zeit der Entwicklung. Menschen sind ein extremes Beispiel dafür, verbringen sie doch einen erheblichen Anteil ihres Lebens in Unreife – körperlich, sexuell und geistig. Albert Einstein, einer der klügsten Köpfe der Menschheit, schrieb seine Entdeckung der Relativitätstheorie dem Umstand zu, dass er ein Spätentwickler war: »Ich dagegen habe mich so langsam entwickelt, daß ich erst anfing, mich über Raum und Zeit zu wundern, als ich bereits erwachsen war. Naturgemäß bin ich dann tiefer in die Problematik eingedrungen als ein gewöhnliches Kind.«[28]

Wann sind Intuitionen bei Geldanlagen besser als optimal?

1990 erhielt Harry Markowitz für seine bahnbrechenden Arbeiten über die Portfolio-Optimierung den Nobelpreis für Wirtschaftswissenschaften. Er beschäftigte sich mit einem entscheidenden Problem bei der Geldanlage, mit dem jeder, der für seinen Ruhestand spart oder auf dem Aktienmarkt Geld verdienen will, konfrontiert wird. Nehmen wir an, Sie wollen sich zwischen einer Anzahl von Investmentfonds entscheiden. Um das Risiko zu verringern, möchten Sie nicht Ihr ganzes Geld auf eine Karte setzen. Doch wie sollen Sie es über die verschiedenen Anlagemöglichkeiten verteilen? Wie Markowitz nachwies, gibt es ein optimales Portfolio, das die Rendite maximiert und das Risiko minimiert. Zur Sicherung seines eigenen Ruhestands hat er sich bestimmt auf die Strategie verlassen, die ihm den Nobelpreis eintrug – das sollte man zumindest meinen. Weit gefehlt! Er wandte eine einfache Heuristik an, die *1/N*-Regel:

Verteile dein Geld gleichmäßig auf jeden von N *Fonds.*

Laien wenden dieselbe Regel intuitiv an – sie investieren gleichmäßig. In Studien hält sich die Hälfte der Menschen daran; wer nur zwei Alternativen berücksichtigt, investiert fünfzig zu fünfzig, während die meisten drei oder vier Fonds berücksichtigen und auch hier ihr Geld zu gleichen Teilen anlegen.[29] Ist diese Intuition nicht naiv und finanziell töricht? Oder anders gefragt: Wie viel besser ist die Portfolio-Optimierung als die 1/*N*-Regel? Unlängst hat man in einer Studie mehrere Strategien zur Portfolio-Optimierung mit der 1/*N*-Regel verglichen.[30] Diese wurden anhand von sieben Aufgaben getestet. Beispielsweise bestand eine Aufgabe darin, sein Geld auf die zehn Portfolios zu verteilen, die den Sektoren des Standard & Poor's 500 Index entsprachen, eine andere darin, es zehn amerikanischen Industrieportfolios zuzuweisen. Keines der optimierten Modelle konnte die einfache 1/*N*-Regel übertreffen, die meist höhere Gewinne als die raffinierten Strategien erzielte.

Um zu verstehen, warum weniger Information und Berechnung mehr sein kann, müssen wir uns vor Augen halten, dass sich die komplexen Strategien bei ihren Schätzungen auf vorhandene Daten stützen, etwa auf die bisherige Wertentwicklung von Industrieportfolios. Diese Daten unterteilen sich in zwei Kategorien: Informationen, die geeignet sind, die Zukunft vorherzusagen, und zufällige Schwankungen, die nutzlos sind. Da die Zukunft unbekannt ist, ist es unmöglich, zwischen diesen beiden Kategorien zu unterscheiden, sodass die komplexen Strategien notwendigerweise irrelevante Informationen einbeziehen. 1/*N* wäre jedoch nicht in allen möglichen Welten besser als die optimierten Strategien. Diese sind am erfolgreichsten, wenn sie über Daten verfügen, die über einen langen Zeitraum hinweg gewonnen wurden. Beispielsweise würden die komplexen Strategien bei fünfzig Anlagemöglichkeiten ein Zeitfenster von fünfhundert Jahren benötigen, um die 1/*N*-Regel zu übertreffen. Die einfache Regel dagegen lässt alle früheren Informationen außer Acht und ist daher gegen fehlerhafte Daten gefeit. Sie setzt auf die Weisheit der Diversifizierung durch gleichmäßige Verteilung.

Kann Wiedererkennung Finanzexperten ausstechen?

Zahlt sich die Hilfe eines namhaften Investmentberaters beim Aktienkauf aus? Oder ist es besser, die Beratungs- und Verwaltungsgebühren zu sparen und selbst zu entscheiden, solange man diversifiziert? Lautstark warnt der Chor der professionellen Berater Otto Normalverbraucher davor, sich allein auf seine Intuition zu verlassen: Er könne die Aktien nicht selbst auswählen, sondern brauche ihr Insiderwissen und die raffinierten statistischen Computerprogramme, um auf dem Aktienmarkt Geld zu verdienen. Richtig?

Im Jahr 2000 veranstaltete das Wirtschaftsmagazin *Capital* ein Börsenspiel. Mehr als zehntausend Teilnehmer, einschließlich des Chefredakteurs, reichten Portfolios ein. Der Chefredakteur legte die Regeln fest: Er wählte fünfzig internationale Internet-Aktien aus und setzte eine Frist von sechs Wochen, in der die Teilnehmer jede dieser Aktien kaufen, halten oder verkaufen konnten, um Gewinne zu erzielen. Zahlreiche Teilnehmer versuchten sich möglichst viel Information und Insiderwissen über die Aktien zu beschaffen, während andere Hochleistungscomputer verwendeten, um das richtige Portfolio zusammenzustellen. Ein Portfolio allerdings unterschied sich von allen anderen durch die Art und Weise, wie es entstanden war.

Dieses Portfolio beruhte nicht auf Expertenwissen und raffinierter Software, sondern auf kollektiver Unwissenheit und war von dem Volkswirt Andreas Ortmann und mir eingereicht worden. Wir hatten uns an Personen mit nur mäßigem Halbwissen gewandt, die so wenig von Aktien verstanden, dass sie von vielen der zur Wahl stehenden Aktien noch nicht einmal den Namen kannten. In Berlin fragten wir einhundert Passanten – fünfzig Männer und fünfzig Frauen –, von welchen Aktien sie bereits gehört hatten. Aus den zehn Aktien, die am häufigsten wiedererkannt worden waren, bildeten wir ein Portfolio. Wir reichten das Aktienpaket mit einer Buy-and-Hold-Strategie ein, das heißt, wir veränderten nichts mehr an der Zusammensetzung des Pakets, nachdem wir es gekauft hatten.

Wir trafen auf einen Baissemarkt, was keine gute Nachricht war.

Trotzdem stieg unser auf kollektiver Namenserkennung beruhendes Aktienpaket um 2,5 Prozent an. Der von *Capital* vorgeschlagene Bezugspunkt war der Chefredakteur der Zeitschrift, der mehr wusste als alle hundert Passanten zusammen. Sein Aktienpaket verlor 18,5 Prozent. Unser Portfolio erzielte auch bessere Gewinne als 88 Prozent aller eingereichten Aktienpakete und schnitt besser ab als verschiedene *Capital*-Indizes. Zur Kontrolle hatten wir noch ein Portfolio mit niedriger Rekognitionsrate eingereicht; es umfasste die zehn Aktien, die von den Passanten am wenigsten wiedererkannt worden waren, und schnitt fast so schlecht ab wie das Aktienpaket des Chefredakteurs. Ähnlich waren die Ergebnisse in einer zweiten Studie, in der wir auch Geschlechterunterschiede untersuchten. Interessanterweise kannten Frauen weniger Aktien, doch das Paket, das die von ihnen am häufigsten wiedererkannten Aktien umfasste, erzielte höhere Gewinne als die von Männern erkannten Papiere. Dieses Ergebnis deckt sich mit den Resultaten früherer Studien, die zeigten, dass Frauen ihren intuitiven Finanzkenntnissen weniger trauen, doch bessere Ergebnisse erzielen.[31]

In diesen Studien zahlte sich partielle Ignoranz gegenüber umfassendem Wissen aus. War das nur ein einmaliger Glücksfall, wie Finanzberater eilig einwandten? Da es keine narrensichere Investitionsstrategie gibt, wird die Namenswiedererkennung nicht immer den Sieg davontragen. Wir führten eine Reihe von Experimenten durch, die insgesamt zeigten, dass die bloße Namenswiedererkennung ebenso gute Ergebnisse erzielt wie Finanzexperten, Blue-Chip-Fonds, der DAX und der Dow Jones.[32] Sie fragen sich vielleicht, ob auch ich dem kollektiven Halbwissen so weit traue, dass ich mich selbst an das halte, was ich predige. Ich habe es getan und rund fünfzigtausend Euro in ein Portfolio investiert, das ich nach der Namenswiedererkennung der am schlechtesten informierten Passantengruppe zusammengestellt hatte. Nach sechs Monaten hatte das Aktienpaket um 47 Prozent zugelegt und schnitt damit besser als der Markt und die von Finanzexperten verwalteten Investmentfonds ab.

Wie kann die kollektive Unwissenheit von Herrn und Frau Normalverbraucher mit dem Wissen namhafter Experten mithalten? Peter Lynch, der legendäre Manager des Magellan-Fonds von Fidelity Investment, hat Laien genau diesen Rat gegeben: »Investiere in das, was du kennst.« Die Konsumenten halten sich ja auch an die einfache Regel: »Kauf Produkte, deren Markennamen du kennst.« Diese Regel hilft aber nur, wenn man partiell unwissend ist, das heißt, wenn man nur von einigen und nicht von allen Aktien gehört hat. Ein Fachmann wie der Chefredakteur von *Capital* kann sie nicht anwenden. Allein in den USA verdienen Investmentberater rund 100 Milliarden Dollar jährlich damit, dass sie Anlegern raten, wie sie sich auf dem Markt verhalten sollen. Doch es gibt nur wenige Anhaltspunkte dafür, dass Berater besser prognostizieren können als der Zufall. Im Gegenteil, etwa 70 Prozent der Investmentfonds schneiden Jahr für Jahr schlechter ab als der Markt, und keinem Fond der restlichen 30 Prozent, der besser liegt, gelingt das beständig.[33] Trotzdem zahlen Laien, Unternehmen und Regierungen den Wall-Street-Propheten Milliarden Dollar, um die Antwort auf die große Frage zu erfahren: »Wie wird sich der Markt entwickeln?« Dazu meinte der Milliardär Warren Buffet, der einzige Wert von Aktienprognosen liege darin, Wahrsagern einen seriösen Anstrich zu geben.

Das Keine-Wahl-Dinner

Vor einigen Jahren hielt ich an der Kansas State University einen Vortrag über schnelle und einfache Entscheidungsfindung. Nach einer lebhaften Diskussion führte mich mein freundlicher Gastgeber zum Essen aus. Er sagte nicht, wohin. Die Fahrt war lang, zu lang, wie ich dachte. Ich nahm an, dass er sich ein ganz besonderes Restaurant ausgesucht habe, vielleicht eines mit ein oder zwei Michelin-Sternen. Aber in Kansas? Doch wir fuhren tatsächlich zu einem ganz besonderen Restaurant, wenn auch von etwas anderer Art. Das Brookville Hotel war voller Gäste, die ungeduldig auf das Essen warteten. Als ich Platz genommen hatte und einen Blick auf die Speisekarte warf, sah ich, warum mein Gastgeber mich hierher geführt hatte. Es gab keine Möglichkeit zu wählen. Die Speisekarte enthielt genau ein Gericht, und zwar jeden Tag dasselbe: ein halbes gebratenes Hähnchen aus der Pfanne mit Kartoffelbrei, Mais in Cremesoße, Backpulverbrötchen und selbstgemachtes Eis. Die Leute um mich herum kamen von weit her, um das Vergnügen zu genießen, sich nicht entscheiden zu müssen. Und Sie können sich darauf verlassen, dass sich das Hotel auf sein einziges Menü hervorragend verstand; es war köstlich!

Das Brookville Hotel vertritt eine radikale Spielart des Weniger-ist-mehr-Prinzips, nämlich das Keine-Wahl-Dinner. Es verkörpert das Gegenteil des New Yorker Ideals, das da lautet: Eine größere Auswahl ist immer besser, mit dem Erfolg, dass die Speisekarte eher einem Lexikon ähnelt als einem nützlichen Ratgeber. Die Vorstellung, dass mehr Wahlmöglichkeiten besser seien, beschränkt sich nicht nur auf Speisekarten, sondern ist das Lebenselixier großer Teile der Bürokratie und des Handels. Anfang der 1970er-Jahre hatte die Stanford University zwei Pensionspläne, die in Aktien oder in Rentenpapiere investierten. Um 1980 wurden sie durch eine dritte Option ergänzt, und einige Jahre später waren es fünf. 2001 war die Zahl der Optionen auf hundertsiebenundfünfzig angeschwollen.[34] Sind hundertsiebenundfünfzig Pensionspläne besser als fünf? Wahlmöglichkeiten sind gut, und mehr Wahlmöglichkeiten sind besser, ist das Credo der Wirtschaft. Nach der rationalen Entscheidungstheorie wägen Menschen die Kosten und den Nutzen jeder Alternative ab und entscheiden sich für diejenige, die sie bevorzugen. Daher gilt: Je mehr Alternativen, desto größer die Aussicht, dass die beste darunter ist und dass den Konsumenten ein Höchstmaß an Zufriedenheit zuteilwird. Nur – so funktioniert unser Gehirn nicht. Es gibt eine Grenze für die Information, die der Mensch verdauen kann, eine Grenze, die oft der magischen Zahl Sieben entspricht, plus/minus zwei, der Kapazität des Kurzzeitgedächtnisses.[35]

Kann die größere Auswahl, wenn sie schon nicht immer besser ist, auch schaden? Betrachten wir zum Beispiel Draeger's Supermarket in Menlo Park, Kalifornien, ein Feinkostgeschäft für gehobene Ansprüche, das für sein breit gefächertes Angebot an Lebensmitteln bekannt ist. Draeger's bietet rund fünfundsiebzig Sorten Olivenöl an, zweihunderfünfzig Sorten Senf und mehr als dreihundert Sorten Marmelade. In diesem Supermarkt bauten Psychologen einen Probierstand auf.[36] Auf dem Tisch befanden sich entweder sechs oder vierundzwanzig Gläser mit verschiedenen exotischen

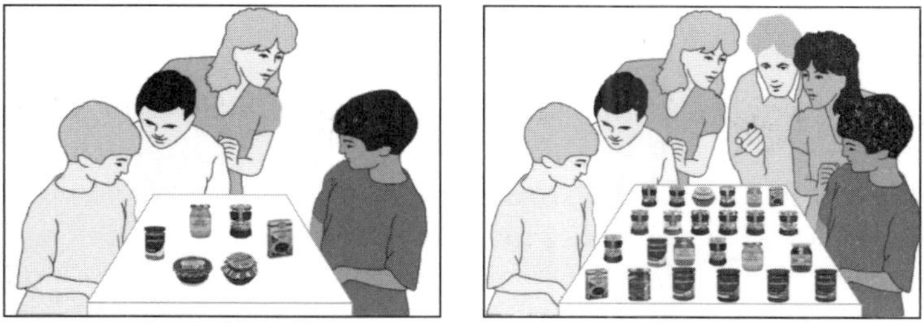

Abbildung 2.2: Kaufen Kunden mehr, wenn die Auswahl größer ist?

Marmeladen. Wann bleiben Kunden stehen? 60 Prozent der Kunden blieben bei dem größeren Angebot stehen, dagegen nur 40 Prozent, als weniger Alternativen zur Auswahl standen. Doch wann kauften die Kunden tatsächlich von den angebotenen Marmeladen? Bei vierundzwanzig Wahlmöglichkeiten erstanden nur 3 Prozent der Kunden ein oder mehrere Gläser. Als es jedoch nur sechs Alternativen gab, kauften 30 Prozent etwas. Insgesamt erwarben also zehnmal so viele Kunden die Produkte, als die Auswahl begrenzt war. Die Kunden wurden zwar durch mehr Alternativen stärker angezogen, aber viel mehr von ihnen kauften die Produkte tatsächlich, sobald die Auswahl kleiner war.

Kleinere Angebote können sich auszahlen. Procter & Gamble verringerte die Zahl der Shampoosorten von »Head & Shoulders« von sechsundzwanzig auf fünfzehn, woraufhin der Absatz um 10 Prozent stieg. Im Gegensatz zu Draeger's setzt die weltweit agierende Supermarktkette Aldi auf Einfachheit: eine kleine Anzahl von Produkten, die, in großen Mengen eingekauft, zu niedrigen Preisen angeboten werden können, und ein absolutes Minimum an Service. Doch die Produkte haben einen guten Ruf, und ihre Qualität wird ständig überprüft, was unter diesen Umständen viel einfacher ist als bei einem breit gefächerten Angebot. Laut *Forbes'* liegen die Eigentümer, die Gebrüder Albrecht, in der Liste der Vermögensmilliardäre unmittelbar hinter dem Microsoft-Gründer Bill Gates und dem oben erwähnten Warren Buffet.[37] Ist eine geringere Auswahl auch besser in Herzensangelegenheiten? In einem Experiment mit einer Gruppe junger Singles, denen man Online-Dating-Profile darbot, zeigte sich das gleiche Muster. Diese jungen Leute sagten zwar, sie würden lieber unter zwanzig möglichen Partnern wählen als unter vier. Doch diejenigen, die tatsächlich mehr Alternativen zur Verfügung hatten, fanden die Situation weniger angenehm als die anderen Teilnehmer und erklärten, es habe ihre Zufriedenheit nicht erhöht oder das Gefühl, sie hätten vielleicht eine bessere Möglichkeit verpasst, nicht gemindert.[38]

Das Beste zuerst

Ein Golfspieler muss eine lange Liste von Maßnahmen abarbeiten, wenn er sich zu einem Putt anschickt: Prüfe die Linie des Balls, die Beschaffenheit des Rasens, die Entfernung und den Winkel zum Loch, positioniere den Ball, richte Schultern, Hüften und Füße nach links vom Ziel hin aus, bereite dich auf den Rückschwung vor und so fort. Welchen Rat sollte ein Trainer dem Golfspieler geben? Wie wäre es mit: Nehmen Sie sich Zeit, konzentrieren Sie sich auf das, was Sie tun, und lassen Sie sich durch nichts in Ihrer Umgebung ablenken. Manchen erscheint der Rat klug, anderen trivial; auf jeden Fall kann er sich auf die Forschung zum sogenannten *Speed-Accuracy Tradeoff* (Geschwindigkeits-Genauigkeits-Ausgleich) berufen: Je rascher eine Aufgabe erledigt wird, desto ungenauer fällt die Ausführung aus. Tatsächlich erzielen Golfneulinge, wenn sie sich Zeit nehmen, sich auf ihre Bewegungen konzentrieren und die Aufmerksamkeit fokussieren, bessere Ergebnisse. Sollen wir erfahrenen Golfspielern denselben Rat geben?

In einem Experiment wurde der Spielerfolg von Anfängern und erfahrenen Golfspielern unter zwei Bedingungen untersucht: Die eine Gruppe hatte nur drei Sekunden Zeit für jeden Putt, die Spieler der anderen Gruppe konnten sich so viel Zeit nehmen, wie sie wollten.[39] Wie erwähnt, spielten die Neulinge unter Zeitdruck schlechter und lochten weniger Bälle ein. Überraschenderweise aber trafen die erfahrenen Spieler, wenn sie weniger Zeit hatten, häufiger, als wenn kein Zeitlimit bestand. In einem zweiten Experiment erhielten die Spieler die Anweisung, entweder auf ihren Schwung zu achten oder Töne zu zählen, die über Kopfhörer eingespielt wurden (eine Ablenkungsaufgabe). Dazu angehalten, sich auf ihren Schwung zu konzentrieren, schnitten die Anfänger erwartungsgemäß besser ab, als wenn sie abgelenkt wurden. Doch bei den erfahrenen Spielern verhielt es sich genau umgekehrt. Wenn sie sich auf ihren Schwung fokussierten, ließ ihre Leistung nach; lenkte man sie ab, erzielten sie bessere Resultate.

Wie lässt sich dieses scheinbare Paradox erklären? Eingeübte motorische Fertigkeiten werden von unbewussten Teilen unseres Gehirns ausgeführt, und bewusstes Nachdenken über die Verhaltenssequenz wirkt sich störend und nachteilig auf die Ausführung aus. Die Vorgabe eines Zeitlimits ist eine Methode, um das Nachdenken über den Schwung zu erschweren; den Teilnehmern eine ablenkende Aufgabe zu geben eine andere. Da sich unsere bewusste Aufmerksamkeit nur auf *eine* Sache zu einer gegebenen Zeit richten kann, ist sie auf die ablenkende Aufgabe fixiert und kann den Schwung nicht stören.

Golf ist nicht die einzige Sportart, bei der zu viel Zeit einem Profi schaden kann. Handball ist ein Mannschaftssport, bei dem die Spieler fortwährend entscheiden müssen, was sie mit dem Ball tun sollen. Einen Pass spielen, aufs Tor werfen, den Ball halten oder ein Täuschungsmanöver ausführen? Den Ball zum Linksaußen oder zum Rechtsaußen spielen? Spieler müssen diese Entscheidungen in Sekundenbruchteilen treffen. Wären ihre Entscheidungen besser, wenn sie mehr Zeit hätten und die Situation gründlich analysieren könnten? In einem Experiment mit fünfundachtzig jungen geübten Handballspielern stellte man jeden Teilnehmer, im Sportdress und mit einem Ball in der Hand, vor einen Bildschirm. Auf dem Bildschirm wurden Videoaufnahmen hochklassiger Spiele gezeigt.[40]

Jede Szene dauerte zehn Sekunden und endete mit einem Standbild. Die Teilnehmer wurden aufgefordert, sich vorzustellen, sie wären der Spieler mit dem Ball, und, sobald das Standbild erschien, so rasch wie möglich die beste Aktion zu nennen, die ihnen in den Sinn kam. Nach einem ersten Durchlauf mit intuitiven Urteilen erhielten die Spieler mehr Zeit, das Standbild sorgfältig in Augenschein zu nehmen, und die Anweisung, so viele zusätzliche Optionen zu nennen wie möglich. Beispielsweise entdeckten einige Teilnehmer einen Spieler zur Linken oder zur Rechten, den sie zuerst übersehen hatten, oder bemerkten Einzelheiten, die ihnen unter Zeitdruck nicht aufgefallen waren. Nach fünfundvierzig Sekunden sollten sie schließlich entscheiden, was die beste Aktion sei. Das abschließende Urteil unterschied sich in rund 40 Prozent der Fälle von der ersten Wahl. Wie gut war der erste, intuitive Entschluss im Vergleich zur endgültigen Entscheidung nach reiflicher Überlegung? Um die Qualität der Aktionen zu messen, bewerteten Trainer der Profiliga bei jedem Video alle vorgeschlagenen Aktionen. Nach der Hypothese des Speed-Accuracy Tradeoff müssten wir annehmen, dass die Spieler, wenn ihnen mehr Zeit zur Verfügung steht, bessere Aktionen wählen, weil sie mehr Information haben. Wie im Fall der erfahrenen Golfer verhielt es sich jedoch genau umgekehrt. Wenn sich die Spieler Zeit nahmen und gründlicher analysierten, trafen sie keine besseren Entscheidungen. Im Gegenteil, die intuitive Reaktion war im Durchschnitt besser als die Aktion, für die man sich nach längerer Überlegung entschieden hatte.

Warum war das Bauchgefühl so erfolgreich? Abbildung 2.3 zeigt die Antwort. Die Reihenfolge, in der die Aktionen den Spielern in den Sinn kamen, war ein direktes Spiegelbild ihrer Qualität: Die erste Aktion war erheblich besser als die zweite, die wiederum besser als die dritte und so fort. Mehr Zeit zu haben, um nach weiteren Optionen zu suchen, erhöhte also die Wahrscheinlichkeit schlechterer Entscheidungen. Diese Fähigkeit, gleich als Erstes die besten Optionen zu generieren, ist charakteristisch für einen erfahrenen Spieler. Dagegen werden unerfahrenen Spielern nicht automatisch die besten Aktionen zuerst einfallen, ihnen könnte also mehr Zeit zum Nachdenken nützen. Dass die beste Option in der Regel zuerst aufscheint, ist von Experten auf verschiedenen Gebieten berichtet worden, etwa von Feuerwehrleuten und Piloten.[41]

Der Speed-Accuracy Tradeoff gehört zu den vielfach belegten Mehr-ist-besser-Prinzipien der Psychologie. Diese früheren Untersuchungen wurden jedoch in der Regel an unbefangenen Studenten und nicht an Experten durchgeführt. Wie gesehen, gilt der Grundsatz *Mehr* (Zeit, Nachdenken, Aufmerksamkeit) *ist besser* nicht für die geübten Fertigkeiten von Experten. In solchen Fällen kann zu viel Nachdenken über die beteiligten Prozesse dazu führen, die Ausführung zu verlangsamen und zu stören (überlegen Sie einmal, wie

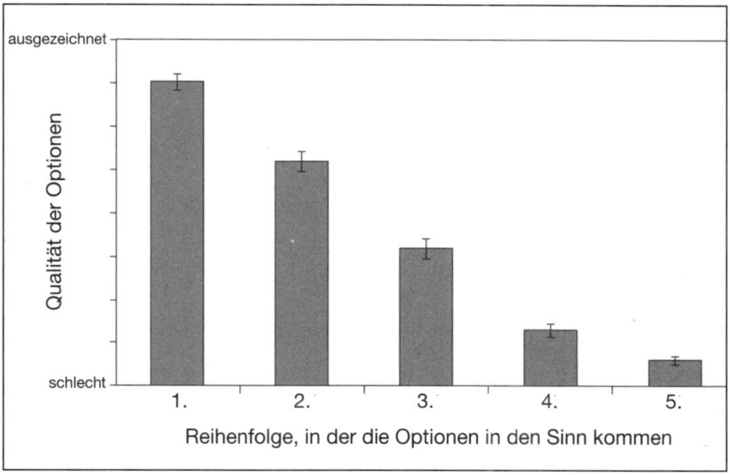

Abbildung 2.3: Erzielen geübte Ballspieler bessere Ergebnisse, wenn sie nachdenken, bevor sie handeln? Die erste spontane Idee, die ihnen in den Sinn kam, war die beste; die anderen Möglichkeiten waren schlechter (nach Johnson und Raab 2003). Daher sind erfahrene Spieler gut beraten, wenn sie ihrer ersten Bauchentscheidung folgen.

Sie Ihre Schuhe zubinden). Diese Prozesse laufen am reibungslosesten außerhalb des Bewusstseins ab.

Lass das Denken, wenn du geübt bist – diese Lektion kann man getrost beherzigen. Der Pianist Glenn Gould sollte einmal ein Konzert in der kanadischen Stadt Kingston geben, bei dem die Beethoven-Sonate Opus 109 auf dem Programm stand. Wie üblich schaute er sich die Noten an und begann dann zu spielen. Drei Tage vor dem Konzert hatte er jedoch eine totale geistige Blockade und sah sich außerstande, eine bestimmte Passage zu spielen, ohne stecken zu bleiben. In seiner Verzweiflung griff er zu einer noch intensiveren Ablenkungstechnik, als sie im Experiment mit den Golfern angewandt worden war. Er schaltete gleichzeitig Staubsauger, Radio und Fernsehapparat an, womit er so viel Lärm erzeugte, dass er das eigene Spiel nicht mehr hörte. Die Blockade löste sich auf.

Beim Wettkampfsport können Sie diese Erkenntnis bewusst nutzen, um Ihren Gegner psychologisch zu verunsichern. Fragen Sie Ihren Tennispartner beim Seitenwechsel beispielsweise, wie er es anstellt, dass seine Vorhand heute so vorzüglich ist. Ihre Chancen stehen gut, dass er anfängt, über seine Bewegung nachzudenken, und dadurch die traumhafte Sicherheit seiner Vorhand einbüßt.[42] Im Sport, in der Notfallmedizin und bei militärischen Operationen müssen Entscheidungen rasch getroffen werden. Das Streben nach Vollkommenheit durch längeres Überlegen kann das Spiel oder ein Leben kosten. Vor einiger Zeit fiel mir eine Anzeige für ein Computerspiel auf, bei dem es um verdeckte Operationen der Amerikaner auf dem pazifischen Kriegsschauplatz im Jahr 1942 ging. Die Anzeige zeigte zwei Marines auf einer Straße in einer dunstigen Landschaft mit Bäumen, Büschen und einer Holzbrücke über der Straße. Vier Stellen waren markiert, und die Frage dazu lautete: »Wo verbirgt sich der Feind?« Sorgfältig inspizierte ich die Stellen. Erst dann entdeckte ich unter dem Bild die auf dem Kopf stehende Lösung: »Sie haben für die Antwort zu lange gebraucht. Sie sind tot.«

Mehr ist nicht immer besser

Bauchgefühle beruhen auf überraschend wenig Information. Daher erscheinen sie dem Über-Ich so wenig vertrauenswürdig, welches das Credo, demzufolge mehr immer besser sei, verinnerlicht hat. Doch Experimente haben erstaunlicherweise gezeigt, dass weniger Zeit und weniger Information zu besseren Entscheidungen führen können. Weniger ist mehr bedeutet, dass es ein bestimmtes Spektrum an Informationen, Zeit oder Alternativen gibt, bei dem geringere Mengen günstiger sind. Daraus folgt nicht, dass weniger in jedem Fall mehr ist. Wenn etwa gar keine Alternative mehr erkannt wird, lässt sich die Rekognitionsheuristik nicht anwenden. Das Gleiche gilt für Entscheidungen zwischen Alternativen. Wenn mehr Kunden Marmelade bei einem Angebot von sechs Sorten kaufen als bei einem von vierundzwanzig, folgt daraus nicht, dass noch mehr Leute Marmelade kaufen würden, wenn es nur eine oder zwei Alternativen gäbe. In der Regel existiert eine dazwischen liegende Anzahl – nicht zu groß und nicht zu klein –, die am günstigsten ist. Das Prinzip »Weniger ist mehr« steht im Widerspruch zu zwei zentralen Überzeugungen unserer Kultur:

1. Mehr Information ist immer besser.
2. Mehr Auswahl ist immer besser.

Diese Ansichten kommen in verschiedenen Spielarten vor und scheinen so selbstverständlich zu sein, dass sie selten explizit zum Ausdruck gebracht werden.[43] Eine Ausnahme machen die Wirtschaftswissenschaften für den Fall, dass die Information nicht gratis ist: Mehr Information ist nur dann besser, wenn die Kosten für die Beschaffung weiterer Information nicht den erwarteten Nutzen übersteigen. Doch selbst wenn die Information kostenlos zur Verfügung steht, gibt es Situationen, in denen mehr Information von Nachteil sein kann. Mehr Gedächtnis ist nicht immer besser. Mehr Zeit ist nicht immer besser. Mehr Insiderwissen mag zwar dabei helfen, den Markt von gestern zu »erklären«, aber nicht, den Markt von morgen vorherzusagen. Weniger ist wahrhaft mehr unter den folgenden Bedingungen:

- *Nützliches Maß an Unwissenheit:* Wie die Rekognitionsheuristik zeigt, kann das Bauchgefühl eine beträchtliche Menge an Wissen und Information übertreffen.
- *Unbewusste motorische Fertigkeiten:* Bauchgefühle erfahrener Experten beruhen auf unbewussten Fertigkeiten, deren Ausführung durch zu viel Nachdenken beeinträchtigt werden kann.
- *Kognitive Einschränkungen:* Unser Gehirn scheint über angeborene Mechanismen wie Vergessen und die Tendenz, klein anzufangen, zu verfügen, die uns vor der Gefahr schützen, zu viel Information zu verarbeiten. Ohne kognitive Einschränkungen würden wir uns weit weniger intelligent verhalten.
- *Paradox der freien Wahl:* Je mehr Optionen man hat, desto größer die Möglichkeit, dass es zu Konflikten kommt, und desto schwieriger, die Optionen zu vergleichen. Von einem bestimmten Punkt an schaden mehr Optionen, Produkte und Wahlmöglichkeiten dem Verkäufer wie dem Käufer.
- *Vorzüge der Einfachheit:* In einer ungewissen Welt können einfache Faustregeln komplexe Phänomene ebenso gut oder besser vorhersagen als komplexe Regeln.

- *Informationskosten.* Wie der Fall der Kinderärzte in der Universitätsklinik erkennen lässt, kann eine zu intensive Informationsbeschaffung einem Patienten schaden. Genauso kann zu viel Neugier das Vertrauen am Arbeitsplatz oder in Beziehungen zerstören.

Halten wir fest, dass die ersten fünf der oben erwähnten Punkte *echte* Weniger-ist-mehr-Effekte sind. Selbst wenn der Laie mehr Information erhielte, der Experte mehr Zeit bekäme, unser Gedächtnis alle sensorischen Informationen speicherte und das Unternehmen mehr Sorten herstellte – und das alles ohne Zusatzkosten –, würden sie damit alle unter dem Strich schlechter fahren. Der letzte Punkt dagegen beschreibt einen Kompromiss, bei dem die Kosten weiterer Nachforschung einen geringeren Informationsstand zur besseren Wahl machen. Der kleine Junge erlitt Schaden durch die fortgesetzten Diagnosemaßnahmen, das heißt durch die physischen und psychologischen Kosten der Nachforschung, nicht durch die daraus resultierenden Informationen.

Gute Intuitionen ignorieren Informationen. Bauchgefühle erwachsen aus Faustregeln, die einer komplexen Umwelt nur wenige Informationen entnehmen – etwa einen erkannten Namen oder einen konstanten Blickwinkel –, und lassen den Rest unbeachtet. Wie funktioniert das im Einzelnen? Das nächste Kapitel bietet einen genaueren Blick auf die Mechanismen, die es ermöglichen, uns auf die wenigen wichtigen Informationen zu konzentrieren.

Kapitel 3
Wie Intuition funktioniert

Die Behauptung, dass wir die Gewohnheit annehmen sollen, gründlich zu bedenken, was wir tun, ist ein völlig abwegiger Gemeinplatz, der dessen ungeachtet in zahllosen Büchern und Vorträgen prominenter Leute immer wiederkehrt. Es verhält sich genau umgekehrt. Die Zivilisation erzielt ihren Fortschritt, indem sie die Zahl der wichtigen Vorgänge vermehrt, die wir ohne Nachdenken ausführen können.

Alfred North Whitehead[44]

Charles Darwin zählte den kunstvollen Wabenbau der Honigbiene zu den »merkwürdigsten Instinkten, die wir kennen«.[45] Nach seiner Auffassung hat sich dieser Instinkt sukzessiv durch zahlreiche geringfügige Modifikationen einfacherer Instinkte entwickelt. Ich glaube, die Evolution der Kognition lässt sich ganz ähnlich verstehen: Sie beruht auf einem *adaptiven Werkzeugkasten* von »Instinkten«, die ich Faustregeln oder Heuristiken nenne. Ein Großteil des intuitiven Verhaltens, von der Wahrnehmung bis zum Glauben, lässt sich anhand dieser einfachen Mechanismen beschreiben, die an die Welt, in der wir leben, angepasst sind. Sie helfen uns, die wichtigste Aufgabe der menschlichen Intelligenz zu meistern: die verfügbare Information zu transzendieren.[46] Betrachten wir zunächst, wie unsere Augen und Gehirne unbewusste Wetten abschließen.

Gehirne denken sich was aus

Bekanntlich war König Heinrich VIII. ein egozentrischer und zutiefst misstrauischer Herrscher, der sechs Ehefrauen verschliss, von denen sich zwei der langen Liste herausragender Persönlichkeiten hinzugesellten, die wegen angeblichen Hochverrats hingerichtet wurden. Die Legende will, dass es zu seinen Lieblingsbeschäftigungen bei festlichen Mahlzeiten gehört habe, ein Auge zu schließen und seine Gäste zu »enthaupten«. Möchten Sie es einmal ausprobieren? Schließen Sie Ihr rechtes Auge, und blicken Sie das lächelnde Gesicht an, das sich in der oberen rechten Ecke von Abbildung 3.1 befindet. Halten Sie das Buch in einem Abstand von ungefähr 25 Zentimetern vor Ihr Gesicht, dann bewegen Sie es langsam auf sich zu und wieder von sich fort, wobei Sie mit Ihrem linken Auge unablässig das lächelnde Gesicht fokussieren. Irgendwann wird das missmutige Gesicht auf der linken Seite verschwinden, als wäre sein Besitzer geköpft worden. Warum wirkt unser Gehirn wie eine Guillotine? Die Region, in der das Gesicht sozusagen verschwindet, entspricht dem »blinden Fleck« in der Netzhaut des menschlichen Auges. Das Auge funktioniert wie eine Kamera mit einer Linse, welche die Lichtstrahlen so lenkt, dass ein Bild der Welt auf der Netzhaut erzeugt wird. Die Fläche der Photorezeptoren auf der Netzhaut kann mit einem Film an der Rückseite der Kamera verglichen werden. Doch im Unterschied zum Film weist die Netzhaut ein Loch auf, durch das der Sehnerv heraustritt, um die Informationen ans Gehirn zu übermitteln. Da das Loch keine Photorezeptoren besitzt, sind Objekte, deren Lichtstrahlen auf diese Region fallen, nicht zu sehen. Man sollte daher meinen, dass Sie, sobald Sie ein Auge schließen und umherschauen, immer eine Leerstelle erblicken, die dem blinden Fleck entspricht. Tatsächlich aber bemerken Sie gar nichts: Unser Gehirn »füllt« die Leerstelle mit plausiblen Vermutungen. In Abbildung 3.1 (oben) ist die beste Vermutung »weiß«, weil die Umgebung weiß ist. Diese Vermutung sorgt dafür, dass das missmutige Gesicht verschwindet. Auf diese Weise »enthauptete« Heinrich VIII. seine Gäste: Er zentrierte das Bild ihrer Köpfe im blinden Fleck seines offenen Auges.

Abbildung 3.1: Sehen ist kreativ. Schließen Sie Ihr rechtes Auge, und blicken Sie das lächelnde Gesicht im oberen Kasten an. Führen Sie die Seite beim Schauen näher an sich heran; irgendwann verschwindet das traurige Gesicht auf der linken Seite. Wiederholen Sie den Vorgang mit dem unteren Kasten. Irgendwann wird Ihr Gehirn die kaputte Gabel auf der linken Seite »reparieren«. Dieser kreative Prozess belegt, dass die Wahrnehmung in ihrem Kern ein unbewusstes Wetten oder Raten ist, kein wahrheitsgemäßes Bild dessen, was dort draußen ist.

Versuchen Sie nun, mit Ihrem Gehirn etwas Konstruktiveres anzufangen, als »Enthauptungen« vorzunehmen. Schließen Sie das rechte Auge, schauen Sie das lächelnde Gesicht im unteren Teil der Abbildung 3.1 an und bewegen Sie das Buch langsam auf sich zu und wieder fort. Sie werden feststellen, dass die zerbrochene Gabel auf der linken Seite auf wundersame Weise wieder ganz wird. Das Gehirn macht, gestützt auf die Umweltinformationen, die bestmögliche Vermutung: Ein längliches Objekt erscheint auf der einen Seite des blinden Flecks und setzt sich auf der anderen fort, daher ist es wahrscheinlich, dass es auch dazwischen existiert. Wie im Fall der »enthaupteten« Gäste werden diese intelligenten Schlussfolgerungen unbewusst gezogen. Unser Gehirn kann nicht umhin, Schlüsse über die Welt anzustellen. Ohne sie würden wir nur Einzelheiten sehen, aber keine Strukturen.

Die Evolution hätte sich eine bessere Konstruktion einfallen lassen können, bei welcher der Sehnerv an der Rückseite der Netzhaut statt an der Vorderseite austräte. Tatsächlich hat sie das auch, allerdings nicht bei uns. Kraken haben keinen blinden Fleck. Die

Zellen, welche die Information an das Gehirn übermitteln, befinden sich in den äußeren Teilen der Netzhaut, sodass der Sehnerv diese nicht durchqueren muss. Doch selbst wenn die Evolution uns statt des Kraken bevorzugt hätte, bleibt doch das allgemeine Prinzip bestehen, wie der nächste Abschnitt zeigen wird. Ein gutes Wahrnehmungssystem muss die gelieferten Informationen transzendieren; es muss Dinge »erfinden«. Ihr Gehirn sieht mehr als Ihre Augen. Intelligenz heißt, Wetten und Risiken einzugehen.

Ich glaube, dass intuitive Urteile genauso zustande kommen wie diese Wahrnehmungsvermutungen: Wenn die Informationen nicht ausreichen, denkt sich das Gehirn etwas aus, das auf Annahmen über die Welt beruht. Der Unterschied liegt darin, dass die Intuition flexibler ist als die Wahrnehmung. Schauen wir uns zunächst einmal an, wie genau diese Wahrnehmungsschlüsse funktionieren.

Unbewusste Schlüsse

Um im Einzelnen zu verstehen, wie unsere Gehirne »die vorhandenen Informationen transzendieren«, betrachten Sie die Punkte auf der linken Seite der Abbildung 3.2. Sie erscheinen konkav, das heißt, sie sind offenbar wie kleine Vertiefungen in die Oberfläche eingekerbt. Die Punkte auf der rechten Seite dagegen erscheinen konvex,

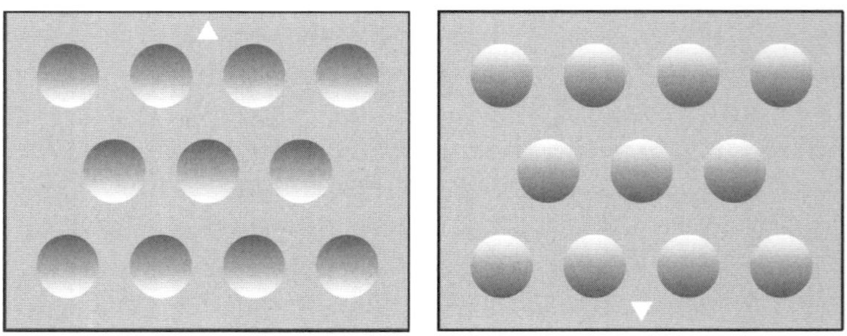

Abbildung 3.2: Unbewusste Schlüsse. Das Gehirn schließt automatisch, dass sich die Punkte auf der linken Seite des Bildes nach innen, also vom Beobachter fort, krümmen, und dass diejenigen auf der rechten Seite nach außen, also auf den Beobachter zu, gewölbt sind. Wenn Sie das Buch auf den Kopf stellen, wölben sich die nach innen gekrümmten Punkte nach außen und umgekehrt.

das heißt, sie wölben sich aus der Oberfläche heraus, dem Betrachter entgegen. Wenn Sie das Buch auf den Kopf stellen, verwandeln sich die konkaven Punkte in konvexe und umgekehrt. Warum sehen wir die Punkte auf die eine oder auf die andere Weise?

Die Antwort lautet abermals, dass das Auge nicht genügend Informationen hat, um zweifelsfrei zu erkennen, was dort draußen ist. Doch unser Gehirn lässt sich von der Ungewissheit nicht lähmen. Es schließt eine »Wette« ab, ausgehend von der Struktur der Umwelt – oder von dem, was das Gehirn für die Struktur hält. Eine dreidimensionale Welt voraussetzend, mutmaßt es anhand der schattierten Teile der Punkte, in welche Richtung der dritten Dimension sie sich erstrecken. Um eine plausible Vermutung anzustellen, nimmt es an, dass

1. das Licht von oben kommt und
2. es nur eine Lichtquelle gibt.

Diese beiden Strukturen sind charakteristisch für die Stammesgeschichte des Menschen (und der Säugetiere), in deren Verlauf Sonne und Mond lange die einzigen Lichtquellen waren. Die erste Annahme gilt weitgehend auch heute noch für das künstliche Licht, dessen Quellen sich meist über uns befinden – obwohl es auch Ausnahmen wie etwa Autoscheinwerfer gibt. Das Gehirn geht über die wenigen Informationen hinaus, die es besitzt, und verlässt sich auf eine einfache Faustregel, die diesen vermuteten Strukturen angepasst ist:

> *Befindet sich der Schatten im oberen Teil, sind die Punkte in die Oberfläche eingekerbt; befindet sich der Schatten im unteren Teil, wölben sich die Punkte aus der Oberfläche heraus.*

Betrachten Sie die Punkte auf der rechten Seite. Sie sind im oberen Teil hell und im unteren schattiert. Daher besagt der unbewusste Schluss des Gehirns, dass sich die Punkte dem Beobachter entgegenwölben, da das Licht den oberen Teil trifft, den unteren aber nur in geringerem Maße. Dagegen sind die Punkte auf der linken Seite im oberen Teil schattiert und im unteren hell; aus denselben Gründen setzt das Gehirn nun darauf, dass sie nach innen gekrümmt sind. Diese Annahmen sind im Allgemeinen jedoch nicht bewusst, weshalb der große deutsche Physiologe Hermann von Helmholtz von *unbewussten Schlüssen* sprach.[47] Von vorhandenem Wissen über die Welt ausgehend, verknüpfen unbewusste Schlüsse Sinnesdaten miteinander. Es ist umstritten, ob sie individuell gelernt werden, wie Helmholtz und der Wiener Psychologe Egon Brunswik meinten, oder durch evolutionäres Lernen erworben werden, wie der Stanford-Psychologe Roger Shepard und andere behauptet haben.

Diese unbewussten Wahrnehmungsschlüsse sind überzeugend genug, um als Handlungsgrundlage zu dienen, aber im Unterschied zu anderen intuitiven Urteilen nicht flexibel. *Automatisch* werden sie durch äußere Reize ausgelöst. Ein automatischer Prozess kann nicht durch Einsicht oder prozessfremde Information verändert werden. Selbst jetzt, wo wir wissen, wie die intuitive Wahrnehmung arbeitet, können wir nicht ändern, was wir sehen. Und weiterhin nehmen wir konkave Punkte wahr und wie sie sich verändern, sobald wir das Buch umgekehrt herum halten.

Der Mensch hieße nicht *Homo sapiens*, wenn alle seine Schlussfolgerungen Reflexcharakter hätten. Wie wir gesehen haben, gibt es andere Faustregeln, die alle Vorteile der Wahrnehmungsvermutungen aufweisen – sie sind schnell, einfach und an ihre Umwelt angepasst –, aber ihre Anwendung ist nicht vollkommen automatisch. Obwohl gewöhnlich unbewusst, können sie bewusster Intervention unterworfen werden. Betrachten wir jetzt, wie Kinder auf die Absichten anderer schließen.

Was möchte Charlie haben?

Von frühester Kindheit an haben wir ein intuitives Gefühl für das, was andere wollen, was sie verlangen und was sie von uns denken. Doch wie kommen wir zu diesen Gefühlen? Zeigen Sie einem Kind die schematische Zeichnung eines Gesichts (»Charlie«), umgeben von einem verführerischen Angebot an Schokoriegeln (Abbildung 3.3).[48] Dann sagen Sie: »Dies ist mein Freund Charlie. Charlie möchte eine dieser Süßigkeiten. Welche möchte er denn haben?« Woher soll ein Kind das wissen? Doch fast alle Kinder zeigen augenblicklich auf denselben Schokoriegel, das Milky Way. Dagegen scheitern viele autistische Kinder an dieser Aufgabe. Sie wählen den einen oder den anderen Riegel, und manche suchen egoistisch denjenigen heraus, den sie selbst am liebsten mögen. Warum haben nichtautistische Kinder eine klare Intuition von dem, was Charlie möchte, autistische Kinder hingegen nicht? Die Antwort lautet, dass nichtautistische Kinder automatisch mit »Gedankenlesen« beginnen. Gedankenleser arbeiten mit minimalen Hinweisen. Sie bemerken – unter Umständen unbewusst –, dass Charlies Augen auf das Milky Way gerichtet sind, und schließen daraus, dass er diesen Riegel haben möchte. Doch – und das ist entscheidend – auf die Frage, wohin Charlie blickt, geben autistische Kinder die richtige Antwort. Was ihnen weniger gut zu gelingen scheint als anderen Kindern, ist der Schluss vom Blick auf den Wunsch:

> *Wenn jemand eine Alternative (länger als andere) anblickt, ist es wahrscheinlich diejenige, die er sich wünscht.*

Bei nichtautistischen Kindern geht diese Gedankenleseheuristik mühelos und automatisch vonstatten. Sie ist Teil ihrer intuitiven Psychologie. Die Fähigkeit, Absichten aus dem Blick zu erschließen, scheint ihren Sitz in einer Hirnfalte des Schläfenlappens, dem Sulcus temporalis superior, zu haben.[49] Bei autistischen Kindern ist dieser Instinkt offenbar beeinträchtigt. Sie scheinen nicht zu verstehen, wie die mentalen Funktionen anderer arbeiten. Temple Gran-

Abbildung 3.3: Was möchte Charlie haben?

din, eine Autistin und promovierte Zoologin, berichtet, sie fühle sich meist »wie eine Anthropologin auf dem Mars«.[50]

Wie die unbewussten Schlüsse der Wahrnehmung könnte diese einfache Regel zur Ableitung von Wünschen aus dem Blick durchaus in unseren Genen verankert und nicht auf viel Lernen angewiesen sein. Doch im Gegensatz zu Wahrnehmungsregeln erfolgt der Schluss vom Blick auf den Wunsch nicht automatisch. Wenn ich einen Grund zu der Annahme habe, Charlie wolle mich täuschen, kann ich meinen Eindruck, er bevorzuge das Milky Way, verändern. Ich könnte den Schluss ziehen, er blicke nur auf das Milky Way, um mich dazu zu bringen, es zu nehmen, damit er mühelos zum Snickers kommt, das er in Wahrheit haben möchte. Hier haben wir einen Kandidaten für eine Faustregel, die möglicherweise genetisch kodiert und unbewusst ist, aber trotzdem willentlicher Kontrolle unterliegt. Tatsächlich verwenden Autisten diese willentliche Kontrolle gelegentlich, wenn sie versuchen, hinter die Geheimnisse des Gedankenlesens zu kommen. Grandin berichtete, sie versuche wie ein Psychologe, die Regeln zu entdecken, denen »normale« Menschen unbewusst folgen, ohne sie beschreiben zu können. Dann wende sie die Regel bewusst an, als handle es sich um die Grammatik einer Fremdsprache.

Wie funktioniert ein Bauchgefühl?

Intuitive Gefühle erscheinen uns rätselhaft und schwer erklärlich – und die meisten Sozialwissenschaftler vermeiden eine nähere Beschäftigung mit ihnen. Selbst Bücher, die das Loblied rascher Urteilsfindung singen, weichen der Frage aus, wie Bauchgefühle entstehen. Faustregeln liefern uns die Antwort. Sie sind gewöhnlich unbewusst, können aber auf die Bewusstseinsebene gehoben werden. Wichtig vor allem: Faustregeln sind im evolvierten Gehirn und in der Umwelt verankert. Durch Nutzung sowohl der evolvierten Fähigkeiten in unserem Gehirn als auch der Umweltstrukturen können Faustregeln und ihr Produkt – die Bauchgefühle – äußerst erfolgreich sein. Lassen Sie uns das folgende Schema im Einzelnen betrachten:

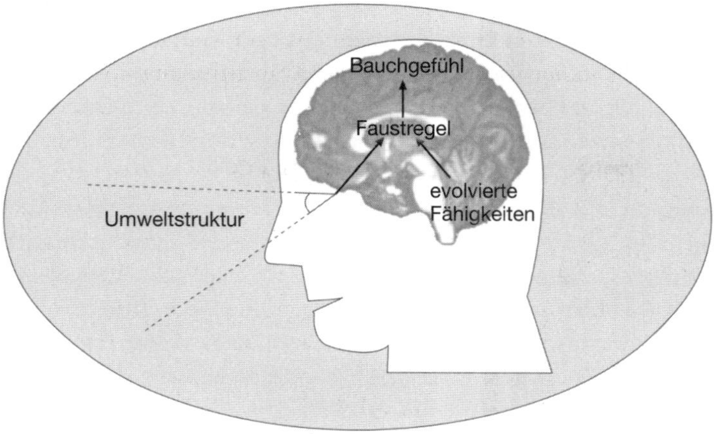

Abbildung 3.4: Wie Bauchgefühle funktionieren. Ein Bauchgefühl, gestützt auf unbewusste Faustregeln, taucht rasch im Bewusstsein auf. Diese Regeln sind in den evolvierten Fähigkeiten des Gehirns und in der Umwelt verankert.

- *Bauchgefühle* sind das, was wir erleben. Sie tauchen rasch im Bewusstsein auf, wir verstehen nicht ganz, warum wir sie haben, aber wir sind bereit, nach ihnen zu handeln.
- *Faustregeln* sind für die Entstehung von Bauchgefühlen verantwortlich. Beispielsweise teilt uns die Gedankenleseheuristik mit, was andere wünschen, die Rekognitionsheuristik löst ein Gefühl aus, das uns verrät, welchem Produkt wir trauen können, und die Blickheurisitik erzeugt eine Intuition, die uns sagt, wohin wir laufen müssen.
- *Evolvierte Fähigkeiten* sind das Baumaterial für Faustregeln. So macht sich die Blickheuristik unsere Fähigkeit zunutze, bewegte Objekte vor einem unruhigen Hintergrund mit den Augen zu verfolgen. Im Gegensatz zu Robotern fällt dies den Menschen leicht; mit drei Monaten sind Säuglinge bereits in der Lage, bewegte Ziele im Auge zu behalten.[51] Die Blickheuristik ist also für Menschen eine einfache Angelegenheit, jedoch nicht für Roboter auf dem heutigen Entwicklungsstand.
- *Umweltstrukturen* bestimmen, wie gut oder schlecht eine Faustregel funktioniert. Beispielsweise macht sich die Reko-

gnitionsheuristik Situationen zunutze, in denen die Namenswiedererkennung der Qualität von Produkten oder der Größe von Städten entspricht. Ein Bauchgefühl ist nicht gut oder schlecht, rational oder irrational an sich. Sein Wert hängt von dem Kontext ab, in dem die Faustregel verwendet wird.

Sowohl automatische Regeln, etwa der Schluss von Schattierung auf Tiefe, als auch flexible Regeln, wie die Rekognitions- und Blickheuristik, folgen diesem Schema. Doch es gibt einen wichtigen Unterschied: Eine automatische Regel ist an die Umwelt unserer frühen Stammesgeschichte angepasst, ohne dass an der Gegenwart überprüft wird, ob die Regel noch angemessen ist. Sie wird einfach ausgelöst, wenn der Reiz vorliegt. Mit dieser Form gedankenlosen Verhaltens behauptet sich das Leben seit eh und je. Dagegen wird bei den flexiblen Regeln mittels einer raschen *Evaluation* entschieden, welche anzuwenden ist. Wenn eine nicht funktioniert, gibt es eine andere, die man wählen kann. Dieser rasche Evaluationsprozess ist mit der Formulierung »Intelligenz des Unbewussten« gemeint. Untersuchungen des Gehirns mit bildgebenden Verfahren lassen auf einen Zusammenhang mit dem vorderen frontomedianen Kortex schließen (siehe Kapitel 7). Bauchgefühle mögen ziemlich simpel erscheinen, doch ihre tiefere Intelligenz äußert sich in der Auswahl der richtigen Faustregel für die richtige Situation.

Zwei Erklärungen von Verhalten

Wie andere Ansätze in den Sozialwissenschaften versucht die Wissenschaft von der Intuition, menschliches Verhalten zu erklären und vorherzusagen. Ansonsten unterscheidet sie sich jedoch von vielen anderen Ansätzen. Bauchgefühle und Faustregeln sind nicht Erklärungen von der gleichen Art wie feste Charaktereigenschaften, Präferenzen und Einstellungen. Wie bereits erwähnt, besteht der entscheidende Unterschied darin, dass Faustregeln nicht nur im Gehirn, sondern auch in der Umwelt verankert sind. Wenn Verhalten in dieser Weise erklärt wird, sprechen wir von einem adaptiven Ansatz, das heißt von einem Ansatz, der davon ausgeht, dass Verhalten sich flexibel entwickelt, während Individuen mit ihrer Umwelt interagieren. Beispielsweise versucht die evolutionäre Psychologie, heutiges Verhalten dadurch zu erklären, dass sie es auf die frühen Umwelten bezieht, in denen sich die Menschen entwickelt haben.[52] Brunswik hat einmal den menschlichen Geist und die Umwelt mit Ehepartnern verglichen, die miteinander auskommen müssen. Anhand dieses Vergleichs möchte ich den Unterschied zwischen mentalen (internen) und adaptiven Erklärungen verdeutlichen.

Lassen Sie mich verallgemeinernd zwischen zwei Interaktionsweisen unterscheiden, die den Partnern zur Verfügung stehen: Sie können freundlich sein und versuchen, einander glücklich zu machen, oder fies sein und versuchen, einander Leid zuzufügen. Betrachten wir zwei Ehepaare, die Eintrachts und die Streits, die in jeder Hinsicht gleich sind – mit einer einzigen Ausnahme: Die Eintrachts sind freundlich, herzlich, fürsorglich und kommen sehr gut miteinander aus. Die Streits dagegen zanken sich, schreien sich an, beleidigen einander und sind im Begriff, sich zu trennen. Wie können wir den Unterschied erklären?

Nach einer weitverbreiteten Meinung hat jeder Mensch eine Reihe von Überzeugungen und Wünschen, welche die Ursache seines Verhaltens sind. Danach hätten Herr und Frau Streit also sadomasochistische Impulse und fänden Vergnügen daran, einander zu verletzen – ein einfacher Fall von Lustmaximierung. Eine andere Erklärung wäre, dass das Ehepaar keine derartigen Wünsche hat, sondern falsch »berechnet« hat, wie es sich verhalten sollte. Im ersten Fall haben wir die rationale, im zweiten die irrationale Erklärung, aber beide Annahmen gehen davon aus, dass Menschen mentale Kalkulationen anstellen, die Franklins Bilanzschema entsprechen. Eine dritte Erklärung orientiert sich an Persönlichkeitseigenschaften und Einstellungen, etwa indem sie ein übermäßig aggressives Temperament oder eine negative Einstellung gegenüber dem anderen Geschlecht verantwortlich macht. Entscheidend ist, dass jede dieser Erklärungen die Ursache für das Verhalten in der individuellen Persönlichkeit sucht: Persönlichkeitstheorien konzentrieren sich auf Eigenschaften, Einstellungstheorien auf Einstellungen und kognitive Theorien auf Wahrscheinlichkeit und Nutzen oder Überzeugungen und Wünsche.

Die Tendenz, Verhalten ohne Berücksichtigung der Umwelt zu erklären, bezeichnet man als »fundamentalen Attributionsfehler«. Sozialpsychologen haben diese Tendenz an Laien untersucht, doch der gleiche Fehler schleicht sich auch in die Erklärungen der Sozialwissenschaftler ein. Wer finanzielle Risiken auf dem Aktienmarkt eingeht, ist nicht zu vergleichen mit jemandem, der soziale Risiken in seinen Liebesbeziehungen oder körperliche Risiken beim Bergsteigen in Kauf nimmt. Nur wenige von uns zeigen Risikobereitschaft in jedem Lebensbereich. Als Student war ich ein überzeugter Anhänger der Persönlichkeits- und Einstellungsforschung und musste durch bittere Erfahrung lernen, dass sie Verhalten nur selten befriedigend vorhersagt. Das hat seinen guten Grund. Die Annahme fester Eigenschaften und Präferenzen vernachlässigt die adaptive Natur des *Homo sapiens*. Aus demselben Grund ist die Kenntnis des menschlichen Genoms nicht gleichbedeutend mit dem Verstehen menschlichen Verhaltens; die soziale Umwelt hat auch einen direkten Einfluss, möglicherweise sogar auf die Produktion von Wachstumshormonen durch die DNA.[53] Nach Brunswik heißt das: Wer das Verhalten der Ehefrau verstehen will, muss herausfinden, was ihr Mann tut, und umgekehrt.

Adaptive Theorien beschäftigen sich mit der Beziehung zwischen menschlichem Geist und Umwelt und nicht mit dem Geist allein.[54] Ergibt sich daraus eine andere Geschichte für die Eintrachts und die Streits? Dazu müssen wir uns überlegen, wie Faustregeln mit einer gegebenen Umweltstruktur interagieren. Was liegt dem Verhalten der Ehepartner zugrunde? Betrachten wir eine Regel, die man *Tit-for-Tat* (Wie du mir, so ich dir) nennt:

> *Sei zuerst freundlich, beschränke dein Gedächtnis auf die Größe eins, und ahme das zuletzt gezeigte Verhalten deines Partners nach.*

Nehmen wir an, Frau Eintracht, die diese Faustregel unbewusst anwendet, löst zum allerersten Mal eine Aufgabe gemeinsam mit ihrem Mann (Pflege des ersten Neugeborenen, gemeinsamer Kleiderkauf oder Zubereitung des Abendessens und anschließender Abwasch). Herr und Frau Eintracht sind bei dieser ersten Gelegenheit freundlich zueinander. Beim nächsten Mal ahmt sie sein kooperatives Verhalten nach, er ahmt das ihre nach und so fort. Das Ergebnis kann eine lange, harmonische Beziehung sein. Der Ausdruck »Beschränke dein Gedächtnis auf die Größe eins« bedeutet, dass nur das zuletzt gezeigte Verhalten (freundlich oder fies) nachgeahmt und erinnert wird. Eine Beziehung kann sich nur entfalten, wenn die Partner bereit sind, Fehler der Vergangenheit zu begraben, und nicht, wenn einer der Partner immer wieder dieselbe Leiche aus dem Keller holt. Vergessen bedeutet in diesem Fall vergeben.

Vor allem aber kann ein und dieselbe Faustregel je nach sozialer Umwelt zu entgegengesetzten Verhaltensweisen führen. Wenn Frau Eintracht jemanden geheiratet hat, der nach der Maxime handelt: »Sei stets fies zu deiner Frau, damit sie weiß, wer die Hosen anhat«, wird sie sich umgekehrt genauso verhalten. Aufgestachelt durch das fiese Verhalten ihres Mannes, wird sie ihrerseits fies auf ihn reagieren. Verhalten ist nicht das Spiegelbild einer Eigenschaft, sondern eine adaptive Reaktion auf die Umwelt.

Tit-for-Tat funktioniert, wenn der Partner sich ebenfalls daran hält und keine Fehler macht. Nehmen wir an, die Streits verließen sich ebenfalls intuitiv auf Tit-for-Tat. Auch sie waren ursprünglich ein liebevolles Paar, doch Herr Streit sagte einmal in einem Wutanfall etwas Feindseliges, und seither nehmen die Auseinandersetzungen kein Ende. Frau Streit war verletzt, daher zahlte sie es ihm mit gleicher Münze heim. Das veranlasste ihn, ihr bei nächster Gelegenheit eins auszuwischen, und so ging es munter fort. Heute ist der ursprüngliche Anlass längst vergessen, doch sie sind in einem endlosen Verhaltensmuster gefangen. Herr Streit findet, ihre letzte Beleidigung sei die Ursache seines eigenen beleidigenden Verhaltens, und sie denkt das Gleiche von ihrer Reaktion. Wie können die Streits das Spiel beenden oder gar nicht erst damit anfangen? Sie könnten die versöhnlichere Regel *Tit-for-two-Tats* anwenden.

> *Sei zuerst freundlich, beschränke dann dein Gedächtnis auf Größe zwei, und sei nur fies, wenn dein Partner es zweimal war; ansonsten sei freundlich.*

Hier bekommt er, wenn er sie ungewollt beleidigt hat, eine zweite Chance. Nur wenn es zweimal hintereinander passiert, revanchiert sie sich. Tit-for-two-Tats ist das bessere Prinzip bei Paaren, die sich etwas unberechenbar verhalten, ohne absichtlich bösartig zu sein. Allerdings kann diese Nachsichtigkeit ausgenutzt werden. Stellen Sie sich beispielsweise einen Mann vor, der sich eines Abends betrinkt und seine Frau schlägt, das aber am folgenden Tag tief bereut und sich dann freundlich und rücksichtsvoll zeigt. Wenn ihrem Verhalten das Prinzip Tit-for-two-Tats zugrunde liegt, wird sie ihm gegenüber freundlich bleiben. Ein gerissener Mann kann das Spiel bewusst oder unbewusst lange Zeit fortsetzen und ihre Bereitschaft zu versöhnlichem Verhalten ausbeuten. Wenn sie auf Tit-for-Tat umstiege, könnte er sie nicht mehr ausnutzen.

Wie gut würden sich diese einfachen Regeln bewähren, wenn man nicht nur mit einem Partner interagierte, sondern mit vielen, die sich möglicherweise an verschiedenen Regeln orientieren? In einem viel beachteten Computerturnier ließ der amerikanische Politikwissenschaftler Robert Axelrod fünfzehn Strategien miteinander konkurrieren und rechnete am Ende die Gewinne aller Spiele zusammen. Trotz aller Einfachheit war Tit-for-Tat die siegreiche Strategie.[55] Die komplexeste Strategie hatte sogar den geringsten Erfolg. Axelrod gelangte zu dem Ergebnis, dass jemand, der in seinem Turnier Tit-for-two-Tats eingesetzt hätte, der Sieger gewesen wäre. Es ist geeignet, den Teufelskreis der gegenseitigen Vorwürfe – das Problem der Streits – zu durchbrechen. Folgt daraus, dass Tit-for-two-Tats grundsätzlich besser als Tit-for-Tat ist? Durchaus nicht. Wie im wirklichen Leben gibt es keine Strategie, die unter allen Umständen die beste ist – es hängt von den Strategien der anderen Spieler ab. Als Axelrod ein zweites Turnier anberaumte, reichte der namhafte Evolutionsbiologe John Maynard Smith Tit-for-two-Tats ein. Doch die gutmütige Heuristik trug nicht den Sieg davon. Sie sah sich gemeinen Strategien gegenüber, welche die Nachsicht der Weicheier auszunutzen trachteten, und so landete Tit-for-two-Tats abgeschlagen auf einem der hinteren Ränge. Abermals hieß der Gewinner Tit-for-Tat. Die Vorteile dieser Strategie liegen in ihren Bausteinen. Im Allgemeinen zahlen sich Kooperation, Vergessen und Nachahmung aus. Vor allem aber zahlt sich die

Kombination aus. Folgte man dagegen der biblischen Maxime, immer auch die andere Wange hinzuhalten, würde man aller Wahrscheinlichkeit nach ausgenutzt.

Wie die Wahrnehmungsregeln, von denen in diesem Kapitel die Rede war, beruht auch Tit-for-Tat auf evolvierten Fähigkeiten. Diese Fähigkeiten sind jedoch nicht mit Eigenschaften zu verwechseln, vielmehr sind sie der Stoff, aus dem die Faustregeln bestehen. In den nächsten beiden Kapiteln werden wir uns mit der Frage beschäftigen, wie sie im Gehirn beziehungsweise der Umwelt verankert sind.

Kapitel 4
Angepasste Gehirne

Wenn wir alle Handlungen unterließen, für die wir den Grund nicht kennen oder die wir nicht rechtfertigen können, wären wir wahrscheinlich bald tot.

Friedrich A. von Hayek[56]

Wir können uns ein Lächeln nicht verkneifen, wenn wir hören, dass Barbara Bush, ehemalige First Lady der Vereinigten Staaten von Amerika, gesagt haben soll: »Ich habe den Mann geheiratet, von dem ich meinen ersten Kuss bekam. Wenn ich das meinen Kindern erzähle, wird ihnen fast übel.« Hätte sie mehr Bewerber prüfen sollen? Barbara Bush ist nicht die Einzige; noch ein Drittel der Amerikaner, die in den 1960er- und Anfang der 1970er-Jahre geboren wurden, heirateten ihren ersten Partner.[57] Eheberater halten es häufig für falsch, gleich den ersten oder zweiten Partner zu heiraten, statt sich bei dieser wichtigen Entscheidung systematisch um Alternativen und Erfahrungen zu bemühen. Ganz ähnlich beklagen auch Wirtschaftswissenschaftler die geringe Rationalität bei der Partnerwahl. Wenn ich diese Kritik höre, frage ich die Betreffenden, wie sie denn ihren Partner oder ihre Partnerin gefunden haben. »Oh, das ist etwas anderes!«, heißt es dann, und sie erzählen die Geschichte einer zufälligen Begegnung bei einer Party oder in einer Cafeteria, von einer plötzlichen Gefühlswallung, der Angst, abgelehnt zu werden, der Zuspitzung des Lebens auf diesen einen Menschen hin und dem Bauchgefühl, dass diese Person die richtige sei. Solche Geschichten haben wenig gemein mit der überlegten Wahl zwischen einer Reihe von Alternativen, wie wir sie etwa beim Kauf von Digitalkameras oder Kühlschränken vornehmen.

Bislang bin ich erst einem einzigen Menschen begegnet, einem

Wirtschaftswissenschaftler, der antwortete, er habe sich an Benjamin Franklins Methode der Partnerwahl gehalten: Mit Bleistift und Papier bewaffnet, habe er sich hingesetzt und alle Partnerinnen aufgelistet, die ihm einfielen, dazu alle Konsequenzen, die er sich vorstellen konnte (ob sie ihm noch zuhören würde, nachdem sie geheiratet hätten, ob sie sich um die Kinder kümmern und ihn in Frieden arbeiten lassen würde). Dann ordnete er dem Nutzen jeder Konsequenz einen Zahlenwert zu und schätzte die Wahrscheinlichkeit ihres Eintretens ab. Schließlich multiplizierte er den Nutzwert mit dem Wahrscheinlichkeitsfaktor und addierte die Ergebnisse. Die Frau, um die er schließlich anhielt und die er heiratete, war diejenige mit dem höchsten erwarteten Nutzen. Allerdings hat er seiner Frau nie von seiner Strategie erzählt. Heute ist er geschieden.

Mir geht es darum, dass wichtige Entscheidungen – wen wir heiraten, was für einen Beruf wir wählen, was wir mit dem Rest unseres Lebens anfangen – nicht nur eine Frage von Pro und Kontra in unserer Vorstellungswelt sind. Etwas anderes spielt eine gewichtige Rolle im Entscheidungsprozess, etwas, das im wörtlichen Sinn gewichtig ist: unser evolviertes Gehirn. Es stellt uns Fähigkeiten zur Verfügung, die wir im Lauf von Jahrtausenden entwickelt haben, die aber von der Entscheidungstheorie weitgehend außer Acht gelassen werden. Ihm verdanken wir auch die menschliche Kultur, die sich weit schneller als Gene entwickelt. Diese evolvierten Fähigkeiten sind unentbehrlich für viele Entscheidungen und können uns grobe Fehler in wichtigen Angelegenheiten ersparen. Dazu gehört die Fähigkeit, zu vertrauen, nachzuahmen und Emotionen wie etwa Liebe zu empfinden. Damit ist nicht gesagt, dass Lebewesen ohne Vertrauen und Liebe nicht existieren können. Bei vielen Reptilien gibt es keine Mutterliebe; nach dem Schlüpfen müssen sich die Jungtiere verstecken, um nicht von den Eltern gefressen zu werden. Auch das klappt, entspricht aber nicht dem Verhalten von Menschen. Um menschliches Verhalten zu verstehen, müssen wir uns vor Augen halten, dass es ein evolviertes Gehirn gibt, welches uns ermöglicht, Probleme auf unsere besondere Weise zu lösen – anders als Reptilien oder Computerchips. Unsere Säuglinge brauchen sich nach der Geburt nicht zu verstecken, sondern machen sich für ihre Entwicklung andere Fähigkeiten zunutze – Lächeln, Nachahmen, niedliches Aussehen und die Fähigkeit, zuzuhören und sprechen zu lernen. Stellen wir mal ein Gedankenexperiment an.

Die Fabel von der Roboterliebe

Im Jahr 2525 gelang es den Ingenieuren endlich, Roboter zu bauen, die wie Menschen aussahen, sich wie Menschen verhielten und fortpflanzungsfähig waren. Man hatte zehntausend Roboter verschiedener Art gebaut, alle weiblichen Geschlechts. Ein Forschungsteam machte sich an die Aufgabe, einen männlichen Roboter zu entwickeln, der fähig war, eine passende Gefährtin zu finden, eine Familie zu gründen und für die kleinen Roboter zu sorgen, bis sie in der Lage sein würden, selbst zurechtzukommen. Das erste Modell nannten sie Maximierer, abgekürzt M-1. Er war dazu programmiert, die beste Partnerin zu finden. M-1 fand tausend weibliche Roboter, die seinem Vorsatz entsprachen, kein Modell zu heiraten, das älter als er selbst war. Dann bestimmte er fünfhundert Merkmale, in denen sich einzelne weibliche Roboter unterschieden, etwa Energieverbrauch, Rechengeschwindigkeit und Skelettelastizität. Leider waren den weiblichen Maschinenmenschen ihre individuellen Eigenschaften nicht auf die Stirn geschrieben; einige verbargen sie sogar und versuchten, M-1 hinters Licht zu führen. Er versuchte, die Eigenschaften aus Verhaltensstichproben abzuleiten. Nach drei Monaten war es ihm gelungen, bei allen weiblichen Robotern das erste der getesteten Merkmale, Speichergröße, zuverlässig zu messen. Daraufhin rechnete das Forschungsteam rasch hoch, wann M-1 so weit sein würde, die geeignetste Partnerin zu wählen. Es gelangte zu dem Ergebnis, dass zu diesem Zeitpunkt weder die Teammitglieder noch der beste weibliche Roboter am Leben sein würden. Die tausend weiblichen Maschinengeschöpfe waren erbost darüber, dass M-1 sich nicht entschließen konnte, und als er sich anschickte, das zweite Merkmal zu erfassen, die Seriennummer, rissen sie ihm die Batterien aus dem Leib und entsorgten ihn auf einem Schrottplatz.

Das Team kehrte an das Zeichenbrett zurück. M-2 wurde nun

so konstruiert, dass er sich auf die wichtigen Merkmale konzentrierte und die Suche einstellte, wenn die Kosten der weiteren Informationssammlung den Nutzen überschritten. Nach drei Monaten war M-2 genau an dem Punkt, an den auch M-1 gelangt war. Darüber hinaus wog er eifrig den Nutzen und die Kosten jedes Merkmals ab, um herauszufinden, ob er es außer Acht lassen konnte. Die ungeduldigen Maschinendamen rissen ihm die Drähte heraus und entsorgten auch ihn.

Nun machte sich das Team die Maxime zu eigen, dass das Beste der Feind des Guten sei, und konstruierte G-1, einen Roboter, der nach einer Partnerin suchte, die gut genug war. G-1 hatte ein eingebautes Anspruchsniveau. Dem ersten Weibchen, das seinem Anspruchsniveau genügte, sollte er einen Antrag machen – und alle anderen Gesichtspunkte beiseite lassen. Um sicherzustellen, dass er auch dann eine Partnerin finden würde, falls seine Ansprüche zu hoch seien, stattete man ihn mit einer Rückkopplungsschleife aus. Sie senkte sein Anspruchsniveau ab, wenn ihm über einen zu langen Zeitraum keiner der weiblichen Roboter gut genug war. G-1 zeigte kein Interesse an den ersten sechs Weibchen, die er kennen lernte, machte Nummer sieben aber einen Antrag. Mangels anderer Möglichkeiten willigte sie in die Verbindung ein. Drei Monate später war G-1 verheiratet und hatte zur allseitigen Freude zwei kleine Kinder.

Als das Team am Abschlussbericht saß, erfuhr es, dass G-1 seine Frau wegen einer anderen Roboterdame verlassen hatte. Es gab nichts in seinem Gehirn, was ihn daran hinderte, die Wahl zu revidieren, sobald sich eine bessere Möglichkeit zu bieten schien. Ein Mitglied der Forschungsgruppe wies darauf hin, dass M-1 seine Frau niemals verlassen hätte, weil er von Anfang an nur die beste akzeptiert hätte. Das sei zwar richtig, erwiderten die anderen, aber G-1 habe doch zumindest eine gefunden. Das Team diskutierte das Problem eine Zeit lang und entwickelte dann GE-1. Dieser war, wie G-1, hochzufrieden mit einer Frau, die gut genug war, besaß aber zusätzlich ein emotionales Bindemittel. Das wurde freigesetzt, sobald er einer Roboterin begegnete, die gut genug war, und es sorgte dann dafür, dass GE-1 sich mit jedem körperlichen Kontakt noch stärker an sie band. Um sicherzugehen, wurde noch ein zweites emotionales Bindemittel in sein Gehirn eingebracht, das bei der Geburt eines Roboterbabys freigesetzt wurde und die Verbindung bei jedem körperlichen Kontakt weiter festigte. Ebenso rasch wie G-1 hielt auch GE-1 um die Hand einer Roboterfrau an, heiratete und zeugte drei Kinder. Er lebte noch immer mit ihr zusammen, als das Team seinen Bericht abschloss. Er war etwas zu anhänglich, aber verlässlich. Seither erobern die GE-1-Roboter die Erde.

In der Fabel scheitert M-1, weil er versucht, die beste Möglichkeit zu finden. Nicht anders ergeht es M-2: Beide erleiden Schiffbruch, weil ihnen die Zeit ausgeht. G-1 kommt rasch zum Ziel, weil er sich mit dem zufriedengibt, was gut genug ist, lässt es aber ebenso rasch wieder sausen. Doch die Liebesfähigkeit, das Bindemittel, kommt einer leistungsfähigen Stoppregel gleich, welche die Partnersuche von GE-1 beendet und die Bindung an seine Lieben stärkt. Ganz ähnlich verhält es sich mit den Gefühlen elterlicher Liebe, die allmorgendlich durch die Gegenwart oder das Lächeln des Säuglings ausgelöst werden: Sie ersparen den Eltern, jeden Morgen entscheiden zu müssen, ob sie ihre Ressourcen in ihre Kinder oder in etwas anderes investieren sollen. Die Frage, ob es der Mühe wert ist, all die schlaflosen Nächte und anderen Beeinträchtigungen zu ertragen, welche die Verantwortung für ein Baby mit sich bringen, stellt sich einfach nicht, und unser Gedächtnis sorgt dafür, dass die Mühsal rasch vergessen ist. Das evolvierte Gehirn hindert uns daran, zu lange hinzuschauen und zu lange nachzudenken. Die Kultur, in die es eingebettet ist, beeinflusst, was das Objekt unserer Liebe oder unseres Vertrauens sein kann und was uns erzürnt oder verletzt.

Dabei kann die bewusste Suche nach dem Besten bei Menschen aus Fleisch und Blut leicht mit dem Gefühl von Stolz und Ehre in Konflikt geraten. Der Astronom Johannes Kepler war klein, kränklich und Sohn eines armen Söldners. Doch nach seinen berühmten Entdeckungen war er eine gute Partie. 1611, nach einer arrangierten und unglücklichen ersten Ehe, begann Kepler mit einer methodischen Suche nach seiner zweiten Frau. Anders als Barbara Bush prüfte er elf mögliche Kandidatinnen in zwei Jahren. Freunde drängten ihn, Kandidatin Nummer vier zu heiraten, eine Dame von Stand mit einer verlockenden Mitgift, doch er war fest entschlossen, seine Nachforschungen fortzusetzen. Schließlich wies ihn diese perfekt passende Bewerberin beleidigt zurück, weil er zu lange mit ihr gespielt habe. Ihr Entschluss war unwiderruflich.

Evolvierte Fähigkeiten

Evolvierte Fähigkeiten – unter anderen Sprache, Wiedererkennungsgedächtnis, Verfolgen von Objekten mit den Augen, Nachahmung und Emotionen wie Liebe – werden durch natürliche Selektion, kulturelle Vermittlung und andere Mechanismen erworben. Die Fähigkeit zur Sprache oder zur Nachahmung hat sich beispielsweise durch natürliche Selektion entwickelt, doch das Wissen, welche Wörter welche Objekte bezeichnen, ist eine Frage des kulturellen Lernens. Ich verwende den Ausdruck *evolvierte Fähigkeiten* im allgemeinen Sinn, da Fähigkeiten des Gehirns immer sowohl von unseren Genen als auch von unserer Lernumgebung abhängen. Stammesgeschichtlich entwickelten sie sich parallel zur Umwelt, in der unsere Vorfahren lebten, und individuell werden sie durch die Umgebung geprägt, in der ein Kind aufwächst. So ist etwa die menschliche Fähigkeit, das Verhalten anderer nachzuahmen, eine Voraussetzung für die Entwicklung von Kultur. Einer von Darwins seltenen Irrtümern war seine Überzeugung, die Fähigkeit zur Nachahmung sei eine häufig auftretende Anpassungsleistung vieler Tierarten.[58] Bei keiner anderen Art ahmen die Individuen so allgemein, sorgfältig und spontan nach wie beim Menschen – eine Voraussetzung für die kumulative Entfaltung jenes Bestands an Fertigkeiten und Wissen, den wir Kultur nennen. Der Psychologe Michael Tomasello und seine Kollegen haben Experimente durchgeführt, bei denen jugendliche und erwachsene Schimpansen sowie zweijährige Kinder erwachsene Menschen beobachteten, wie sie ein harkenartiges Werkzeug verwendeten, um sich Nahrung zu verschaffen, die außerhalb ihrer Reichweite lag.[59] Die Schimpansen lernten, dass sich das Werkzeug irgendwie verwenden ließ, achteten aber nicht weiter auf die Einzelheiten seiner Anwendungsweise, während die Kinder alle Details mit großer Aufmerksamkeit beobachteten und sie getreulich nachahmten. Ein Kind mag schwächer und langsamer sein als ein Schimpanse, aber es erlernt schneller Kultur – in diesem Fall durch Nachahmung.

Doch wenn wir uns auf die Nachahmung allein verließen, würde unser Verhalten von der Umwelt abgekoppelt. Flexible Faustregeln erlauben uns, Nachahmung gezielt einzusetzen. Ahme nach, wenn sich die Welt nur langsam verändert, ansonsten lerne aus der eigenen Erfahrung (oder ahme jene nach, die klüger sind als du und sich rascher der neuen Situation angepasst haben).

Da wir viele unserer evolvierten Fähigkeiten nicht recht verstehen, können wir auch noch keine Maschinen mit diesen Fertigkeiten ausstatten. So kann die künstliche Gesichts- und Spracherkennung bislang keineswegs mit der menschlichen Fähigkeit hierzu mithalten, wie auch Liebe, Hoffnung und Begehren noch weit davon entfernt sind, Elemente der Maschinenintelligenz zu sein. Natürlich gilt auch das Gegenteil. Man kann durchaus von den »evolvierten« Fähigkeiten moderner Computer sprechen, etwa ihrer ungeheuren Kombinationsfähigkeit, zu welcher die menschliche Intelligenz nicht fähig ist. Die Unterschiede zwischen der »Hardware« des Computers und derjenigen unseres Gehirns haben eine wichtige Konsequenz: Menschen und Maschinen müssen sich an unterschiedliche Arten von Faustregeln halten, um ihre jeweiligen Fähigkeiten gewinnbringend zu nutzen. Daher dürften ihre Intuitionen verschieden sein.

Fähigkeiten bauen aufeinander auf. Die Fähigkeit, Objekte mit den Augen gezielt zu verfolgen, beruht auf den physischen und geistigen Mechanismen, die zur Orientierung in der eigenen Umwelt beitragen. Die Fähigkeit, andere zu beobachten und daraus zu lernen, stützt sich ihrerseits auf die Fähigkeit, Menschen in Zeit und Raum mit den Augen zu folgen. Die Fähigkeit zur Kooperation und zur Nachahmung erwächst wiederum aus der Fähigkeit, andere zu beobachten. Wenn Individuen die Fähigkeit zur Kooperation haben, etwa um Waren auszutauschen, müssen sie auch eine Antenne für Täuschungsmanöver entwickeln, um nicht ausgenutzt zu werden.[60] Entsprechend ist das Wiedererkennungsgedächtnis eine Vorbedingung für Ansehen; Institutionen können nur Ansehen gewinnen, wenn die Menschen deren Namen erkennen und zumindest eine schwache Erinnerung daran haben, warum sie Achtung verdienen. Eine Institution mit einem guten Ruf weckt wiederum Vertrauen, verstärkt die Gruppenidentifikation und trägt zur Verbreitung der von ihr verkörperten Werte bei.

Der adaptive Werkzeugkasten

Die Philosophen der Aufklärung bezeichneten den menschlichen Geist als ein von der Vernunft regiertes Königreich. An der Wende zum 20. Jahrhundert verglich William James das Bewusstsein mit einem Fluss und das Selbst mit einer Festung; in Reaktion auf die jeweils neuesten technischen Entwicklungen ist das Gehirn nacheinander als Telefonzentrale, Digitalrechner und neuronales Netz beschrieben worden. Die Analogie, die ich verwende, ist der Werkzeugkasten mit seinen Werkzeugen für ein ganzes Spektrum von menschlichen Problemen (Abbildung 4.1). Der adaptive Werkzeugkasten hat drei Ebenen: evolvierte Fähigkeiten, Bausteine, die sich Fähigkeiten zunutze machen, und Faustregeln, die aus Bausteinen bestehen. Die Beziehung zwischen diesen drei Ebenen gleicht dem Verhältnis zwischen den Elementarteilchen des Atoms, den chemischen Elementen im Periodensystem und den Molekülen, die aus verschiedenen Elementen aufgebaut sind. Es gibt viele Moleküle und Faustregeln, weniger Elemente und Bausteine und noch weniger Elementarteilchen und Fähigkeiten.

Schauen wir uns noch einmal die Blickheuristik an. Sie hat drei Bausteine:

> *(1) Fixiere den Ball, (2) beginne zu laufen, und (3) passe deine Laufgeschwindigkeit so an, dass der Blickwinkel konstant bleibt.*

Jeder dieser Bausteine ist in evolvierten Fähigkeiten verankert. Der erste macht sich die menschliche Fähigkeit zunutze, Objekte mit den Augen zu verfolgen, der zweite die Fähigkeit, beim Laufen das Gleichgewicht zu bewahren, und der dritte die Fähigkeit zu einer fein abgestimmten visuell-motorischen Koordination. All dies ermöglicht eine schöpferische Methode, das Problem des Ballfangens

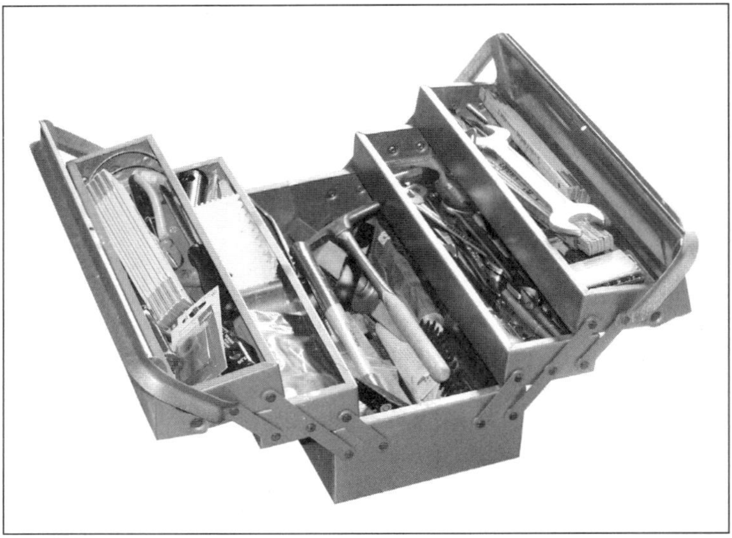

Abbildung 4.1: Wie ein Handwerker seinen Werkzeugkasten braucht, bedient sich die Intuition aus einem Werkzeugkasten voller Faustregeln.

zu lösen, die sich grundsätzlich von der Berechnung der Flugbahn unterscheidet. Die Blickheuristik ist schnell und einfach, weil die komplexen Fähigkeiten, auf die sie sich verlässt, fest im Gehirn verdrahtet sind. Wichtig ist in diesem Zusammenhang, dass sich die mathematische Standardlösung – die Berechnung der Flugbahn – dieses Potenzial nicht zunutze macht.

Betrachten wir als Nächstes die *Tit-for-Tat*-Strategie, die im vorhergehenden Kapitel vorgestellt wurde. Sie eignet sich für Situationen, in denen zwei Menschen oder Institutionen Produkte, Gefälligkeiten, emotionale Unterstützung oder Ähnliches austauschen. Jeder der beiden Partner kann entweder freundlich (kooperativ) oder fies (unkooperativ) sein. Auch Tit-for-Tat lässt sich in drei Bausteine zerlegen:

> *(1) Kooperiere zunächst, (2) beschränke dein Gedächtnis auf die Größe eins, und (3) ahme das zuletzt gezeigte Verhalten deines Partners nach.*

Nehmen wir an, beide Partner treffen sich im Lauf der Zeit mehrfach. Danach würde jemand, der Tit-for-Tat anwendet, bei der ersten Begegnung nett zum anderen sein, sich merken, wie der andere handelt, und bei der zweiten Begegnung das Verhalten des Partners während des ersten Zusammentreffens nachahmen und so fort. Wenn der Partner ebenfalls Tit-for-Tat anwendet, kooperieren beide von Anfang bis Ende; ist der andere jedoch fies und kooperiert nie, kooperiert auch der Tit-for-Tat-Spieler nach kurzer Zeit nicht mehr mit ihm. Bemerkenswert dabei ist, dass unterschiedliches Verhalten – egal, ob freundlich oder niederträchtig – aus derselben Faustregel resultiert. Eine Erklärung für das Verhalten des Tit-for-Tat-Spielers durch stabile Eigenschaften oder Einstellungen würde diesen entscheidenden Unterschied zwischen Prozess (Tit-for-Tat) und resultierendem Verhalten (kooperativ oder nicht) verkennen.

Der erste Baustein umfasst Kooperation, der zweite die Fähigkeit zu vergessen, die, wie das Vergeben, bei der Aufrechterhaltung stabiler sozialer Beziehungen hilft. Mein Memory Stick dagegen kann nicht vergessen, daher muss ich von Zeit zu Zeit eine Reihe von Dateien löschen, um ihn weiter verwenden zu können. Der dritte Baustein bedient sich der Fähigkeit zur Nachahmung, für die wir Menschen ganz besonders begabt sind. Wechselseitige Hilfe zwischen nichtverwandten Individuen derselben Art bezeichnet man als *reziproken Altruismus*: Ich helfe dir jetzt, und du revanchierst dich später für den Gefallen. Dieses Prinzip ist in der Tierwelt so selten wie die Tit-for-Tat-Strategie.[61] Tiere verhalten sich unter Umständen reziprok, wenn sie genetisch verwandt sind. Dagegen bestehen größere menschliche Gesellschaften, die sich erst vor rund zehntausend Jahren herausgebildet haben, vorwiegend aus nichtverwandten Mitgliedern, die – etwa in der Landwirtschaft und im Handel – reziproken Altruismus praktizieren.

Kurzum, der adaptive Werkzeugkasten besteht aus evolvierten Fähigkeiten – darunter auch denen des Lernens. Sie bilden die Grundlage für Bausteine, aus denen sich effiziente Faustregeln zusammensetzen lassen. Evolvierte Fähigkeiten sind das Metall, aus dem die Werkzeuge sind. Ein Bauchgefühl ist wie ein Bohrer – ein einfaches Gerät, dessen Kraft in der Qualität seines Materials liegt.

Adaptive Ziele

Mithilfe einer evolvierten Fähigkeit lässt sich ein breites Spektrum von Problemen lösen. Nehmen wir als Beispiel die visuelle Verfolgung von Objekten. Sie war ursprünglich wahrscheinlich eine Adaptation für Beutemachen und Navigation: Ein Beutetier fing man etwa, indem man den Blickwinkel konstant hielt. Wie in Kapitel 1 gesehen, ermöglicht dies einfache Lösungen für komplexe moderne Probleme wie etwa das Fangen eines Baseballs oder die Vermeidung einer Kollision beim Segeln oder Fliegen. Das Verfolgen von Objekten mit den Augen ist auch eine Voraussetzung für einfallsreiche Lösungen von sozialen Problemen. Beim Menschen wie auch bei hierarchisch organisierten Primaten kann ein Neuankömmling den Sozialstatus einzelner Gruppenmitglieder rasch herausfinden, indem er beobachtet, wer wen anblickt. Eine sorgfältige Blickverfolgung dieser Art ermöglicht neuen Gruppenmitgliedern, Konflikte zu vermeiden, welche die bestehende Hierarchie durcheinanderbringen könnten. Kinder sind von Geburt an für Blicke empfänglich und scheinen zu wissen, wenn sie jemand ansieht. Mit rund einem Jahr beginnen Kinder die Blicke der Erwachsenen zum Sprachlernen zu verwenden. Wenn Mama »Computer« sagt, während das Kind das Goldfischglas anschaut, schließt das Kind daraus nicht, dass das neue Wort das Aquarium oder den Fisch bezeichnet, sondern folgt Mamas Blick, um daraus abzuleiten, welches der vielen Dinge im Zimmer sie meint. Mit rund zwei Jahren beginnen Kinder die Blicke anderer zu nutzen, um Vermutungen über deren Absichten und Wünsche anzustellen, und mit drei Jahren fangen sie an, Blicke als Hinweise auf Täuschungen zu verstehen.[62] Dabei verfolgen Kinder wie Erwachsene nicht nur die Blickrichtung anderer Menschen, sondern auch deren Körperbewegungen, um auf ihre Absichten zu schließen. Sogar die Bewegungen virtueller Käfer auf einem Computerbildschirm können uns suggerieren, dass sie flirten, helfen oder schaden möchten.[63]

Eine evolvierte Fähigkeit ist erforderlich, um adaptive Probleme zu lösen, reicht aber nicht aus – so wie ein 200-PS-Motor schnelles Fahren ermöglicht, jedoch ohne Lenkrad und Räder nicht vorwärtskommt. Nur wenn sich diese Teile dort befinden, wo sie hingehören, kann der Fahrer das Auto durch eine einfache Handlungssequenz in Gang setzen – starten, aufs Gaspedal treten und schalten. Entsprechend reicht die Fähigkeit, den Blick anderer Menschen zu verfolgen, noch nicht aus, um auf ihre Absichten zu schließen, wie das Beispiel des Autismus zeigt. Es ist erst die Faustregel, die über die Information hinausgeht und unsere Intuition bildet.

Intuitionen von Menschen und Maschinen

1945 sagte der britische Mathematiker Alan Turing (1912–1954) vorher, dass Computer eines Tages ausgezeichnet Schach spielen würden. Andere haben seither die Hoffnung geäußert, die Schachprogrammierung würde zum Verständnis des menschlichen Denkens beitragen. Obwohl Turing recht behalten hat – 1997 besiegte das IBM-Schachprogramm *Deep Blue* den Weltmeister Garri Kasparow –, haben die Fortschritte in der Programmierung nicht zu einem vertieften Verständnis des menschlichen Denkens beigetragen. Warum? Weil sich die menschlichen Schachstrategien die Fähigkeiten des menschlichen Organismus zunutze machen. Sowohl Kasparow als auch Deep Blue mussten sich auf Faustregeln verlassen, denn selbst der schnellste Computer kann nicht die optimale Schachstrategie bestimmen, das heißt die Strategie, die immer gewinnt oder zumindest nie verliert. Deep Blue kann bis zu vierzehn Züge vorausberechnen, muss aber eine rasche Faustregel anwenden, um Milliarden möglicher Stellungen zu bewerten. Kasparow dagegen soll gesagt haben, er denke nur vier oder fünf Züge voraus. Die Fähigkeiten von Deep Blue beruhen auf seinem immensen kombinatorischen Vermögen, hingegen diejenigen der Großmeister unter anderen auf räumlicher Mustererkennung. Da sich diese Fähigkeiten grundsätzlich unterscheiden, hilft das Verständnis der »Denkprozesse« von Computern nicht unbedingt beim Verständnis menschlichen Denkens.

Im Kielwasser der Computerrevolution wurde zunächst die Idee der körperlosen Kognition sehr populär. Turing selbst war der Ansicht, dass Unterschiede in der Hardware letztlich von geringer Bedeutung seien.[64] Nach der neuen Rhetorik ging es nun um kognitive Systeme, die Denkprozesse jeder Art beschrieben, »von Menschen und Mäusen und Mikrochips«.[65] Das weckte große Hoffnungen auf Computerprogramme, die in der Lage sein würden, die menschliche Kreativität zu reproduzieren. Noch vor einigen Jahren hatte man mit großer Begeisterung Computerprogramme begrüßt, die Musik komponierten und Jazz improvisierten, und gemeint, wir würden schon bald Programme haben, die es Bach oder Beethoven gleichtun würden. Heute glaubt niemand mehr ernsthaft, Computer könnten die großen Komponisten der Vergangenheit simulieren. Im Gegensatz zur computergenerierten Musik ist die menschliche Komposition verkörperlicht. Sie beruht auf der mündlichen Tradition des Singens, bei der die Atmung die Phrasierung und Tonlänge vorgibt, und auf der Morphologie unserer Hände, die den Umfang und den Fluss der Harmonien strukturieren. Und sie ist in einem emotionalen Gehirn verankert. Ohne die aufgewühlten Gefühle, die Mozart bewegten, als er *Ave verum corpus* kurz vor seinem frühen Tod schrieb, lässt sich diese Musik wohl kaum simulieren. Die Komposition beruht wie die Kognition auf Fähigkeiten, die vom Mensch zur Maus zum Mikrochip erheblichen Wandlungen unterworfen sind.

Intuitionen von Menschen und Schimpansen

Schimpansen-Intuitionen

Die Beweggründe von Menschen sind zumindest teilweise Empathie und Sorge um das Wohlbefinden anderer: Wir spenden Blut für Fremde und Geld für wohltätige Zwecke, wir bestrafen Menschen, die soziale Normen verletzen. Schimpansen sind unsere engsten Verwandten; auch sie jagen kooperativ, trösten die Opfer von Aggression und gehen anderen kollektiven Tätigkeiten nach. Aber sorgen sie sich um das Wohlergehen von nichtverwandten, ihnen vertrauten Schimpansen, selbst wenn sie dafür kein Opfer bringen müssen?

Die Primatologin Joan Silk und ihre Kollegen führten ein Experiment an Schimpansen durch, die seit mindestens fünfzehn Jahren zusammenlebten.[66] Die Versuchstiere waren achtzehn Schimpansen aus zwei verschiedenen Populationen mit unterschiedlichen Lebensgeschichten und Erfahrungen, was Experimente anging. Je zwei Schimpansen saßen sich in zwei Käfigen gegenüber oder nebeneinander, sodass sie sich sehen und hören konnten. Ein Schimpanse, der »Akteur«, konnte zwischen zwei Hebeln wählen: Wenn der Akteur den »freundlichen« Hebel betätigte, bekamen der Akteur und der andere Schimpanse Futter, und zwar genau die gleiche Menge. Zog der Akteur jedoch am »fiesen« Hebel, erhielt nur der Akteur Futter, der andere Schimpanse hingegen gar nichts. In einem Kontrolltest war nur der Akteur zugegen. Welchen Hebel betätigten die Schimpansen?

War kein anderer Schimpanse anwesend, wählten die Akteure beide Optionen ungefähr gleich häufig. Die Tiere legten keinen Wert auf die Wahl der Hebel, warum sollten sie auch? Doch selbst wenn ein zweiter Schimpanse hinzukam, wählten die Akteure die »freundliche« Option nicht häufiger. Obwohl sie deutlich sehen konnten, dass der andere verzweifelt bettelte oder sich begeistert über das Futter hermachte, wenn es ausgegeben wurde, ließen die Schimpansen kein Anzeichen von Empathie erkennen. Es ist allerdings anzumerken, dass sie auch keine Gehässigkeit zeigten. Von viel größerer Bedeutung war für die Akteure die Frage, ob der Hebel für die freundliche Option links oder rechts angebracht war. Sie hatten eine weitaus stärkere Vorliebe für die rechte Seite als für das Glück ihres Partners. Die Schimpansen schienen einfach kein Interesse am Wohlergehen nichtverwandter Gruppenmitglieder zu haben.

Menschliche Intuitionen

Was würden Kinder in dieser Situation tun? In einer sehr ähnlichen Studie wurden drei- bis fünfjährige Kinder gefragt, ob sie einen Sticker für sich und einen für eine junge Versuchsleiterin oder lieber nur einen für sich allein haben wollten.[67] Die meisten Kinder entschieden sich für die soziale Alternative, und einige waren sogar bereit, zugunsten der Versuchsleiterin auf ihre eigenen Sticker zu verzichten.

Im Gegensatz zu anderen Primaten geben und teilen wir Menschen auch außerhalb der Familie, selbst wenn das Teilen mit Kosten verbunden ist, können aber auch zornig werden, wenn sich jemand nicht dazu verpflichtet fühlt. Betrachten wir das *Ultimatum-Spiel*, das von dem Wirtschaftswissenschaftler Werner Güth, einem meiner Kollegen in der Max-Planck-Gesellschaft, entwickelt wurde. In der klassischen Version des Spiels sitzen zwei Personen, die sich noch nie begegnet sind und sich nie mehr begegnen werden, in zwei verschiedenen Räumen. Sie können sich weder sehen noch hören. Durch Münzwurf wird ihnen die Rolle des Anbieters oder des Empfängers zugewiesen. Beide werden über die Regeln des Spiels informiert:

> Der Anbieter erhält zehn Euro (in zehn einzelnen Münzen) und bietet dem Empfänger einen Teil der Summe an, das heißt eine Summe zwischen null und zehn Euro. Daraufhin entscheidet der Empfänger, ob er die Summe annimmt. Wenn der Empfänger akzeptiert, behalten beide Spieler, was sie haben; lehnt der Empfänger ab, erhält kein Spieler etwas.

Wie viel würden Sie bieten, wenn Sie der Anbieter wären? Nach der Logik des Eigennutzes sind beide Spieler bestrebt, ihren Gewinn zu maximieren. Da der Anbieter den ersten Zug macht, müsste dieser dem Empfänger einen einzigen Euro anbieten und nicht mehr, weil das den Gewinn des Anbieters maximiert. Der Empfänger müsste daraufhin das Angebot annehmen, weil ein Euro offenkundig besser als gar nichts ist. Nach dem Nobelpreisträger John Nash heißt diese logische Norm Nash-Gleichgewicht. Doch in der Regel entspricht weder das Verhalten des Anbieters noch dasjenige des Empfängers dieser Norm. Das häufigste Angebot beträgt fünf oder vier Euro. Offenbar geht es den Spielern um Gerechtigkeit, geben sie doch ungefähr die Hälfte ihres Besitzes ab. Hier begegnen wir der 1/*N*-Regel in einem etwas anderen Kontext: Wie bei finanziellen Investitionen verteilen viele Menschen auch hier ihr Geld fünfzig zu fünfzig. Geht man von der Logik des Eigennutzes aus, ist noch verblüffender, dass ungefähr die Hälfte der Versuchspersonen, die ein Angebot von nur einem oder zwei Euro erhielten, das Geld ablehnten und lieber mit leeren Taschen nach Hause gingen. Sie waren empört und zornig darüber, dass sie so ungerecht behandelt wurden.

Man könnte einwenden, dass ein paar Euro nur Peanuts seien und dass die Beteiligten sicherlich eigennütziger handeln würden, wenn mehr auf dem Spiel stünde. Man denke beispielsweise an einen Anbieter, der tausend Euro zur Verfügung hätte. Das Spiel wurde jedoch in anderen Kulturen mit Beträgen gespielt, die einem Wochen- oder sogar Monatslohn entsprachen, ohne dass wesentlich andere Ergebnisse erzielt wurden.[68]

War der Anbieter ein Computer, neigten die Teilnehmer seltener dazu, kleine Beträge abzulehnen. War die Sorge des Anbieters um das Wohl des anderen möglicherweise lediglich kalkulierter Eigennutz, das heißt der Wunsch, das Risiko einer Ablehnung zu vermeiden? Würden die Spieler auch dann noch Geld weggeben, wenn der Empfänger nicht ablehnen konnte? Diese Version des Ultimatum-Spiels heißt Diktator-Spiel, da der Anbieter einfach diktiert, ob er Geld abgibt oder nicht und wie viel. Doch selbst wenn die andere Seite keine Möglichkeit der Ablehnung hat, gibt noch eine stattliche Anzahl der Anbieter einen Teil ihres Gelds ab. Studenten an amerikanischen, europäischen und japanischen Universitäten behalten beim Diktator-Spiel in der Regel 80 Prozent und geben 20 Prozent ab, während Erwachsene aus der sonstigen Bevölkerung mehr geben, manchmal sogar genau die Hälfte. Das häufigste Angebot deutscher Kinder war in beiden Spielen die Hälfte der Summe.[69] Reiner Egoismus konnte auch in einer interkulturellen Studie an fünfzehn Kleingesellschaften in den Regenwäldern Südamerikas, den Savannenwäldern Afrikas, den Hochwüsten der Mongolei und weiteren entlegenen Regionen nicht nachgewiesen werden.[70] Diese Untersuchungen zeigen, dass Menschen selbst in einer extremen Situation, in der die andere Person unbekannt und die Begegnung anonym und mit Kosten verbunden ist, dazu tendieren, sich um das Wohl anderer zu kümmern. Diese allgemeine Fähigkeit zum Altruismus unterscheidet uns von anderen Primaten, sogar Schimpansen.

Männliche und weibliche Intuitionen

Es wird viel über weibliche Intuition und vergleichsweise wenig über die männliche geredet. Man könnte meinen, das liege daran, dass Frauen bessere Intuitionen als Männer haben, doch die Vergangenheit legt andere Gründe nahe. Seit der Aufklärung herrscht die Auffassung vor, dass die Intuition der Vernunft unterlegen sei, und schon viel länger hält sich die Überzeugung, dass Frauen Männern unterlegen seien. Die Polarisierung von Männern und Frauen im Hinblick auf Intelligenz und Charakter geht auf Aristoteles zurück, der schrieb:

> »Bei allen Gattungen sind die Weibchen weicher, hinterlistiger, unberechenbarer, unbeherrschter, mehr auf die Aufzucht der Jungen bedacht, die Männchen im Gegenteil mutiger, wilder, aufrichtiger und weniger hinterhältig. … Daher ist das Weib mitleidiger als der Mann, eher zu Tränen aufgelegt, auch neidischer, nachtragender, schmäh- und streitsüchtiger. Das Weib lässt eher als der Mann Mut und Hoffnung sinken, ist schamloser und falscher, weiß sich besser zu verstellen und trägt länger nach.«[71]

Jahrtausendelang klang das Echo dieses Abschnitts in der europäischen Debatte über Geschlechterunterschiede nach und prägte die frühen neuzeitlichen Moralbegriffe des Christentums. Ein Verstoß gegen die passiven Tugenden, insbesondere die Keuschheit, war für Frauen eine Hauptsünde, während Ängstlichkeit bei Frauen, aber nicht bei Männern entschuldigt wurde. Gedächtnis, Fantasie und soziale Einfühlung waren Eigenschaften, die den weiblichen Pol bezeichneten. Ihnen stellte man den diskursiven und spekulativen Verstand des Mannes gegenüber. Bei Kant lief dieser Gegensatz auf die männliche Beherrschung abstrakter Prinzipien hinaus, während er den Frauen einen Sinn für konkrete Einzelheiten attestierte, der sich nach seiner Auffassung nicht mit abstrakter Spekulation oder Erkenntnis vertrug: »Ihre Weltweisheit ist nicht Vernünfteln, sondern Empfinden.«[72] Die wenigen Gegenbeispiele in Fleisch und Blut – gebildete Damen – erschienen ihm schlimmer noch als nur nutzlos – er hielt sie für monströs: Solch »ein Frauenzimmer … mag nur immerhin noch einen Bart dazu haben«. Ein Jahrhundert später meinte Darwin einen ähnlichen Gegensatz zwischen der Energie und Intelligenz des Mannes einerseits und der Mitleidsfähigkeit und Intuition der Frau andererseits zu erkennen. Seine Gleichsetzung weiblicher Fähigkeiten mit den Eigenschaften »der niederen Rassen« war ein charakteristischer Zusatz des 19. Jahrhunderts.

Anfänglich nahm die moderne Psychologie diesen Gegensatz zwischen männlicher Logik und weiblichem Gefühl in ihren Begriffsapparat auf. Nach Stanley Hall, dem Gründer und ersten Präsidenten der American Psychological Association, unterscheiden sich Frauen und Männer bis tief unter die Haut:[73]

> »Sie lässt sich von Intuition und Gefühl leiten; Furcht, Ärger, Mitleid, Liebe und die meisten anderen Emotionen sind ausgeprägter und intensiver. Wenn sie ihre naturgegebene Naivität ablegt und es auf sich nimmt, ihr Leben bewusst zu planen und zu reflektieren, verliert sie in der Regel mehr, als sie gewinnt, gemäß der alten Weisheit: Die Frau, die nachdenkt, ist verloren.«

Dieser kurze geschichtliche Abriss offenbart, dass die Assoziation von Intuition und Frau lange Zeit als jene einer geringerwertigen Eigenschaft und eines geringerwertigen Geschlechts verstanden wurde. Anders als beim Gegensatz zwischen Menschen, Schimpansen und Maschinen gibt es jedoch nur wenige Anhaltspunkte dafür, dass sich Männer und Frauen in ihren kognitiven Fähigkeiten sonderlich voneinander unterscheiden, abgesehen von Besonderheiten, die mit den Fortpflanzungsfunktionen und den jeweiligen Kulturen zu tun haben. Nach zweitausend Jahren Vorherrschaft des Glaubens an diese unvereinbaren Gegensätze kann es nicht überraschen, dass auch heute noch viele Menschen die Unterschiede zwischen männlicher und weiblicher Intuition für größer halten, als sie tatsächlich sind. Beispielsweise testeten Psychologen die Intuitionsfähigkeit von mehr als fünfzehntausend Männern und Frauen, die zwischen einem echten und einem falschen Lächeln unterscheiden mussten.[74] Sie zeigten ihnen zehn Paare von Fotos, jeweils ein Gesicht mit einem spontanen und eines mit einem vorgetäuschten Lächeln. Bevor man den Teilnehmern die Gesichter vorlegte, forderte man sie auf, die eigene Intuitionsfähigkeit einzuschätzen. 77 Prozent der Frauen sagten, sie seien sehr intuitiv, dagegen nur 58 Prozent der Männer. Tatsächlich aber waren die intuitiven Urteile der Frauen nicht besser als die der Männer; sie erkannten das echte Lächeln in 71 Prozent der Fälle, während es bei den Männern 72 Prozent waren. Interessanterweise konnten Männer das echte Lächeln bei Frauen besser als bei Männern erkennen, während die Frauen schlechter abschätzen konnten, ob es die Vertreter des anderen Geschlechts ehrlich meinten. Wenn es also Unterschiede zwischen männlicher und weiblicher Intuition gibt, dann sind sie viel spezifischer als diejenigen gemäß der traditionellen Vorstellung, nach der Frauen generell intuitiver seien als Männer.

So neigen Männer laut der *Selektivitätsthese* dazu, ihre intuitiven Urteile auf nur einen Grund, ob gut oder schlecht, zu stützen, während Frauen sich eher an mehreren Gründen orientieren.[75] Diesen Unterschied schreibt man gesellschaftlichen Verhältnissen zu, in denen Mädchen dazu angehalten werden, die Ansichten anderer Menschen zu berücksichtigen, während man von Jungen erwartet, dass sie ichbezogener und zielstrebiger an die Bewältigung ihres Alltags herangehen. Werbefachleute scheinen diesen Unterschied im Auge zu haben, wenn sie Anzeigen für Männer und Frauen entwerfen. Wenn sie Männer ansprechen wollen, sollten sie das Produkt mit einer einzigen starken Botschaft verknüpfen und diese gleich zu Anfang mitteilen. Bei Frauen hingegen wurde empfohlen, eher unbestimmte Reize zu verwenden, die positive Assoziationen und Vorstellungen auslösen. So zeigt eine Automobilwerbung einen Saab, der an einer Kreuzung unbeirrt geradeaus fährt, obwohl große weiße Pfeile auf der Straße nach rechts und nach links weisen. Darüber steht in fetten Buchstaben: »Müssen Sie nur wegen der anderen Ihre eigenen erfolgreichen Prinzipien aufgeben?« Die Botschaft der Anzeige ist, dass Saab *niemals* dem Beispiel anderer Autohersteller folgen und Kompromisse im Design eingehen würde. »Keine Kompromisse« ist der einzige Grund, der für den Kauf eines Saab genannt wird. Dagegen bot eine Clairol-Werbung, mit der eine neue Produktreihe von sieben Shampoos eingeführt wurde, eine Fülle visueller Reize, welche die weibliche Tendenz ansprechen sollten, Botschaften assoziativ zu verarbeiten und feine Unterscheidungen zu treffen. In einer einzigen Anzeige wurde ein Shampoo vor dem Hintergrund eines Strands auf Hawaii mit köstlichen Kokosnüssen gezeigt, ein anderes in einer Landschaft mit ägyptischen Pyramiden unweit einer Oase und so fort – eine exotische Landschaft für jedes der sieben Produkte.

1910 – sieben Jahre, nachdem sie den Nobelpreis für Physik bekommen hatte, und ein Jahr, bevor sie als erster Mensch überhaupt, Mann oder Frau, einen zweiten Nobelpreis erhalten sollte, dieses Mal für Chemie – wurde Marie Curie für die Wahl in die angesehene französische Akademie der Wissenschaften vorgeschlagen. Mit knapper Mehrheit entschieden sich die Mitglieder der Akademie unter Tumulten gegen Curies Aufnahme. Trotz ihrer außergewöhnlichen Leistungen setzte sich das Vorurteil gegen Frauen durch; Frauen, die seit der Antike als den Männern unterlegen galten, stand es nicht zu, in der Wissenschaft Triumphe zu feiern. Zwar hat sich heute der Gegensatz »männlich = Vernunft, weiblich = Intuition« in unserer Kultur weitgehend aufgelöst – mit dem Erfolg, dass jetzt auch Männer Intuitionen haben dürfen –, doch noch immer wird verkündet, dass Frauen viel bessere Intuitionen hätten. Obwohl Intuition heute allgemein als positiv angesehen wird, trägt diese Unterscheidung zum Fortbestand des Vorurteils bei. Doch im Widerspruch zur allgemeinen Auffassung verfügen Männer und Frauen über den gleichen adaptiven Werkzeugkasten und daher über ähnliche Intuitionen.

Kapitel 5
Intelligenz und Umwelt

Rationales Verhalten des Menschen wird durch eine Schere geformt, deren Klingen die Umwelten und die kognitiven Fähigkeiten des Handelnden sind.

Herbert A. Simon[76]

Die Ameise am Strand

Eine Ameise läuft rasch über einen Sandstrand, wobei sie einem Weg voller Windungen und Kurven folgt. Sie wendet sich nach rechts, nach links, zurück, hält inne und bewegt sich wieder vorwärts. Wie können wir die Komplexität des von ihr gewählten Wegs erklären? Wir können uns ein raffiniertes Programm im Gehirn der Ameise vorstellen, das eine Erklärung für ihr komplexes Verhalten liefert, doch wir werden feststellen, dass es nicht funktioniert. Was wir bei unseren Versuchen, über das Gehirn der Ameise zu spekulieren, übersehen haben, ist die Umwelt der Ameise. Die Beschaffenheit des von Wind und Wellen geformten Strandes, seine kleinen Hügel und Täler sowie seine Hindernisse bestimmen den Weg der Ameise. In der scheinbaren Komplexität ihres Verhaltens kommt die Komplexität ihrer Umwelt und weniger diejenige ihres Geistes zum Ausdruck. Möglicherweise befolgt die Ameise eine einfache Regel: Sieh zu, dass du so schnell wie möglich aus der Sonne und zurück ins Nest kommst, ohne Energie zu verschwenden, indem du über Hindernisse wie Sandberge und Zweige kletterst. Komplexes Verhalten setzt keine komplexen geistigen Strategien voraus.

Der Nobelpreisträger Herbert A. Simon vertrat die Ansicht, Gleiches gelte für Menschen: »Ein Mensch, betrachtet als System mit bestimmtem Verhalten, ist recht einfach. Die scheinbare Komplexität seines Verhaltens in der Zeit spiegelt weitgehend die Komplexität der Umgebung wider, in der er sich befindet.«[77] Nach seiner Ansicht passen sich Menschen ähnlich wie Gelatine an. Wenn Sie wissen möchten, wie diese nach der Verfestigung aussieht, müssen Sie sich die Gestalt der Gussform anschauen. Der Weg der Ameise illustriert eine wichtige Einsicht: Um Verhalten zu verstehen, müssen wir sowohl die Intelligenz als auch die Umwelt betrachten.

Die Ratte im Labyrinth

Eine hungrige Ratte läuft allein durch ein Gebilde, das Psychologen als T-Labyrinth bezeichnen (Abbildung 5.1, links). Sie kann sich entweder nach links oder nach rechts wenden. Wenn sie nach links läuft, findet sie in acht von zehn Fällen Futter. Wendet sie sich nach rechts, stößt sie nur in zwei von zehn Fällen auf Futter. Die Futtermenge, die sie vorfindet, ist gering, daher läuft sie wieder und wieder durch das Labyrinth. Unter einer Vielzahl von Versuchsbedingungen orientieren sich die Ratten, wie zu erwarten, meistens nach links. Doch manchmal wenden sie sich auch nach rechts, obwohl das die schlechtere Möglichkeit ist, und verwirren damit manch einen Forscher. Nach dem logischen Prinzip der *Maximierung* müsste sich die Ratte immer nach links wenden, weil sie dort in 80 Prozent der Fälle Futter erwarten kann. Manchmal wenden sich die Ratten jedoch nur in rund 80 Prozent der Fälle dorthin und in den übrigen 20 Prozent nach rechts. Man bezeichnet ihr Verhalten dann als *Probability Matching* (Wahrscheinlichkeitsangleichung), weil es die Wahrscheinlichkeiten von 80 und 20 Prozent widerspiegelt. Im Endeffekt erhält das Tier jedoch eine geringere Futtermenge, denn die Erwartung beträgt nur 68 Prozent.[78] Das Verhalten der Ratte erscheint irrational. Hat die Evolution das Gehirn des armen Tiers falsch verdrahtet? Oder sind Ratten einfach dumm?

Wir können das Verhalten der Ratte besser verstehen, wenn wir auf ihre Umwelt blicken statt in ihr kleines Gehirn. Unter den natürlichen Bedingungen der Futtersuche konkurriert eine Ratte mit vielen anderen Ratten und Tieren um Nahrung (Abbildung 5.1 rechts). Wenn alle die Stelle mit der meisten Nahrung aufsuchen, bekommen

Abbildung 5.1: Was für den Einzelnen irrational erscheint, mag rational für die Gruppe sein. Ratten laufen durch ein T-Labyrinth. In 80 Prozent der Fälle, wo sie sich nach links, und in 20 Prozent der Fälle, wo sie sich nach rechts wenden, bekommen sie Futter. Eine einzelne Ratte müsste sich also immer nach links wenden, doch sie tut es oft nur in 80 Prozent der Fälle, selbst wenn dies zur Folge hat, dass sie eine geringere Futtermenge erhält. Was irrational erscheint, ist durchaus sinnvoll, wenn viele Ratten um begrenzte Ressourcen konkurrieren: Würden sich alle nach links wenden, ginge ihnen die Nahrung verloren, die sich rechts befindet.

sie nur einen kleinen Anteil. Das eine abweichende Individuum, das manchmal nur den zweitbesten Weg wählt, müsste sich gegen weniger Konkurrenten durchsetzen, würde mehr Nahrung erhalten und somit durch die natürliche Selektion begünstigt. Daher verlassen sich Ratten offenbar auf eine Strategie, die in einer kompetitiven Umwelt angebracht ist, aber nicht in die Experimentalsituation passt, in der ein Individuum in sozialer Isolation gehalten wird.

In den Geschichten von der Ameise und der Ratte geht es um dasselbe Problem. Um Verhalten zu verstehen, genügt es nicht, nur in den Kopf zu schauen. Man muss auch die materielle und soziale Umwelt berücksichtigen.

Unternehmenskultur

Neue Führungskräfte beleben Unternehmen durch mitreißende Themen und ehrgeizige Pläne, beeinflussen die Unternehmenskultur aber auch auf einfachere Weise. Alle haben ihre persönlichen Faustregeln, die sie, häufig unbewusst, entwickeln, um rasche Entscheidungen zu erleichtern. Auch wenn Führungskräfte ihre Regeln nicht vorsätzlich am Arbeitsplatz durchsetzen mögen, so folgen ihnen die meisten Angestellten doch unbewusst. Meist finden diese Regeln Eingang in die organisatorischen Abläufe des Unternehmens und halten sich dort manchmal noch, nachdem der Chef die Firma längst verlassen hat. Wenn eine Führungskraft beispielsweise deutlich macht, dass überflüssige E-Mails sie nerven, werden sich Mitarbeiter im Zweifelsfall dagegen entscheiden, den Chef auf die Adressenliste einer Nachricht zu setzen. Eine Führungskraft, die misstrauisch auf Abwesenheiten von Mitarbeitern reagiert, sorgt dafür, dass ihre Untergebenen seltener Konferenzen besuchen und außerbetriebliche Fortbildungsmaßnahmen weniger in Anspruch nehmen. Die Mitarbeiter sind oft erleichtert, dass solche »stillen Regeln« ihnen exzessives Grübeln über das Pro und Kontra einer bestimmten Handlungsweise abnehmen. Doch in dem Maße, wie die Regeln generell übernommen werden, verändert sich die Unternehmenskultur: Sie wird mehr oder weniger offen, mehr oder weniger integrativ, mehr oder weniger formell. Da sich solches Verhalten nur schwer verändern lässt, sollten sich Führungskräfte genau überlegen, welche Werte ihre Regeln vermitteln. Vielleicht liegt es sogar in ihrem Interesse, mithilfe von neuen Regeln die Organisation nach ihren Vorstellungen umzugestalten.

Als ich vor Jahren Direktor am Max-Planck-Institut für Bildungsforschung wurde, wollte ich eine interdisziplinäre Forschungsgruppe schaffen, deren Mitglieder wirklich miteinander sprechen, forschen und publizieren – eher eine Seltenheit in den Sozialwissenschaften. Wenn man nicht gezielt eine Umgebung schafft, die dieses Ziel fördert, kommt die Zusammenarbeit meist nach wenigen Jahren zum Erliegen oder gar nicht erst in Gang. Das größte Hindernis befindet sich in den Köpfen der Beteiligten: Forscher neigen wie die meisten Menschen dazu, sich mit ihrer Zunft zu identifizieren und Nachbardisziplinen zu ignorieren und sogar gering zu achten. Doch heute überschreiten die meisten wichtigen Forschungsgegenstände die Grenzen der historisch gewachsenen Disziplinen; daher muss man, um Fortschritte zu erzielen, über den eigenen beschränkten Standpunkt hinausschauen. So entwickelte ich eine Reihe von Regeln – nicht niedergeschrieben, sondern gelebt –, um die Organisationskultur in die Tat umzusetzen. Dazu gehörte:[79]

- *Alle auf einer Ebene:* Nach meiner Erfahrung interagieren Mitarbeiter, die auf verschiedenen Stockwerken arbeiten, 50 Prozent weniger miteinander als Kollegen, die auf einer einzigen Etage untergebracht sind. Noch größer ist der Interaktionsverlust bei Mitarbeitern, die in verschiedenen Gebäuden arbeiten. Häufig verhalten sich Menschen so, als würden sie noch in der Savanne leben, wo man nach anderen Gruppenmitgliedern horizontal sucht, aber nicht über oder unter dem Boden. Als unsere wachsende Arbeitsgruppe weitere zweihundert Quadratmeter Arbeitsraum benötigte, erhob ich daher Einspruch gegen den Vorschlag des Architekten, ein neues Gebäude zu errichten. Stattdessen haben wir unser bestehendes Bürogebäude horizontal erweitert, sodass alle auf einer Ebene blieben.
- *Gleiche Voraussetzungen für alle:* Um von Anfang an Chancengleichheit zu gewährleisten, stellte ich alle Forscher gleichzeitig ein. Auf diese Weise wusste niemand mehr als der andere über das neue Institut, und niemand wurde als »Nachkömmling« bevormundet.
- *Tägliche soziale Zusammenkünfte:* Informelle Interaktionen schmieren das Getriebe der formellen Zusammenarbeit. Sie schaffen Vertrauen und wecken die Neugier an dem, was andere tun und wissen. Um ein tägliches Minimum an zwanglosen Gesprächen zu gewährleisten, führte ich einen Brauch ein: Jeden Tag um vier Uhr nachmittags versammelt sich alles zu Kaffee und Tee, den jemand aus der Gruppe kocht. Da kein Anwesenheitszwang herrscht, kommen fast alle.
- *Gemeinsamer Erfolg:* Wenn ein Forscher (oder eine Gruppe) einen Preis bekommt oder einen Artikel veröffentlicht, spendiert er oder sie Kuchen zur Kaffeestunde. Ganz wichtig: Der erfolgreiche Kollege bekommt den Kuchen nicht, sondern er muss ihn kaufen oder backen. Dadurch wird die ganze Gruppe zum Nutznießer, und der Erfolg wird geteilt, statt ein Klima des Neids zu erzeugen.
- *Offene Türen:* Als Direktor versuche ich, für jeden jederzeit und für jedes Thema ansprechbar zu sein. Mit dieser Politik der offenen Tür setze ich ein Beispiel für andere Gruppenleiter, die versuchen, ähnlich ansprechbar zu sein.

Alle Mitglieder der ursprünglichen Gruppe sind inzwischen auf herausgehobenen Positionen angesehener Forschungsstätten berufen worden, doch diese Regeln sind zu einem unverzichtbaren Teil unserer Identität und zum Schlüssel unserer erfolgreichen Zusammenarbeit geworden. Viele der Bräuche haben ein Eigenleben entwickelt – es ist Jahre her, dass ich die täglichen Kaffeestunden organisierte, doch auch so finden sie heute noch täglich statt. Ich möchte allen Führungskräften ans Herz legen, eine geistige Inventarliste ihrer Faustregeln anzulegen und sich zu überlegen, ob sie wollen, dass sich ihre Mitarbeiter nach ihnen richten. Der Geist einer Organisation ist ein Spiegelbild der Umgebung, welche die Führungskraft schafft.

Die Struktur von Umwelten

Die Wechselwirkung zwischen Intelligenz und Umwelt lässt sich in einem sinnfälligen Vergleich von Herbert A. Simon ausdrücken. Im Motto zu diesem Kapitel werden Intelligenz und Umwelt mit den Klingen einer Schere verglichen. Wie sich die Funktion der Schere nicht verstehen lässt, wenn man nur eine Klinge betrachtet, kann man menschliches Verhalten nicht verstehen, indem man entweder nur die Kognition oder nur die Umwelt betrachtet. Das mag trivial erscheinen, doch haben sich viele Psychologen für einen mentalistischen Weg entschieden, indem sie versuchen, menschliches Verhalten durch Einstellungen, Präferenzen, Logik oder bildgebende Verfahren in der Hirnforschung zu erklären, und dabei die Struktur der Umwelt vernachlässigen, in der die Menschen leben.

Werfen wir einen genaueren Blick auf eine wichtige Struktur der Umwelt: das Ausmaß an Ungewissheit, mit dem überraschende, neue und unerwartete Dinge geschehen. Wir können die Zukunft nicht vollständig vorhersagen, gewöhnlich nicht einmal annähernd.

Ungewissheit

Fast täglich höre ich im Radio ein Interview, in dem irgendein prominenter Finanzexperte gefragt wird, warum am Vortag bestimmte Aktien gestiegen und andere gefallen sind. Stets finden die Experten eine detaillierte, plausible Erklärung. Kaum jemals fordert der Interviewer den Experten auf, vorherzusagen, welche Aktien am folgenden Tag steigen werden. Rückschau ist einfach, Vorausschau schwierig. In der Rückschau hat sich jede Ungewissheit verflüchtigt. Wir wissen, was geschehen ist, und mit ein bisschen Fantasie können wir immer eine Erklärung finden. Bei der Vorausschau, der Prognose, müssen wir uns jedoch der Ungewissheit stellen.

Der Aktienmarkt ist ein extremes Beispiel für eine *ungewisse Umwelt* mit einer Vorhersagbarkeit auf oder nahe dem Zufallsniveau. Der Umstand, dass Finanzexperten beim Börsenspiel der Zeitschrift *Capital* so schlecht abgeschnitten haben, war kein Einzelfall. Kürzlich wurden in einer Stockholmer Studie Portfolio-Manager, Analysten, Börsenmakler und Investmentberater aufgefordert, die Wertentwicklung von zwanzig Blue-Chip-Aktien vorherzusagen. Jedem Teilnehmer wurden immer zwei Aktien gleichzeitig genannt, und er sollte vorhersagen, welche sich besser entwickeln würde. Die gleiche Aufgabe erhielt eine Gruppe von Laien, deren Vorhersagen sich in 50 Prozent der Fälle als richtig erwiesen. Das heißt, die Vorhersagen der Laien bewegten sich, wie nicht anders zu erwarten, auf Zufallsniveau, nicht besser und nicht schlechter. Wie gut schnitten die Profis ab? Sie entschieden sich nur in 40 Prozent der Fälle für die richtige Aktie. Das gleiche Ergebnis wurde in einer zweiten Untersuchung mit einer anderen Expertengruppe erzielt.[80] Wie ist es möglich, dass die Vorhersagen der Finanzexperten konsequent unter dem Zufallsniveau lagen? Experten stützen sich bei ihren Prognosen auf komplexe Informationen über jede Aktie, und der hohe Konkurrenzdruck veranlasst sie zu Vorhersagen, die sich von einem Experten zum anderen erheblich voneinander unterscheiden. Da nicht jeder recht haben kann, drückt diese hohe Variabilität die Gesamtleistung unter das Zufallsniveau.

Nicht alles ist so unberechenbar wie der Aktienmarkt, doch vieles ist durch eine beträchtliche Unvorhersagbarkeit gekennzeichnet. Praktisch niemand sagte den Fall der Berliner Mauer voraus, weder Politikwissenschaftler noch die Bevölkerung von West- und Ostberlin. Experten wurden 1989 vom Erdbeben in Kalifornien ebenso überrascht wie von der Bevölkerungsexplosion durch den Babyboom und von der Entwicklung des Personalcomputers. Vielen Menschen scheint nicht klar zu sein, wie begrenzt die Vorhersagbarkeit unserer Welt ist, daher geben Einzelpersonen und Firmen riesige Summen für Berater aus. Jahr für Jahr streicht die Prognoseindustrie – Weltbank, Wertpapiermakler, Technologieberater, Unternehmensberater und viele andere mehr – trotz ihrer dürftigen Trefferquote rund 200 Milliarden Dollar für zumeist Wahrsagerei ein. Die Zukunft vorherzusagen ist für Laien, Experten und Politiker gleichermaßen schwierig. Winston Churchill hat einmal beklagt, dass die Zukunft ein verfluchtes Ärgernis nach dem anderen sei.[81]

Einfachheit als Anpassung an Ungewissheit

Nach allgemeiner Überzeugung muss man bei der Vorhersage der Zukunft so viel Information wie möglich verwenden und sie in denkbar leistungsfähige Computer einspeisen. Ein komplexes Problem verlangte eine komplexe Lösung, wird uns gesagt. Tatsächlich trifft in schwer vorhersagbaren Situationen eher das Gegenteil zu.

Schulabbrecher

Martin Braun ist der Vater von zwei Halbwüchsigen. Er zieht zwei Gymnasien für seinen jüngeren Sohn in Betracht: die Kant-Schule und die Marx-Schule. Tief besorgt, weil sein älterer Sohn die Schule abgebrochen hat, sucht Herr Braun nach einer Schule mit geringer Schulabbrecherquote. Doch keine der Schulen gibt der Öffentlichkeit verlässliche Zahlen über diese Quote preis. Daher sammelt Herr Braun Informationen, die ihm Rückschlüsse auf künftige Abbrecherquoten ermöglichen – Daten über Fehlzeiten, Rechtschreibleistungen, Klassengröße und durchschnittliche Noten in Mathematik. Aus der Erfahrung mit anderen Schulen hat er eine gewisse Vorstellung davon, welche dieser Daten ihm wichtige Anhaltspunkte liefern können. Irgendwann sagt ihm seine Intuition, dass die Kant-Schule die bessere Wahl sei. Herr Braun gibt viel auf seine Intuition und schickt seinen jüngeren Sohn auf die Kant-Schule.

Wie wahrscheinlich ist es, dass Herr Brauns Intuition richtig ist? Um diese Frage zu beantworten, müssen wir uns an das Schema der Abbildung 3.4 halten. Zunächst gilt es, die Faustregel zu verstehen, die zu seinem intuitiven Gefühl geführt hat, und dann zu analysieren, in welcher Situation diese Regel funktioniert. Zahlreiche psychologische Experimente lassen darauf schließen, dass sich Menschen bei ihren intuitiven Urteilen oft auf einen einzigen guten Grund verlassen.[82] Die *Take-the-Best*-Heuristik erklärt, wie ein Bauchgefühl aus einem einzigen guten Grund entsteht. Nehmen wir an, Herr Braun verließe sich wie viele andere Menschen auf diese Heuristik. Dazu braucht er nur – ausgehend von seiner Erfahrung mit anderen Schulen – ein Gefühl dafür, welche Gründe besser sind als andere (wobei diese Rangfolge nicht perfekt sein muss). Nehmen wir an, dass die besten Anhaltspunkte Fehlzeiten, Rechtschreibleistung und die Klassengröße sind, in dieser Reihenfolge. Die Heuristik arbeitet diese Punkte nacheinander ab und stuft ihren jeweiligen Wert als *hoch* oder *niedrig* ein. Wenn der erste Punkt, die Fehlzeiten, eine Entscheidung ermöglicht, tritt die Stoppregel in Kraft, und alle weitere Information wird außer Acht gelassen. Wenn nicht, wird der zweite Punkt überprüft und so fort. Es folgt ein konkretes Beispiel:

	Marx-Schule	**oder**	**Kant-Schule?**
Fehlzeiten	hoch		hoch
Rechtschreibung	niedrig		hoch

Stopp und wähle die Kant-Schule

Der erste Anhaltspunkt, die Fehlzeiten, führt zu keinem eindeutigen Ergebnis, daher wird die Rechtschreibleistung herangezogen – und sie erweist sich als eindeutig. Die Suche wird beendet, und es wird der Schluss gezogen, dass die Kant-Schule die geringere Abbrecherquote hat.

Doch wie verlässlich ist eine Intuition, die sich auf diese Faustregel stützt? Hätte Herr Braun bessere Aussichten gehabt, die richtige Schule auszusuchen, wenn er mehr Gründe herangezogen und sie nach Franklins Bilanzmethode abgewogen und kombiniert hätte? Ich glaube, wir können mit Fug und Recht sagen, dass vor 1996, bevor meine Forschungsgruppe am Max-Planck-Institut die Leistungsfähigkeit jener intuitiven Regel entdeckte, fast jeder diese Frage mit Ja beantwortet hätte.[83] Hier ist die Geschichte in Kurzform.

Da die Gründe für den Schulabbruch regional unterschiedlich sein können und das Problem in den USA besonders groß ist, möchte ich mich auf eine US-amerikanische Großstadt konzentrieren: Chicago. Um die Frage zu überprüfen, ob mehrere Gründe besser seien als ein einziger guter Grund, sammelten wir an siebenundfünfzig Schulen Informationen über achtzehn Gründe für Abbrecherquoten, etwa den Anteil von Schülern aus Familien mit niedrigem Einkommen, von Schülern mit begrenzten Englischkenntnissen, von Schülern hispanischer Herkunft und von schwarzen Schülern, Ergebnisse des Schulleistungstests (SAT), Durchschnittseinkommen der Lehrkräfte, Elternmitwirkung, Fehlzeiten, Klassengröße, Rechtschreibleistung, Ergebnisse des Sozialkundetests und das Angebot von Englisch als Fremdsprache. Nun waren wir in der Lage, Herrn Brauns Problem systematisch zu analysieren. Wie können wir vorhersagen, welche der beiden Schulen eine höhere Abbrecherquote hat? Nach Franklins Regel müssten wir alle achtzehn Gründe berücksichtigen, jedem ein bestimmtes Gewicht zuweisen und dann eine Vorhersage treffen. Die moderne Spielart von Franklins Regel, mit schnellen Computern bequem berechenbar, heißt multiple Regression, wobei *multipel* für mehrere Gründe steht. Sie bestimmt die »optimale« Gewichtung jedes Grundes und summiert die Werte, wie Franklins Regel es verlangt, allerdings mithilfe komplexer Berechnungen. Unsere Frage lautete: Wie genau ist das einfache *Take-the-Best* im Vergleich zu dieser komplizierten Strategie?

Um diese Frage zu beantworten, führten wir eine Computersimulation durch und gaben von der Hälfte der Schulen Informationen über die achtzehn Gründe und die tatsächlichen Abbrecherquoten ein.[84] Aufgrund dieser Informationen schätzte die komplexe Methode ihre »optimale« Gewichtung und *Take-the-Best* eine gute Reihenfolge der Gründe. Dann testeten wir beide Strategien an der anderen Hälfte der Schulen, wobei nur die Gründe, aber nicht die Abbrecherquoten bekannt waren. Das wird in Abbildung 5.2 als *Vorhersage* bezeichnet und entspricht Herrn Brauns Situation, der die Abbrecherquoten von einigen Schulen kennt, aber nicht von den beiden, zwischen denen er sich entscheiden muss. Zur Kontrolle überprüften wir beide Strategien, als alle Informationen über alle Schulen vorlagen. Diese zweite Aufgabe verlangte also keine Vorhersage, sondern es ging nur darum, das bereits Bekannte im Nachhinein (aus der *Rückschau*) zu erklären. Wie sahen die Ergebnisse aus?

Die einfache *Take-the-Best*-Heuristik machte bessere Vorhersagen als die komplexe Strategie (Abbildung 5.2) und brauchte dazu weniger Informationen. Im Durchschnitt prüfte sie nur drei Gründe, bevor die Stoppregel zur Anwendung kam, während die komplexe Strategie alle achtzehn gewichtete und summierte. Um zu erklären, was bereits über die Schulen bekannt war (Rückschau), war die komplexe Strategie besser. Doch wenn es darum ging, Vorhersagen über das zu machen, was noch nicht bekannt war, erwies sich das Verlassen auf einen einzigen guten Grund der Bezugnahme auf alle Gründe als überlegen. Wenn Herr Brauns Intuition dem *Take-the-Best*-Prinzip folgt, hat er bessere Aussichten, die richtige Wahl zu treffen, als wenn er alle verfügbaren Gründe mithilfe des elaborierten Computerprogramms sorgfältig abwägt und summiert. Dieses Ergebnis vermittelt uns eine wichtige Erkenntnis:

> *In einer ungewissen Welt müssen gute Intuitionen Information außer Acht lassen.*

Doch warum zahlte sich in diesem Fall aus, Information zu ignorieren? Abbrecherquoten sind außerordentlich schwer vorherzusagen – nur in 60 Prozent der Fälle konnte die bessere Strategie richtig vorhersagen, welche Schule die höhere Rate hatte. (Es sei darauf hingewiesen, dass 50 Prozent Zufallsniveau wären). Wie ein Finanz-

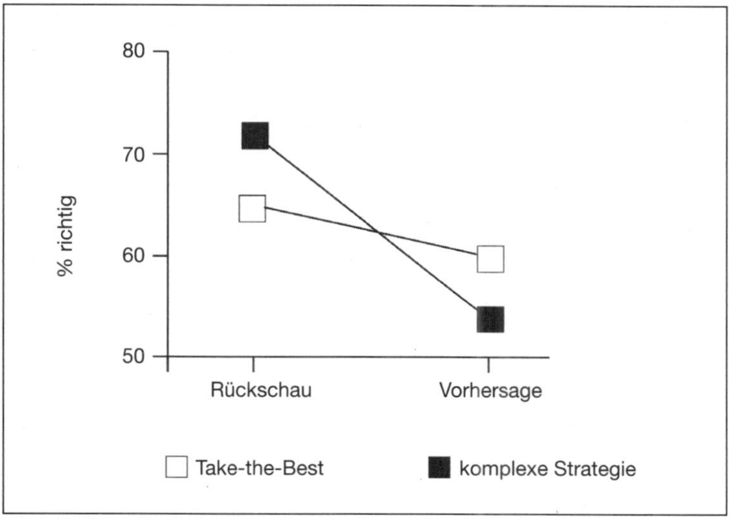

Abbildung 5.2: Intuitionen, die auf einfachen Faustregeln beruhen, können genauer sein als komplexe Berechnungen. Wie können wir vorhersagen, welche Schulen höhere Abbrecherquoten haben? Wenn die Informationen für alle Highschools bereits vorliegen (Rückschau), erzielt die komplexe Strategie (»multiple Regression«) bessere Ergebnisse. Doch wenn wir Abbrecherquoten vorhersagen wollen, die noch nicht bekannt sind, ist die einfache Faustregel (»Take-the-Best«) genauer.

berater eine plausible Erklärung für die Aktienentwicklung von gestern liefern kann, ist die komplexe Strategie in der Lage, ihre vielen Gründe so zu gewichten, dass die resultierende Gleichung dem, was wir bereits wissen, in hohem Maße entspricht. Wie Abbildung 5.2 deutlich zeigt, kann eine komplexe Strategie in einer ungewissen Welt eben deshalb scheitern, weil sie zu viel in der Rückschau erklärt. Nur ein Teil der Information ist für die Zukunftsprognose relevant, und die Kunst der Intuition besteht darin, dass wir uns auf diesen Teil konzentrieren und den Rest außer Acht lassen. Eine einfache Regel, die sich lediglich auf den besten Anhaltspunkt verlässt, hat gute Aussichten, genau diese wichtige Information zu »erwischen«.

Ob man nur eine einfache oder aber eine komplexe Strategie wählt, hat nicht nur persönliche Konsequenzen für besorgte Eltern wie Herrn Braun, sondern kann auch die Bildungspolitik beeinflussen. Nach der komplexen Strategie waren die besten Vorhersagefaktoren für eine hohe Abbrecherquote der Prozentsatz, den die Schule an hispanischen Schülern, an Schülern mit begrenzten Englischkenntnissen und an schwarzen Schülern aufwies. Im Gegensatz dazu stufte *Take-the-Best* Fehlzeiten ganz oben ein, dann kamen die Rechtschreibleistung und schließlich die Ergebnisse des Sozialkundetests. Von der komplexen Analyse ausgehend, könnte ein Politiker ein Programm propagieren, das dazu bestimmt wäre, Minderheiten bei der Integration zu helfen und das Fach Englisch als Fremdsprache zu intensivieren. Der einfachere und effektivere Ansatz legt jedoch nahe, dass ein Politiker besser beraten wäre, wenn er dafür sorgte, dass die Schüler regelmäßig am Unterricht teilnehmen und ihnen die Grundkenntnisse im Klassenzimmer besser vermittelt werden. Es geht also nicht nur um Genauigkeit, sondern auch um Politik.

Diese Analyse bietet auch eine mögliche Erklärung für den Konflikt, in dem sich Harry befand, als er versuchte, sich zwischen seinen beiden Freundinnen mithilfe von Franklins Regel zu entscheiden. Schließlich ist mit der Partnerwahl ein hohes Maß an Ungewissheit verbunden. Vielleicht richteten sich Harrys Gefühle nach der *Take-the-Best*-Heuristik, das heißt, sein Herz folgte dem einen, wichtigsten Grund. In diesem Fall könnte seine Intuition der komplexen Berechnung überlegen sein.

Wenn an Optimierung nicht zu denken ist

Eine Lösung für ein gegebenes Problem heißt optimal, wenn sich beweisen lässt, dass es keine bessere Lösung gibt. Nun könnte sich ein Skeptiker fragen, warum eine gute Intuition sich auf eine Faustregel und nicht auf die optimale Strategie verlassen soll. Die Lösung eines Problems mittels Optimierung und nicht durch eine Faustregel setzt zweierlei voraus: dass es eine optimale Lösung gibt und dass eine Strategie verfügbar ist, um jene zu finden. Man sollte meinen, dass Computer ideale Werkzeuge sind, um die beste Lösung für ein Problem zu entdecken. Doch paradoxerweise hat uns die Entwicklung von Hochleistungscomputern die Augen dafür ge-

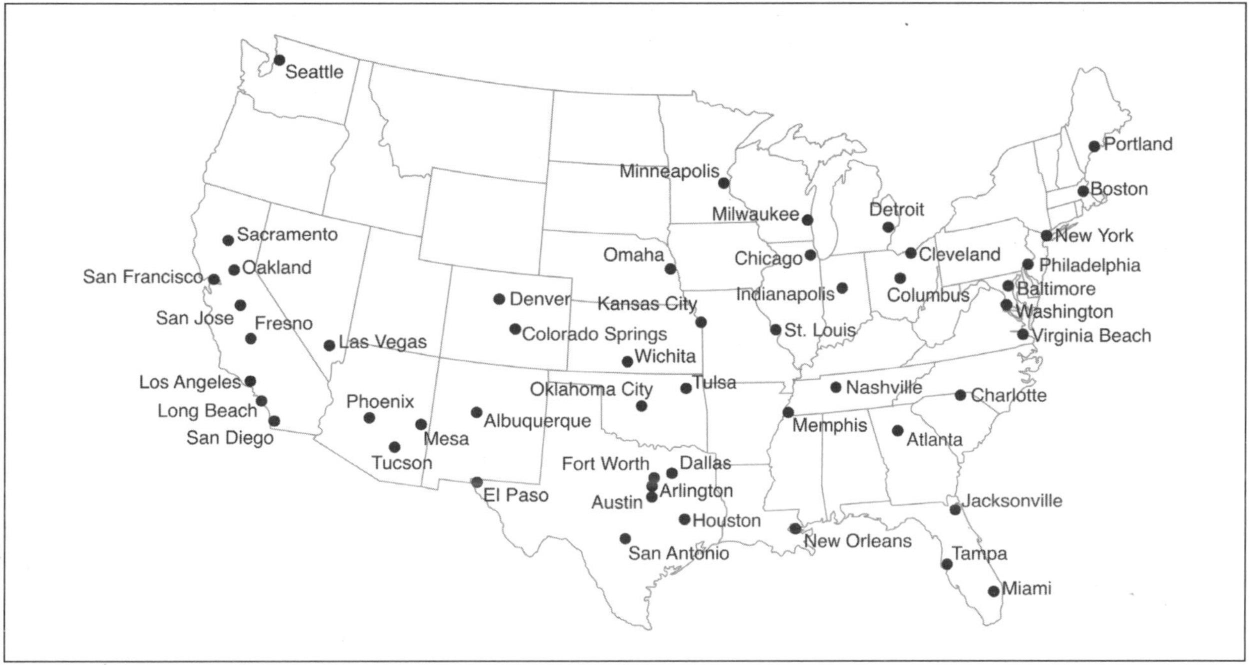

Abbildung 5.3: Die Wahlkampftour durch fünfzig Städte beginnt und endet in Boston. Wie kann man die kürzeste Route ermitteln? Viel Glück – noch nicht einmal der schnellste Computer kann die Lösung finden!

öffnet, dass sich die beste Strategie oft nicht finden lässt. Versuchen Sie das folgende Problem zu lösen:

Wahlkampftour in fünfzig Städten

Eine Politikerin bewirbt sich um das Amt des Präsidenten der USA und plant Wahlkampfauftritte in den fünfzig größten Städten des Landes. Die Zeit ist knapp, und die Kandidatin wird mit einem großen Fahrzeugkonvoi unterwegs sein. Die Tour soll als Rundreise in ein und derselben Stadt beginnen und enden. Welches ist die kürzeste Strecke? Die Organisatoren haben keine Ahnung. Könnten sie nicht mit ein bisschen Köpfchen den kürzesten Weg finden? Die Aufgabe sieht doch gar nicht so schwer aus. Beispielsweise gibt es bei fünf Städten nur zwölf verschiedene Wege.[85] Mit einem Taschenrechner lässt sich der kürzeste Weg in wenigen Minuten ausrechnen. Doch bei zehn Städten sind es bereits 181 000 verschiedene Wege, und die Rechnung wird ziemlich aufwändig. Bei fünfzig Städten sind es annähernd

300 000 000 000 000 000 000 000 000 000 000 000 000 000 000 000 000 000 000 000 000 000

Wege. Nicht einmal der schnellste Computer kann diese vielen Möglichkeiten in der Lebenszeit eines Menschen, in einem Jahrhundert oder in einem Jahrtausend durchrechnen. An Optimierung – die Auswahl der besten Möglichkeit – ist nicht zu denken. Was tun, wenn Optimierung nicht mehr möglich ist? Willkommen in der Welt der Faustregel! In dieser Welt lautet die Frage: Wie finden wir eine Lösung, die gut genug ist? Während wir noch überlegten, hatten die Organisatoren die Planung der Wahlkampftour bereits abgeschlossen: die gleiche wie beim letzten Kandidaten, mit einigen kleinen Veränderungen wegen gesperrter Straßen.

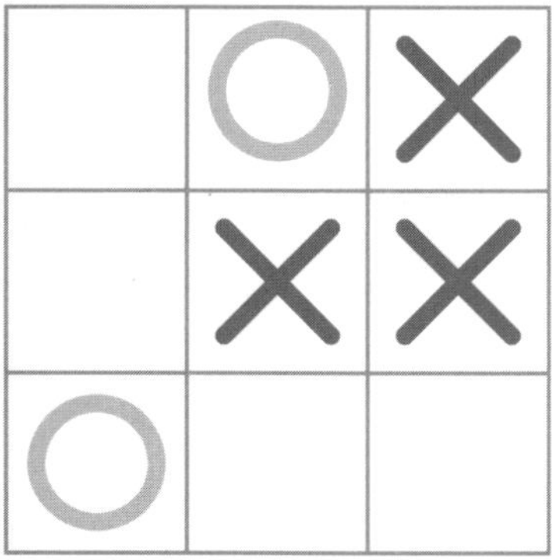

Abbildung 5.4: Das XXO-Spiel. Können Sie die beste Strategie finden?

Spiele

Betrachten wir jetzt das XXO-Spiel (auch Dodelschach genannt). Spieler 1 zeichnet ein Kreuz in ein Gitter aus neun Quadraten, Spieler 2 zeichnet einen Kreis in eines der leeren Quadrate, Spieler 1 zeichnet ein weiteres Kreuz und so fort. Wenn es einem Spieler gelingt, drei Kreuze oder Kreise in einer Reihe (oder einer Diagonalen) einzutragen, hat er gewonnen. 1945 wurde im Museum for Science and Industry in Chicago ein Roboter ausgestellt, der die Besucher aufforderte, XXO mit ihm zu spielen.[86] Zu ihrer Verblüffung gelang es ihnen nie, den Roboter zu besiegen. Stets endete das Spiel gegen ihn mit einer Niederlage oder einem Remis, weil er die optimale Lösung für das Spiel kannte. Spieler 1 setzt ein Kreuz ins zentrale Quadrat. Wenn Spieler 2 einen Kreis in ein mittleres Quadrat einträgt, wie in Abbildung 5.4 gezeigt, zeichnet Spieler 1 ein zweites Kreuz in das angrenzende Eckquadrat, was Spieler 2 dazu zwingt, den nächsten Kreis im entgegengesetzten Eckquadrat zu opfern, um eine Dreierreihe in der Diagonalen zu verhindern. Daraufhin setzt Spieler 1 ein Kreuz in das mittlere Quadrat neben den anderen beiden Kreuzen, was den sicheren Sieg bedeutet. Ähnlich lässt sich zeigen, dass der Kreuzspieler stets ein Remis erzwingen kann, wenn der Gegenspieler seinen ersten Kreis nicht in ein Mittel-, sondern in ein Eckfeld zeichnet. Diese Strategie führt entweder zu einem Sieg oder zu einem Remis, aber nie zu einer Niederlage.

Hier lässt sich die Lösung durch Aufzählung und Klassifizierung finden. So gibt es für den ersten Zug drei Optionen: Zentrum, Ecke und Mittelfeld. Alle neun Möglichkeiten gehören zu einer dieser drei Klassen. Der Rest ist Aufzählung der Möglichkeiten für die nachfolgenden Züge. Durch bloße Aufzählung lässt sich beweisen, dass sich mit keiner anderen Strategie bessere Ergebnisse erzielen lassen. Für einfache Situationen wie XXO kennen wir also die beste Strategie. Eine gute Nachricht? Ja und nein: Die Kenntnis der optimalen Strategie ist genau das, was das Spiel langweilig macht.

Wenden wir uns nun dem Schach zu. Für jeden Zug gibt es im Durchschnitt rund dreißig Möglichkeiten, womit sich bei zwanzig Zügen 30^{20} Zugfolgen ergeben; es kommen also

350 000 000 000 000 000 000 000 000 000

mögliche Zugfolgen in Betracht – eine bescheidene Zahl im Vergleich zum Problem der Wahlkampftour. Kann ein Schachcomputer die optimale Zugfolge für zwanzig Züge berechnen? Deep Blue, der IBM-Schachcomputer, ist in der Lage, 200 Millionen mögliche Züge pro Sekunde zu prüfen. Trotz dieser atemberaubenden Geschwindigkeit würde Deep Blue rund 55 Billionen Jahre brauchen, um zwanzig Züge vorauszudenken und den besten auszuwählen. (Zum Vergleich: Man nimmt an, dass der Urknall vor rund 14 Milliarden Jahren stattgefunden hat.) Zwanzig Züge sind aber in der Regel noch kein vollständiges Schachspiel. Deshalb können Schachcomputer wie Deep Blue nicht die beste Zugfolge finden, sondern müssen sich wie die Großmeister auf Faustregeln verlassen.

Wie können wir erkennen, ob sich für ein Spiel oder ein anderes wohldefiniertes Problem eine optimale Lösung finden lässt oder nicht? Ein Problem bezeichnet man als rechnerisch unmöglich (*intractable*), wenn die einzige Möglichkeit, die perfekte Lösung zu finden, darin besteht, eine Reihe von Schritten zu überprüfen, deren Zahl mit der Größe des Problems exponentiell anwächst. Schach ist rechnerisch unmöglich, wie auch die klassischen Computerspiele Tetris, wo man eine Folge von fallenden Blöcken fugenlos einordnen muss, und Minesweeper.[87]

Diese Spiele machen deutlich, dass die vollkommene Lösung oft auch dann nicht möglich ist, wenn die Probleme wohldefiniert sind.

Ein bekanntes Beispiel aus der Astronomie ist das Dreikörperproblem. Nehmen wir an, drei Himmelskörper, etwa Erde, Mond und Sonne, sind in ihren Bewegungen keinem anderen Einfluss unterworfen als ihrer wechselseitigen Gravitation. Wie können wir ihre Bewegungen vorhersagen? Für dieses Problem (oder das von vier und mehr Körpern) ist keine allgemeine Lösung bekannt, während sich das Zweikörperproblem lösen lässt. Bei irdischen Körpern können selbst zwei ein unlösbares Problem darstellen. Es gibt keine Möglichkeit, die Dynamik ihrer wechselseitigen Anziehung exakt vorherzusagen – besonders wenn die Anziehungskräfte emotionaler Natur sind. In solchen Situationen werden gute Intuitionen unentbehrlich.

Schlecht definierte Probleme

Spiele wie Schach haben eine wohldefinierte Struktur. Alle zulässigen Züge sind durch einige wenige Regeln festgelegt, nicht erlaubte Züge lassen sich leicht erkennen, und die Bedingungen eines Sieges sind unstrittig. Dagegen ist der Sieg in einer politischen Debatte schlecht definiert. Es gibt keine eindeutige Festlegung der zulässigen Handlungen oder der Bedingungen eines Sieges. Sind es die besseren Argumente, die überlegene Rhetorik oder die treffsichereren Pointen? Anders als beim Schach gestattet die Debatte beiden Kandidaten und ihren Anhängern, den Sieg für sich zu reklamieren. Entsprechend sind in den meisten Verhandlungssituationen (abgesehen von Auktionen) die Regeln etwa zwischen Käufern und Verkäufern oder Arbeitgebern und Gewerkschaften nur unvollständig vorgegeben und müssen ausgehandelt werden. In Alltagssituationen sind die Regeln nur partiell bekannt und können von einem einflussreichen Spieler umgestoßen oder absichtlich mehrdeutig gestaltet werden. Ungewissheit ist vorherrschend – Täuschung, Lüge und Gesetzesbruch möglich. Infolgedessen sind keine optimalen Strategien bekannt, um Schlachten zu gewinnen, Organisationen zu führen, Kinder zu erziehen oder Aktien zu kaufen. Aber natürlich gibt es Strategien, die gut genug sind.

Tatsächlich ist es uns häufig lieber, ein gewisses Maß an Mehrdeutigkeit zu akzeptieren, statt zu versuchen, alle Einzelheiten zu klären. Dies gilt sogar für juristische Verträge. In vielen Ländern geht der Gesetzgeber davon aus, dass ein Vertrag alle Konsequenzen, einschließlich der Strafen, für das Verhalten beider Parteien aufführen muss. Doch jeder kluge Rechtsanwalt weiß, dass es den wasserdichten Vertrag nicht gibt. Darüber hinaus haben viele Menschen, die rechtliche Vereinbarungen treffen, das Gefühl, es sei besser, Teile des Vertrags weniger genau zu definieren, als es eigentlich der Fall sein sollte. Sie spüren, dass sich keine absolute Gewissheit erzielen lässt, und verlassen sich daher auf den psychologischen Faktor des wechselseitigen Vertrauens, der stets ein wichtiger Beweggrund für beide Vertragsparteien ist. Der Versuch, alle Eventualitäten aufzuführen, kann bei der Gegenseite den Eindruck erwecken, man misstraue ihr, und richtet damit unter Umständen mehr Schaden als Nutzen an.

Die Untersuchung der Beziehung zwischen Intelligenz und Umwelt steckt noch in den Kinderschuhen. Die vorherrschenden Erklärungen in den Sozialwissenschaften berücksichtigen nach wie vor nur eine der Simon'schen Schneiden, indem sie sich entweder an Einstellungen, Eigenschaften, Präferenzen und anderen mentalen Faktoren orientieren oder an äußeren Faktoren wie wirtschaftlichen und rechtlichen Strukturen. Um zu verstehen, was in unserem Verstand vorgeht, müssen wir nach draußen schauen, und um zu verstehen, was draußen passiert, müssen wir nach innen blicken.

Kapitel 6
Warum gute Intuitionen nicht logisch sein müssen

Wir leben in einer bunten Welt, die reich an unterschiedlichen Dingen ist, das heißt Dingen, die unterschiedlich sind und sich unterschiedlich verhalten. Die Gesetze, welche diese Welt beschreiben, sind ein Flickenteppich, keine Pyramide. Sie halten sich nicht an den einfachen, eleganten und abstrakten Aufbau eines Systems von Axiomen und Theoremen.

Nancy Cartwright[88]

Stellen Sie sich vor, Sie nehmen an einem psychologischen Experiment teil. Darin wird Ihnen die folgende Aufgabe gestellt:

> Linda ist einunddreißig Jahre alt, ledig, sehr intelligent und sagt offen ihre Meinung. Im Hauptfach hat sie Philosophie studiert. Als Studentin hat sie sich für Fragen der Gleichberechtigung und der sozialen Gerechtigkeit engagiert, außerdem hat sie an Demonstrationen gegen Atomkraftwerke teilgenommen. Welche der beiden folgenden Alternativen ist wahrscheinlicher?
> – Linda ist Bankangestellte.
> – Linda ist Bankangestellte und in der Frauenbewegung aktiv.

Für welche entscheiden Sie sich? Wenn Ihre Intuitionen wie die der meisten Menschen funktionieren, wählen Sie die zweite Alternative. Allerdings vertreten Amos Tversky und der Nobelpreisträger Daniel Kahneman die Auffassung, das sei die falsche Antwort, weil sie gegen die Gesetze der Logik verstoße. Eine Konjunktion zweier Ereignisse (Linda ist eine Bankangestellte *und* aktiv in der Frauenbewegung) kann nicht wahrscheinlicher sein als eines von ihnen allein (Linda ist eine Bankangestellte). Mit anderen Worten: Eine

Teilmenge kann niemals größer als die Gesamtmenge sein. »Ob es Ihnen gefällt oder nicht, *A* kann nicht weniger wahrscheinlich sein als (*A* UND *B*), und der Glaube an das Gegenteil ist ein Fehlschluss.«[89] Die Autoren bezeichneten diese Intuition, die den meisten Menschen gemeinsam ist, als *Konjunktionsfehler* (*conjunction fallacy*). Das Linda-Problem diente zum Beweis dafür, dass Menschen zutiefst unlogisch sind, und wurde auch bemüht, um verschiedene wirtschaftliche und menschliche Katastrophen zu erklären, unter anderem die US-amerikanische Sicherheitspolitik, Otto Normalverbrauchers Angst vor Kernkraftunfällen und seine übertriebenen Ausgaben für Versicherungen. Der Evolutionsbiologe Stephen J. Gould schrieb hierzu:[90]

> »Ich mag dieses Beispiel besonders, weil ich weiß, dass die [Konjunktion] am unwahrscheinlichsten ist, während ein kleiner Mann in meinem Ohr auf und ab hüpft und mir einflüstert: ›Aber sie kann nicht einfach nur Bankangestellte sein; lies doch mal die Beschreibung.‹ … Unser Verstand ist (aus welchem Grund auch immer) nicht darauf ausgelegt, nach den Wahrscheinlichkeitsregeln zu arbeiten.«

Gould hätte lieber dem Bauchgefühl seines Homunkulus trauen sollen statt seinen bewussten Überlegungen. Wissenschaftler, die hier von einem Konjunktionsfehler ausgehen, glauben, dass die mathematische Logik die Richtschnur sei, um zu bestimmen, ob Urteile rational oder irrational sind. Beim Linda-Problem sind für die logische Definition des rationalen Denkens allein die Wörter »und« sowie »wahrscheinlich« von Belang, bei denen man unterstellt, sie hätten nur eine richtige Bedeutung, das logische »UND« (das wir beispielsweise in Suchmaschinen verwenden) und die mathematische Wahrscheinlichkeit (Vergleich der Zahl positiver Ergebnisse mit der Zahl möglicher Ergebnisse). Ich nenne solche Normen *inhaltsblind*, weil sie den Inhalt und die Denkziele außer Acht lassen. Starre logische Normen berücksichtigen nicht, dass Intelligenz in einer ungewissen Welt – und nicht in der künstlichen Gewissheit eines logischen Systems – operiert und daher über die verfügbare Information hinausgehen muss. Eine entscheidende Ursache für die

Ungewissheit des Linda-Problems ist die Bedeutung der Wörter »wahrscheinlich« sowie »und«. Beide Wörter haben mehrere Bedeutungen, wie jedes gute Wörterbuch beweist. Einige wenige Definitionen von »wahrscheinlich« beziehen sich tatsächlich auf eine relative Häufigkeit und entsprechen damit der mathematischen Wahrscheinlichkeit, die meisten aber nicht. So gibt das Duden-Synonymwörterbuch (3. Auflage, Mannheim 2004) unter anderem die Bedeutungen »nach menschlicher Voraussicht«, »sicher«, »wohl« und »mutmaßlich« an. Wie in Kapitel 3 erläutert, löst unser Gehirn dieses Mehrdeutigkeitsproblem durch die Verwendung intelligenter Faustregeln, und genauso verfahren nach meiner Überzeugung das Denken und das Sprachverständnis. Eine dieser unbewussten Regeln, die wir verwenden, um die Bedeutung von Sprache zu verstehen, ist das *Relevanzprinzip*:[91]

Nimm an, der Sprecher folgt dem Prinzip »Sei relevant«.

Der unbewusste Schluss besagt: Wenn der Versuchsleiter mir Lindas Beschreibung vorliest, ist diese sehr wahrscheinlich relevant für das, was er von mir erwartet. Doch die Beschreibung wäre völlig irrelevant, wenn man den Begriff »wahrscheinlich« als mathematische Wahrscheinlichkeit verstünde. Daher legt die Relevanzregel nahe, dass »wahrscheinlich« eine Bedeutung haben muss, welche die Beschreibung relevant macht, etwa im Sinn von plausibel. Achte auf die Beschreibung – Goulds Homunkulus hat diesen Punkt verstanden.

Beruht die übliche Antwort auf das Linda-Problem auf einem Fehlschluss oder einer intelligenten Intuition? Um zu sehen, welche Ursache zutrifft, baten Ralph Hertwig und ich Personen, das Linda-Problem für jemanden zu umschreiben, der kein Muttersprachler ist und die Bedeutung von »wahrscheinlich« nicht kennt. Die meisten Befragten verwendeten nichtmathematische Bedeutungen – das heißt, sie gaben an, ob es möglich, denkbar, plausibel, vernünftig oder typisch sei. Nur wenige benutzten »häufig« oder andere mathematische Bedeutungen. Daraus ist zu schließen, dass es hier eher um intelligente Intuition geht als um einen logischen Fehler, insbesondere um die Fähigkeit, den Sinn mehrdeutiger Äußerungen mithilfe von Gesprächsregeln zu erschließen. Zur genaueren Überprüfung dieser Hypothese veränderten wir den mehrdeutigen Ausdruck »wahrscheinlich« in die eindeutige Wendung »wie viele«:

> Es gibt hundert Personen, auf die die obige Beschreibung (von Linda) zutrifft. Wie viele von ihnen sind
> – Bankangestellte?
> – Bankangestellte und in der Frauenbewegung aktiv?

Wenn Befragte tatsächlich nicht verstehen, dass eine Menge nicht kleiner als eine Teilmenge sein kann, und diesen logischen Fehler ständig begehen, sollte die neue Version die gleichen Ergebnisse hervorbringen wie die alte. Wenn dagegen kein Fehler vorliegt und die Befragten intelligent und unbewusst auf jene Bedeutungen von »wahrscheinlich« schließen, die der Beschreibung von Linda Relevanz verleihen, müssten diese Bedeutungen jetzt ausgeschlossen werden und der vermeintliche Fehlschluss weitgehend verschwinden. Und genau das geschah (Abbildung 6.1).[92] Das Ergebnis entspricht früheren Untersuchungen der Schweizer Psychologen Bärbel Inhelder und Jean Piaget, die ähnliche Experimente an Kindern durchführten (»Gibt es mehr Blumen oder mehr Primeln?«) und berichteten, dass im Alter von acht Jahren eine Mehrheit Antworten gab, welche berücksichtigten, dass eine Menge nicht kleiner als eine Teilmenge sein kann. Halten wir fest, dass die Kinder gefragt wurden, »wie viele« und nicht »wie wahrscheinlich«. Die Logik ist keine geeignete Norm, um beim Linda-Problem die Frage »Welche Alternative ist wahrscheinlicher« zu verstehen. Die menschliche Intuition ist weit vielfältiger und kann auch unter Unsicherheit plausible Vermutungen anstellen.

Das Linda-Problem – und Hunderte von Studien, die in seinem Kielwasser durchgeführt wurden, um herauszufinden, wann Menschen mehr oder weniger logisch denken – macht deutlich, wie Forscher sich von der Logik dazu verleiten lassen, die falschen Fragen zu stellen und die interessanten, psychologischen zu vernachlässigen. Es geht nicht darum, ob unsere Intuitionen den Gesetzen der Logik folgen und sie danach zu bewerten, sondern welche unbe-

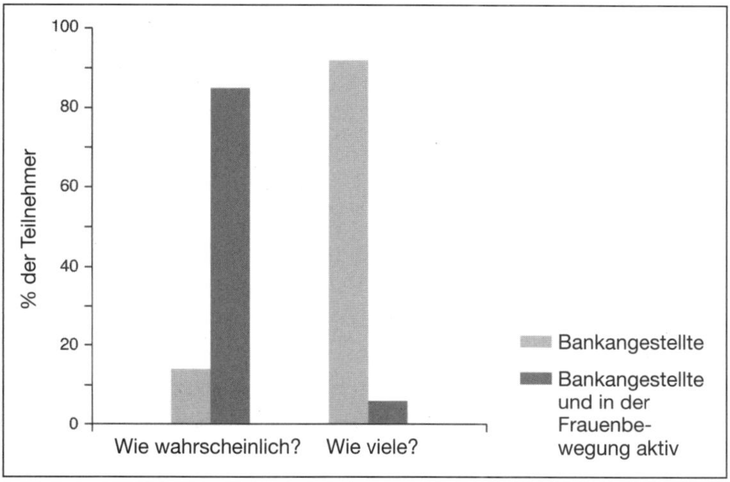

Abbildung 6.1: Ist Linda eine Bankangestellte?

wussten Faustregeln den Intuitionen zugrunde liegen. Schauen wir uns das natürliche Sprachverständnis etwas näher an.

Petra und Paul

In der Logik erster Ordnung ist der Operator »UND« *kommutativ*, das heißt »a UND b« ist gleich »b UND a«. Doch das entspricht nicht unserem natürlichen Sprachverständnis. Betrachten Sie beispielsweise die beiden folgenden Sätze:

Petra und Paul heirateten, *und* Petra wurde schwanger.
Petra wurde schwanger, *und* Petra und Paul heirateten.

Intuitiv wissen wir, dass die beiden Sätze unterschiedliche Botschaften vermitteln. Der erste lässt erkennen, dass die Schwangerschaft auf die Ehe folgte, während sich aus dem zweiten ergibt, dass die Schwangerschaft zuerst eintrat und ein möglicher Grund für die Eheschließung war. Würde unsere Intuition logisch arbeiten und das Wort »und« als Operator »UND« verstehen, würden wir den

Unterschied nicht wahrnehmen. »Und« kann eine zeitliche oder ursächliche Beziehung bezeichnen, von denen keine kommutativ ist. Hier zwei weitere Paare:

Markus wurde zornig, *und* Maria ging.
Maria ging, *und* Markus wurde zornig.

Verona liegt in Italien, *und* Valencia liegt in Spanien.
Valencia liegt in Spanien, *und* Verona liegt in Italien.

Augenblicklich verstehen wir, dass das erste Satzpaar gegensätzliche Botschaften vermittelt, während das zweite Paar identische Bedeutungen hat. Nur im letzten Paar wird das »und« in der Bedeutung des logischen Operators »UND« verwendet. Noch überraschender ist der Umstand, dass wir auch ohne nachzudenken wissen, wann wir »und« als das logische »ODER« interpretieren müssen, etwa in dem Satz:

Wir luden Freunde *und* Kollegen ein.

Der Satz bezeichnet die Vereinigungsmenge von Freunden und Kollegen, nicht ihre Schnittmenge. Nicht jeder ist sowohl Freund als auch Kollege; viele sind entweder das eine oder das andere. Abermals verletzt das intuitive Verständnis die Konjunktionsregel, doch das ist kein Urteilsfehler, sondern ein Indiz dafür, dass die natürliche Sprache vielschichtiger ist als die Logik.

Woher wissen wir auf einen Blick, was »und« im jeweiligen Kontext bedeutet? Diese Schlüsse weisen die drei Kennzeichen der Intuition auf: Ich weiß die Bedeutung sofort, ich handle danach, aber ich weiß nicht, woher ich das weiß. Da ein einziger Satz als Kontext genügt, müssen die Hinweise vom Inhalt des Satzes geliefert werden. Bis heute ist es Sprachwissenschaftlern immer noch nicht gelungen, die Faustregeln herauszufinden, die dieser bemerkenswert intelligenten Intuition zugrunde liegen. Kein Computerprogramm kann die Bedeutung eines »und« so gut entschlüsseln wie wir. Das sind die interessanten unbewussten Prozesse, die wir nur zum Teil verstehen, die unsere Intuition aber innerhalb eines Augenblicks meistert.

Zwischen den Zeilen lesen

Wenn logisch äquivalente (numerische oder sprachliche) Information in verschiedenen Formen ausgedrückt wird, bezeichnet man das im Englischen als *Framing*. Ihre Mutter muss sich einer schwierigen Operation unterziehen und ringt um eine Entscheidung. Ihr Arzt sagt, es bestehe eine Wahrscheinlichkeit von 10 Prozent, dass sie bei der Operation sterbe. Am selben Tag erkundigt sich ein anderer Patient nach der gleichen Operation. Man erklärt ihm, es bestehe eine 90-prozentige Wahrscheinlichkeit, dass er überlebe.

Die Logik macht keinen Unterschied zwischen diesen beiden Aussagen, daher vertreten logisch orientierte Psychologen die Auffassung, auch die menschliche Intuition müsse sie gleich bewerten. Sie behaupten, man müsse ignorieren, ob der Arzt das Ergebnis einer eventuellen Operation als 90-prozentige Überlebenswahrscheinlichkeit beschreibe (positives Framing) oder als 10-prozentige Wahrscheinlichkeit zu sterben (negatives Framing). Doch die Patienten achten sehr wohl darauf und versuchen, zwischen den Zeilen zu lesen. Durch Verwendung der positiven Form könnte der Arzt dem Patienten signalisieren, dass die Operation die beste Option ist. In der Tat erklären sich Patienten häufiger mit einer Behandlung einverstanden, wenn ihre Ärzte eine positive Form wählen.[93] Kahneman und Tversky sehen jedoch in der Berücksichtigung des Framing einen Beleg dafür, dass die Patienten unfähig sind, die beiden Spielarten ärztlicher Auskünfte in eine allgemeine abstrakte Form rückzuübersetzen.[94]

Das beurteile ich anders. Die Darstellung kann Informationen übermitteln, die von bloßer Logik nicht berücksichtigt werden. Nehmen wir das berühmteste aller Beispiele:

Das Glas ist halb voll.
Das Glas ist halb leer.

Laut der logischen Norm dürfte unsere Entscheidung nicht von den beiden Formulierungen beeinflusst werden. Ist die Beschreibung tatsächlich irrelevant? In einem Experiment werden ein Glas voll

Wasser und ein leeres Glas auf einen Tisch gestellt.[95] Der Versuchsleiter fordert den Teilnehmer auf, die Hälfte des Wassers in das andere Glas zu gießen und das halbleere Glas an den Tischrand zu stellen. Welches Glas nimmt der Teilnehmer? Die meisten entscheiden sich für das Glas, das vorher voll war. Als andere Teilnehmer aufgefordert wurden, das halbvolle Glas zu bewegen, wählten die meisten das zuvor leere Glas. Das Experiment zeigt, dass die sprachliche Form Zusatzinformationen zur Dynamik der Situation enthält, welche die Menschen spontan verstehen. Abermals erweist sich die Intuition als vielschichtiger als die Logik. Natürlich kann man Menschen auch durch eine entsprechend gewählte Form irreführen. Aber diese Möglichkeit bedeutet nicht, dass die Berücksichtigung der Form irrational ist. Jedes Kommunikationsmittel – von der Sprache bis zu Statistiken – kann missbraucht werden.

Die Möglichkeiten des Framing finden heute in vielen Disziplinen Beachtung. Der namhafte Physiker Richard Feynman hat unterstrichen, wie wichtig es sei, verschiedene Formulierungen für ein und dasselbe physikalische Gesetz abzuleiten, auch wenn sie mathematisch äquivalent sind. »Psychologisch [unterscheiden sie sich], weil sie sich als völlig unterschiedlich erweisen, sobald Sie versuchen, von ihnen auf neue Gesetze zu schließen.«[96] Das Spiel mit verschiedenen Darstellungen derselben Information hat Feynman geholfen, neue Entdeckungen zu machen, und seine berühmten Diagramme zeigen, welchen Wert er auf die Form legte. Trotzdem sind gerade Psychologen in Gefahr, die Psychologie für reine Logik aufzugeben.

Das Chain-Store-Paradox

Reinhard Selten ist ein Nobelpreisträger für Wirtschaftswissenschaften, der dem *Chain-Store-Paradox* (Ladenketten-Paradox) zu Ruhm verhalf, indem er bewies, dass eine aggressive Politik gegen Wettbewerber fruchtlos ist. Hier die Aufgabe:

> Die Ladenkette »Paradies« hat Filialen in zwanzig Städten. Der Wettbewerber »Nirvana« plant, eine ähnliche Ladenkette zu er-

öffnen, und entscheidet für jede Stadt einzeln, ob er dort in den Markt eintritt oder nicht. Immer wenn ein lokaler Wettbewerber in den Markt eintritt, kann »Paradies« entweder mit aggressivem Preisdumping reagieren, was zu Verlusten auf beiden Seiten führt, oder mit einer kooperativen Preispolitik, die bewirkt, dass sich »Paradies« die Gewinne zu gleichen Teilen mit dem Wettbewerber teilt. Wie soll »Paradies« reagieren, wenn das erste »Nirvana«-Geschäft seine Tore öffnet? Mit Aggression oder Kooperation?

Man sollte meinen, »Paradies« müsse schon auf die ersten Wettbewerber aggressiv reagieren, um sie vom Markteintritt abzuschrecken. Doch mithilfe eines logischen Arguments bewies Selten, dass die beste Reaktion in der Kooperation besteht. Sein Argument trägt die Bezeichnung *Rückwärtsinduktion*, weil man dabei rückwärts – vom Ende zum Anfang – argumentiert. Wenn der zwanzigste Wettbewerber in den Markt eintritt, liegt kein Grund zur Aggression vor, weil es keinen künftigen Wettbewerber mehr gibt und daher kein weiterer Anlass besteht, Geld zu opfern. Da sich die Ladenkette beim letzten Wettbewerber für die Kooperation entscheiden wird, gibt es auch keinen Grund, auf den neunzehnten Wettbewerber aggressiv zu reagieren, weil jeder weiß, dass der letzte Bewerber nicht abgeschreckt werden kann. Daher ist es für »Paradies« vernünftig, auch mit dem vorletzten Bewerber zu kooperieren. Das gleiche Argument gilt für den achtzehnten Wettbewerber und so fort, bis zurück zum ersten. Seltens Beweis durch Rückwärtsinduktion impliziert, dass die Ladenkette in jeder Stadt, vom ersten bis zum letzten Wettbewerber, kooperativ reagieren müsste.

Doch damit ist die Geschichte noch nicht zu Ende. Als Selten das Ergebnis sah, fand er seinen logisch korrekten Beweis intuitiv wenig überzeugend und meinte, er würde wohl eher seinem Bauchgefühl folgen und aggressiv reagieren, um andere vom Eintritt in den Markt abzuschrecken:

»Ich wäre sehr überrascht, wenn das nicht klappen würde. Aus Gesprächen mit Freunden und Kollegen habe ich den Eindruck gewonnen, dass die meisten Menschen zu dieser Entscheidung neigen. Tatsächlich habe ich bis heute niemanden getroffen, der gesagt hat, er würde sich nach der [Rückwärts-]Induktionstheorie richten. Nach meiner Erfahrung erkennen mathematisch geschulte Leute die logische Stichhaltigkeit des Induktionsarguments, sind aber nicht bereit, es als Richtschnur für praktisches Verhalten zu akzeptieren.«[97]

Wer Reinhard Selten nicht kennt, könnte argwöhnen, dass wir es hier mit einem extrem aggressiven Menschen zu tun haben, dessen Denken von seinen Impulsen dominiert wird. Das ist jedoch beileibe nicht der Fall. Der Konflikt zwischen Seltens Logik und seinen Intuitionen hat nichts mit einer Vorliebe für aggressives Verhalten zu tun. Wie wir schon des Öfteren gesehen haben, können logische Argumente in Widerspruch zur Intuition geraten. Und wie wir ebenfalls erfahren haben, ist die Intuition in der wirklichen Welt oft eine bessere Richtschnur.

Körperlose Intelligenz

Künstliche Intelligenz (KI) hat einen Teil ihrer Geschichte damit zugebracht, körperlose Intelligenzen zu entwickeln, die abstrakte Tätigkeiten wie etwa Schachspielen ausüben und deren einzige Interaktion mit der Welt mittels eines Bildschirms oder Druckers stattfindet, was den Schluss nahelegt, dass das Wesen des Denkens logisch und nicht psychologisch ist. Logik ist das Ideal eines körperlosen Systems. Sie ist die geeignete Messlatte zur Bewertung deduktiver Argumente, die – etwa in einem mathematischen Beweis – die Wahrheit von Aussagen betreffen. Doch nur wenige Logiker würden die Ansicht vertreten, die Logik könne als Maßstab für alle Arten des Denkens dienen. Ganz ähnlich hat Wilhelm Wundt, den man auch als Vater der Experimentalpsychologie bezeichnet, schon vor hundert Jahren auf den Unterschied zwischen den Gesetzen der Logik und dem Denkprozess hingewiesen:[98]

»Zunächst glaubte man, ihnen am sichersten auf die Spur zu kommen, wenn man die Gesetze des logischen Denkens, wie sie seit

Aristoteles durch die wissenschaftliche Logik festgestellt sind, der psychologischen Analyse der Gedankenprozesse zugrunde lege... Der Versuch, aus diesen, selbst für das entwickelte Bewußtsein nur einen kleinen Teil seiner Gedankenprozesse deckenden Normen das Denken im psychologischen Sinne des Wortes erklären zu wollen, kann daher nur dazu führen, die wirklichen Tatsachen mit einem Netz logischer Reflexionen zu umspinnen. In der Tat kann man von diesen Versuchen sagen, daß sie an ihrem Erfolg gemessen völlig fruchtlos gewesen sind: sie haben die psychischen Vorgänge selbst beseitigt.«

Ich stimme Wundt rückhaltlos zu. Trotzdem halten, wie gezeigt, viele Psychologen bestimmte Arten der Logik für einen Generalschlüssel zur menschlichen Intelligenz, und viele Wirtschaftswissenschaftler sehen dies ebenso als Definition rationalen Handelns. So beschäftigt sich das Werk von Piaget mit der Entwicklung aller Erkenntnis, von der geistigen Entwicklung eines Kindes bis zur Geistesgeschichte der Menschheit. Für ihn war die Entwicklung der Intelligenz im Wesentlichen die Entwicklung logischer Strukturen, vom prälogischen Denken bis hin zur abstrakt-formalen Schlussfolgerung.[99] Das Ideal der Logik ist so tief in unserer Kultur verwurzelt, dass selbst Kritiker, die Piagets Behauptung für empirisch widerlegt halten, in der Logik dennoch den universellen Maßstab vernünftigen Denkens sehen. Wer diesem Maßstab nicht genügt, dem attestiert man kognitive Täuschungen wie etwa den Konjunktionsfehler. Generationen von Studenten der Sozialwissenschaften haben unterhaltsamen Vorlesungen gelauscht, in denen dargelegt wurde, wie dumm die restliche Menschheit sei, da sie ständig vom Pfad der Logik abweiche und sich im Nebel der Intuition verirre. Doch logische Normen sind blind für Inhalt und Kultur, lassen evolvierte Fähigkeiten und Umweltstrukturen außer Acht. Häufig erweist sich das, was vom rein logischen Standpunkt wie ein Denkfehler aussieht, in der wirklichen Welt als intelligentes soziales Urteil. Gute Intuitionen müssen über die vorliegende Information und damit auch über die Logik hinausgehen.

Teil II
Bauchentscheidungen in Aktion

Eine neue wissenschaftliche Wahrheit pflegt sich nicht in der Weise durchzusetzen, daß ihre Gegner überzeugt werden und sich als belehrt erklären, sondern vielmehr dadurch, daß die Gegner allmählich aussterben und daß die heranwachsende Generation von vornherein mit der Wahrheit vertraut gemacht ist.

Max Planck

Kapitel 7
Schon mal davon gehört?

Ein guter Name ist besser als große Reichtümer.

Cervantes

Es klingelte. Der Gastgeber eilte zur Tür, um die ersten Gäste zu begrüßen. Er öffnete und wandte sich an seine Frau. »Darf ich dich mit meinen neuen Kollegen Renate und Robert bekannt machen?« Dann, an seine Gäste gewandt: »Und dies ist meine liebe Frau, äh, äh, äh ...« Panik breitete sich auf seinem Gesicht aus, bis seine Frau ihm zu Hilfe kam. »Susanne«, sagte sie freundlich. Was für ein peinlicher Augenblick!

Wenn wir einen Namen zu lange auf der Zunge liegen haben, kann sich die Zeit qualvoll dehnen, besonders wenn es sich um einen nahen Verwandten handelt. Dabei könnte es noch schlimmer kommen. Das Problem, einen Namen *aus dem Gedächtnis abzurufen*, verstärkt sich, je älter wir werden, besonders wenn wir ein Y-Chromosom haben. Doch wenn der Ehemann den Namen seiner Frau oder ihr Gesicht nicht mehr *wiedererkennt*, liegt ein ganz anderer Sachverhalt vor. Der Mann würde als klinischer Fall eingestuft und vermutlich in ein psychiatrisches Krankenhaus eingewiesen werden. Das Wiedererkennungsgedächtnis ist am Anfang und am Ende unseres Lebens verlässlicher und von grundsätzlicherer Bedeutung als das Erinnerungsgedächtnis; es ist beispielsweise schwierig, individuelle Informationen über einen Menschen, den man nicht wiedererkennt, aus dem Gedächtnis abzurufen.[100] Das Wiedererkennungsgedächtnis ist eine evolvierte Fähigkeit, deren sich die Rekognitionsheuristik bedient. Wir haben oben bereits einen kurzen Blick auf sie geworfen. Jetzt wollen wir uns eingehender mit ihr beschäftigen.

Eine einzige Faustregel kann niemanden durch sein ganzes Leben geleiten. Doch die folgende Geschichte von einem jungen Mann namens Günther lässt erkennen, wie stark die bloße Wiedererkennung unsere Intuitionen und Emotionen im Alltag prägt.

Namen, Namen, Namen

Günther wurde in Gießen geboren, einer Stadt an der Lahn, wo er seine Jugend verbrachte. Kürzlich sollte er in London einen Preis für besondere Leistungen auf dem Gebiet der Krankenpflege entgegennehmen. Wenn er ins Ausland reist, beneidet er Menschen, die von sich sagen können, dass sie aus Berlin oder einer anderen Stadt kommen, die nicht die Frage »Woher?« provoziert. Die Ausbildung zum Krankenpfleger hatte er am Uniklinikum Gießen und Marburg gemacht, Teil der Universität, an der einst Wilhelm Conrad Röntgen lehrte. Wenn er das außerhalb Deutschlands erwähnt, erntet er in der Regel noch mehr verständnislose Blicke und fügt hinzu: »Der Erfinder der Röntgenbilder«, woraufhin seine Gesprächspartner immerhin sagen: »Ah, ja.« Selten versäumt er hinzuzufügen, dass Gießen ein Ort ist, wo Goethe mehrmals übernachtete. Darauf erhält er gewöhnlich die Antwort: »Goethe – toll! Aber hat der nicht überall übernachtet?« Egal, wie viel Goethe reiste, zumindest ist das ein Name, der erkannt wird und mit seiner Heimatstadt in Verbindung steht, wodurch er sich ein bisschen wichtiger vorkommt.

Im Flugzeug nach London saß Günther neben einer Frau in einem Chanel-Kostüm, die ihn fragte, womit er sich seinen Lebensunterhalt verdiene. Günther erwiderte, er arbeite am St.-Josefs-Krankenhaus in Gießen, und hoffte, der gute Ruf des Krankenhauses hätte sich schon bis zu ihr herumgesprochen. Im Laufe ihrer Unterhaltung berichtete er ihr, dass er in Aktien investiere, um das Studium seiner Tochter bezahlen zu können, dass er aber nie eine kaufen würde, von der er noch nie gehört habe. Er legt sehr großen Wert auf richtige Investitionen, denn er möchte, dass sein Kind später nach Harvard oder Yale geht. Seine dreijährige Tochter erkennt bereits Mickymaus und Käpt'n Blaubär. Sie liebt Disneyfilme und Big Macs. Wenn die Rede von Madonna und Michael Jackson ist, strahlt sie über das ganze Gesicht, obwohl sie von Musik noch keine Ahnung hat. Oft bettelt die Kleine, er solle ihr Spielzeug aus der Fernsehwerbung kaufen, und fürchtet sich vor Menschen, die sie noch nie gesehen hat. Am Abend vor seiner Abreise wurde sie krank. Daraufhin fuhr Günther sie zu einem Arzt, den sie kannten, statt zu einem, dessen Praxis sehr viel näher lag.

Nach seiner Ankunft in London erfuhr er, dass er zum Festbankett im Smoking erscheinen müsse. Er besaß keinen und hatte auch keine Ahnung, wo er einen bekommen konnte. Also schaute er im Internet unter »Londoner Schneider« nach, erkannte den Namen »Savile Row« und eilte zu der Adresse, um sich einen Smoking zu besorgen. Beim Abendempfang stand er verloren in einem großen Festsaal, ließ seinen Blick unbehaglich über die schwarzweiß gekleidete Menge wandern, verzweifelt auf der Suche nach einem vertrauten Gesicht. Mit einem Lächeln der Erleichterung bemerkte er schließlich die Frau aus dem Flugzeug. Günther erhielt den zweiten Preis und genoss seinen Aufenthalt in London, bis ihm am letzten Tag eines seiner Gepäckstücke gestohlen wurde. Um eine Beschreibung des Gepäckdiebs gebeten, vermochte er keine verlässlichen Angaben zu machen. Später auf dem Polizeirevier erkannte er den Mann jedoch auf den Fotos wieder. Günther war froh, als er wieder daheim in Gießen bei seiner Familie war. Neue Gesichter und Orte flößen ihm Unbehagen ein, vertraute dagegen vermitteln ihm ein Gefühl der Sicherheit, des Wohlbehagens und der Intimität.

Wiedererkennungsgedächtnis

Wiedererkennung ist die Fähigkeit, Unbekanntes von bereits Erlebtem, Altes von Neuem zu unterscheiden. Wiedererkennung *(Rekognition)* und Erinnerung *(Recall)* unterteilen unsere Welt in drei Gedächtniszustände. Wenn Besucher mein Büro betreten, gehören sie einer von drei Kategorien an: diejenigen, deren Gesichter ich nicht erkenne, diejenigen, deren Gesichter ich erkenne, aber von denen ich ansonsten nichts erinnere (*tartling* nennt man das in Schottland), und schließlich diejenigen, die ich erkenne und bei denen ich mich auch an andere Dinge erinnere. Allerdings ist das Widererkennungsgedächtnis nicht perfekt; ich kann ein falsches Déjà-vu-Gefühl haben oder mich nicht erinnern, jemanden schon einmal gesehen zu haben. Solche Fehler müssen jedoch nicht nachteilig sein, weil Vergessen, wie wir gleich sehen werden, der Rekognitionsheuristik zugutekommen kann.

Die Wiedererkennungsfähigkeit ist an die Struktur der Umwelt angepasst. Silbermöwen erkennen ihre geschlüpften Jungen wieder, um sie vor Gefahr retten zu können. Sie sind Bodenbrüter, daher können die Küken sich leicht vom eigenen Nest entfernen und von Nachbarn getötet werden. Aber sie erkennen ihre eigenen Eier nicht wieder und geben sich damit zufrieden, diejenigen anderer Möwen auszubrüten oder auch auf einer Holzattrappe zu hocken, die ihnen der Versuchsleiter untergeschoben hat.[101] Außer bei hinterlistigen Experimenten scheinen die Vögel die Fähigkeit, ihre Eier wiederzuerkennen, nicht zu brauchen, weil sie nicht so weit fortrollen, dass sie das Nest der nächsten ausgewachsenen Möwe erreichen. Fehlendes Wiedererkennungsvermögen kann auch in der Natur ausgenutzt werden. Der europäische Kuckuck macht sich die Unfähigkeit anderer Vögel zunutze, die eigenen Eier und Jungen wiederzuerkennen, und legt seine Eier in deren Nester. Die Wirtsvögel scheinen die Faustregel »Füttere jeden kleinen Vogel, der in deinem Nest sitzt« fest in ihrem Gehirn verdrahtet zu haben. In der Umwelt dieser Vögel, wo die Nester getrennt sind und die Jungen sich nicht zwischen den Nestern hin und her bewegen können, ist individuelles Wiedererkennen für die Brutpflege nicht erforderlich.

Im Gegensatz dazu haben Menschen eine ganz außerordentliche Fähigkeit zum Wiedererkennen von Gesichtern, Stimmen und Bildern. Wenn wir uns durch einen Strom von Geräuschen, Geschmäcken, Gerüchen und Tasterlebnissen bewegen – die einen neu, die anderen schon einmal wahrgenommen –, haben wir wenig Schwierigkeiten, die neuen von den alten zu unterscheiden. In einem bemerkenswerten Experiment zeigte man den Teilnehmern zehntausend Bilder je fünf Sekunden lang. Zwei Tage später erkannten sie achttausenddreihundert von ihnen wieder.[102] Bislang kann kein Computerprogramm Gesichter so gut erkennen wie ein Kind. Warum? Wie in Kapitel 4 erwähnt, gehören Menschen zu den wenigen Arten, bei denen *nichtverwandte* Individuen sich wechselseitig helfen – Güter tauschen, Verträge abschließen oder Organisationen bilden. Wären wir nicht in der Lage, Gesichter, Stimmen oder Namen zu erkennen, könnten wir nicht sagen, wem wir kürzlich begegnet sind, und uns folglich auch nicht daran erinnern, wer sich uns gegenüber fair verhalten und wer uns betrogen hat. Daher könnten auf Gegenseitigkeit beruhende soziale Verträge wie etwa »Ich teile heute mein Essen mit dir, und dafür revanchierst du dich morgen« nicht eingehalten werden.

Häufig bleibt das Wiedererkennungsgedächtnis intakt, wenn andere Gedächtnisarten, etwa das Erinnerungsgedächtnis, beeinträchtigt wurden. Ältere Menschen, die unter Gedächtnisverlust leiden, und Patienten mit bestimmten Gehirnschädigungen haben Schwierigkeiten anzugeben, was sie über ein Objekt wissen oder wo es ihnen begegnet ist. Doch häufig wissen sie (oder können in einer Weise handeln, die beweist), dass sie mit dem Objekt schon einmal zu tun gehabt haben. So verhielt es sich mit R., einem vierundfünfzigjährigen Polizisten, der eine so schwere Amnesie bekam, dass er Schwierigkeiten hatte, Menschen zu identifizieren, die er kannte, sogar wenn es sich um seine Frau und um seine Mutter handelte. Man könnte annehmen, er hätte sein Wiedererkennungsvermögen verloren. Doch in einem Test, in dem man ihm Fotografien von berühmten und nichtberühmten Menschen zeigte, konnte er die Prominenten ebenso genau bestimmen wie ein gesunder Mensch.[103] Seine Fähigkeit jedoch, sich an irgendetwas zu erinnern, was die erkannten Personen betraf, war beeinträchtigt. Da die Wiedererkennung auch dann noch erhalten bleibt, wenn alle anderen Gedächtnisfunktionen ausfallen, halte ich sie für einen fundamentalen psychologischen Mechanismus.

Wie die Eine-Million-Euro-Frage in Kapitel 1 zeigt, besteht der Zweck der Rekognitionsheuristik nicht darin, Objekte wiederzuerkennen, sondern Schlüsse über andere Zusammenhänge zu ziehen. Das wollen wir hier etwas genauer untersuchen.

Die Rekognitionsheuristik

Die Rekognitionsheuristik ist ein einfaches Werkzeug aus dem adaptiven Werkzeugkasten, das als Richtschnur für intuitive Urteile dient – für Schlussfolgerungen ebenso wie für persönliche Entscheidungen. Ein Urteil bezeichnet man als *Schlussfolgerung*, wenn es ein einzelnes, eindeutiges Kriterium dafür gibt, etwa ob der DAX in dieser Woche steigen wird oder ob ein bestimmter Spieler das Tennisturnier in Wimbledon gewinnen wird oder nicht. Schlussfolgerungen können richtig oder falsch sein, und sie können uns ein Vermögen einbringen oder kosten. Wenn es kein einzelnes, leicht zu bestätigendes Kriterium gibt, spricht man von einer *persönlichen Entscheidung* – zum Beispiel wenn es um die Wahl eines Kleids, eines Lebensstils oder eines Partners geht. Persönliche Entscheidungen sind eher eine Frage des Geschmacks als eine objektiver Richtigkeit, obwohl die Grenze zwischen beidem manchmal verschwimmt.

Schauen wir uns zunächst die persönlichen Entscheidungen an. Ein Wirtschaftsprofessor erzählte mir, dass er sich auf die Markenwiedererkennung verlässt, wenn er eine Stereoanlage kauft. Er verschwendet keine Zeit damit, Fachzeitschriften zurate zu ziehen, um sich über die Fülle an Stereogeräten zu informieren, die den Markt überschwemmen. Stattdessen berücksichtigt er nur Markennamen, von denen er gehört hat, wie zum Beispiel Sony. Seine Faustregel lautet:

> *Wenn du eine Stereoanlage kaufst, wähle eine Marke, die du wiedererkennst, und das zweitbilligste Gerät.*

Markenwiedererkennung schränkt die Wahl ein, und das Prinzip des zweitniedrigsten Preises wird hinzugefügt, um die endgültige Entscheidung zu treffen. Dem liegt die Überlegung zugrunde, dass bekannte Unternehmen wahrscheinlich gute Produkte herstellen. Seinen zweiten Schritt rechtfertigt der Professor damit, dass die Qualität der Stereotechnik ein Niveau erreicht hat, auf dem er keine Unterschiede mehr hört. Das Preisprinzip soll das billigste und möglicherweise unzuverlässigste Modell ausschließen, welches das Unternehmen für den Niedrigpreismarkt produziert. Diese Regel erspart ihm Zeit und bewahrt ihn vermutlich vor einem Reinfall.

Betrachten wir jetzt die Schlussfolgerungen. Die Rekognitionsheuristik kann genaue Schlüsse ziehen, wenn es eine nennenswerte Korrelation gibt zwischen Wiedererkennung und dem, was Sie wissen wollen. Aus Gründen der Einfachheit nehme ich an, dass die Korrelation positiv ist und es nur zwei Alternativen gibt:

> *Wenn du ein Objekt wiedererkennst, aber das andere nicht, ziehe den Schluss, dass das wiedererkannte Objekt einen höheren Wert hat.*

Ob die Korrelation positiv oder negativ ist, kann die Erfahrung lehren. Nennenswerte Korrelationen zwischen Namenswiedererkennung und Qualität liegen in Wettbewerbssituationen vor, etwa wenn es um den Wert von Unternehmen oder Sportmannschaften geht. Gibt es eine solche Korrelation, ist Unwissenheit informativ, das heißt, der Umstand, dass Sie noch nicht von einer Firma oder einem Team gehört haben, teilt Ihnen etwas über die zur Wahl stehenden Objekte mit. Eine einfache Methode, um zu messen, in welchem Maße Ihre Unwissenheit informativ ist, stellt Ihre *Rekognitionsvalidität dar.* Nehmen wir die sechzehn Begegnungen im Einzelwettbewerb der Herren der dritten Runde des Wimbledon-Turniers 2003:

Andy Roddick –
Tommy Robredo

Roger Federer –
Mardy Fish

Paradorn Srichaphan –
Rafael Nadal

Rainer Schüttler –
Todd Martin

Jonas Björkman –
Justin Gimelstob

Younes el Aynaoui –
Andre Agassi

Robin Soderling –
Tim Henman

Karol Kučera –
David Nalbandian

Radek Štěpánek –
Mark Philippoussis

Sargis Sargsian –
Juan Carlos Ferrero

Max Mirnyi – Ivo Karlović	Jarkko Nieminen – Olivier Rochus
Feliciano López – Flavio Saretta	Jiři Novák – Alexander Popp
Sjeng Schalken – Victor Hanescu	Wesley Moodie Sebastien Grosjean

Weder kann ein Experte, der alle Namen in dem Teilnehmerfeld wiedererkennt, noch jemand, der nie von einem dieser Spieler gehört hat, mithilfe der Rekognitionsheuristik auf den Gewinner schließen. Nur wenn Sie partiell unwissend sind, das heißt, wenn Sie von einigen, aber nicht allen Spielern schon einmal gehört haben, kann sie Ihren Intuitionen als Leitschnur dienen. Wenn Sie Ihre persönliche Rekognitionsvalidität bestimmen wollen, markieren Sie die Namen all der Tennisspieler, von denen Sie schon einmal gehört haben. Nehmen Sie dann die Paarungen, bei denen Sie schon vom einen, aber nicht vom anderen Spieler gehört haben. Zählen Sie die Fälle, in denen der Spieler, dessen Namen Sie wiedererkannt haben, das Match gewonnen hat (der Sieger ist in der linken Spalte immer als Erster und in der rechten Spalte immer als Zweiter aufgeführt). Teilen Sie diese Zahl durch die Zahl aller Paarungen, bei denen Sie einen, aber nicht beide Spieler wiedererkennen, und Sie erhalten Ihre Rekognitionsvalidität für dieses Spielerfeld. Wenn Sie beispielsweise nur Roddick, Federer, Schüttler, Agassi und Novák wiedererkennen, sagt die Rekognitionsheuristik die Ergebnisse in vier von fünf Fällen richtig voraus, das heißt, Ihre Rekognitionsvalidität beträgt 80 Prozent. Auf diese Faustregel gestützt, lägen Sie nur beim Spiel zwischen Novák und Popp falsch, obwohl Sie fast gar nichts wüssten. Am effektivsten können Sie die Rekognitionsheuristik anwenden, wenn Sie von der Hälfte der Spieler gehört haben, nicht mehr und nicht weniger. Liegt Ihre Rekognitionsvalidität über 50 Prozent, wohnt Ihrem Unwissen ein eigenes Wissen inne; Sie schneiden besser ab als der Zufall.

Wenn Sie dies auch in anderen Fällen testen wollen – hier die Formel:

Rekognitionsvalidität = Zahl der richtigen Schlüsse geteilt durch die Zahl der richtigen plus der falschen Schlüsse

Die Rekognitionsheuristik führt wie jede Faustregel nicht immer zur richtigen Antwort. Infolgedessen ist die Rekognitionsvalidität in der Regel kleiner als 100 Prozent.

Ihre Wiedererkennung hat nicht bei allen Problemen die gleiche Validität, sondern hängt von der Kategorie der Objekte ab (etwa den Teilnehmern des diesjährigen Herreneinzelwettbewerbs in Wimbledon) und der Art von Schlüssen, die zu ziehen sind (etwa wer gewinnen wird). Nehmen wir beispielsweise lebensbedrohliche Krankheiten und Infektionen. Als man die Teilnehmer einer Studie schlussfolgern ließ, welche von zwei Krankheiten, etwa Asthma oder Tularämie, häufiger sei, ermittelte man eine Rekognitionsvalidität von rund 60 Prozent.[104] Das heißt, die wiedererkannten Krankheiten waren in 60 Prozent der Fälle auch die verbreiteteren. Das ist besser als der Zufall, aber nicht so gut wie die Vorhersage der Sieger in Wimbledon, wo der Wert bei rund 70 Prozent liegt. Wenn wir erschließen wollen, welche von zwei ausländischen Städten mehr Einwohner hat, ist die Validität sogar noch höher, ungefähr bei 80 Prozent. In jedem Fall gibt es einen »Mediator«, welcher der breiten Öffentlichkeit die Namen von Krankheiten, Tennisspielern oder Städten zur Kenntnis bringt. Zu diesen Mechanismen gehören Zeitungen, Radio, Fernsehen und Mund-zu-Mund-Propaganda.

Abbildung 7.1 verdeutlicht, wie die Rekognitionsheuristik wirkt. Auf der rechten Seite sehen wir Personen mit eingeschränkter Namenswiedererkennung. Auf der linken Seite steht das, was sie zu schlussfolgern versuchen (*Qualität*), also zum Beispiel, wer einen sportlichen Wettkampf gewinnen wird, welche Stadt größer oder welches Produkt besser ist. Oben befindet sich ein Mediator der jeweiligen Umwelt, etwa Zeitungen. Die Qualität eines Spielers oder eines Produkts kann darin zum Ausdruck kommen, wie oft ihre Namen in der Presse erwähnt werden. In diesem Fall ist die *Wirkung der Qualität* hoch. So könnte ein Hersteller von Laufschuhen beschließen, hochwertige Schuhe zu fertigen, und darauf vertrauen, dass die Produktqualität zu einem ausgeprägten Profil

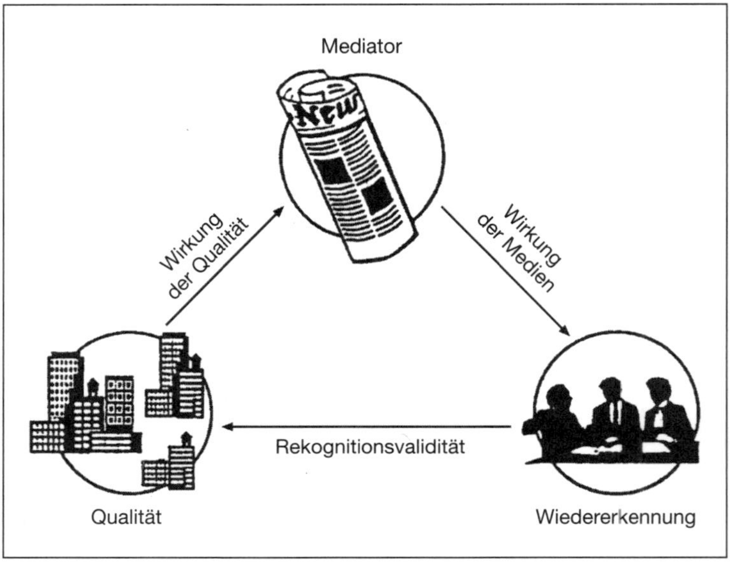

Abbildung 7.1: Wie funktioniert die Rekognitionsheuristik? *Wirkung der Qualität:* Hochwertige Objekte werden in den Medien häufiger erwähnt als minderwertige Objekte. *Wirkung der Medien:* Die Objekte, die häufiger genannt werden, werden auch häufiger wiedererkannt. *Rekognitionsvalidität:* Objekte, die häufiger wiedererkannt werden, sind daher auch häufiger von besserer Qualität (nach Goldstein und Gigerenzer 2002).

in den Medien führt. Je häufiger wiederum ein Name in Medienberichten auftaucht, desto wahrscheinlicher ist es, dass jemand den Namen schon einmal gehört hat, unabhängig von seiner tatsächlichen Qualität. Der Hersteller könnte sich aber auch mit einem mittelmäßigen Produkt zufriedengeben, direkt in Werbung investieren und sich darauf verlassen, dass die Leute das Produkt kaufen werden, weil sie davon gehört haben. Hier ist die *Wirkung der Medien* von Bedeutung. Dadurch wird das Dreieck kurzgeschlossen, was in der Tat viele Werbetreibende tun. Indem wir die Wirkung von Qualität und Medien messen, können wir vorhersagen, in welchen Situationen es informativ oder irreführend ist, sich auf die Namenswiedererkennung zu verlassen.

Soviel zur Theorie. Aber verlassen wir uns auch in der wirklichen Welt auf die Rekognitionsheuristik? Fangen wir mit Fußball an.

Der englische Football Association Cup

Die 1863 gegründete Football Association (FA) ist der führende Fußballverband Englands. Er vertritt mehr als eine Million Spieler in Zehntausenden von Vereinen und organisiert nationale Wettbewerbe. Der FA Cup ist der älteste Fußballwettbewerb der Welt und der größte Pokalwettbewerb englischer Fußballvereine. Die Begegnungen werden ausgelost, sodass häufig bekannte Klubs gegen weniger bekannte Vereine aus den unteren Spielklassen antreten. Betrachten Sie die folgende Spielpaarung aus der dritten Runde des FA Cup:

Manchester United gegen *Shrewsbury Town*

Wer wird gewinnen? In einer Untersuchung sagten vierundfünfzig britische Studenten und fünfzig türkische (in der Türkei lebende) Studenten die Ergebnisse von diesem und einunddreißig anderen Drittrundenspielen des FA Cup voraus.[105] Die britischen Teilnehmer wussten eine Menge über frühere Ergebnisse und die derzeitige Spielstärke der Mannschaften und konnten das Pro und Kontra abwägen, bevor sie schlussfolgerten, wer gewinnen würde. Die türkischen Teilnehmer wussten nur sehr wenig über (oder interessierten sich kaum für) englischen Fußball und beteuerten während der Untersuchung häufig ihre Unkenntnis. Trotzdem waren die türkischen Vorhersagen fast so genau wie die englischen (63 Prozent gegenüber 66 Prozent richtige Angaben). Der Grund für dieses gute Ergebnis lag darin, dass sich die türkischen Laien intuitiv in 95 Prozent der Fälle an die Rekognitionsheuristik hielten. Rufen wir uns ins Gedächtnis, dass ein Experte, der schon von allen Mannschaften gehört hat, die Rekognitionsheuristik nicht anwenden kann. Jemand, der nie von Shrewsbury Town, sondern nur von Manchester United gehört hat, kann rascher antworten, indem er sich auf seine partielle Unwissenheit verlässt.

Wie kollektive Intelligenz aus individueller Unwissenheit erwächst

Jedes Jahr schauen sich Millionen Zuschauer die Tennisspiele in Wimbledon an, eines der vier jährlich stattfindenden »Grand-Slam-Turniere« und das einzige, das auf Grasplätzen ausgetragen wird. 2003 traten im Herreneinzel hundertachtundzwanzig Spieler an. Wir haben bereits die Namen der zweiunddreißig Spieler kennen gelernt, die es in die dritte Runde schafften. Alle diese Spieler haben ihren Platz in den Weltranglisten der Association of Tennis Professionals (ATP) und den Setzlisten der Wimbledon-Experten. So kann man bei jedem der hundertsiebenundzwanzig Spiele vorhersagen, dass der Spieler, der höher eingestuft ist, das Spiel gewinnen wird. Tatsächlich sagten die beiden ATP-Ranglisten die Gewinner der Spiele zu 66 beziehungsweise 68 Prozent richtig vorher. Die Experten schnitten sogar ein wenig besser ab. Ihre Setzliste sagte das Ergebnis bei 69 Prozent der Spiele richtig voraus.

Wie beurteilen gewöhnliche Menschen intuitiv, wer gewinnen wird? In einer Untersuchung an Laien und Amateurspielern zeigte sich, dass die Befragten in 90 Prozent der Fälle, in denen sie von einem der Spieler, aber nicht vom anderen gehört hatten, der Rekognitionsheuristik folgten.[106] Die Amateure hatten die Namen von ungefähr der Hälfte der Spieler schon einmal gehört, während die Laien im Durchschnitt nur von vierzehn gehört hatten. Alle Spieler wurden nach der Häufigkeit, mit der diese Laien und Amateure von ihnen gehört hatten, in eine Rangliste gebracht, anschließend wurde vorhergesagt, dass der Spieler mit der höheren Namenswiedererkennung gewinnen würde. Diese Rangliste bezeichne ich als *kollektive Wiedererkennung*. Würden Sie Geld auf die kombinierte Unwissenheit von Leuten setzen, die noch nicht einmal von der Hälfte der Wimbledon-Teilnehmer gehört haben?

Die kollektive Wiedererkennung der Laien sagte die Ergebnisse von 66 Prozent der Spiele richtig vorher, ein Wert, der ebenso gut war wie die Zahl der Spiele, die von der ATP-Entry-Rangliste richtig vorausgesagt wurden. Die kollektive Wiederkennung der Amateur-

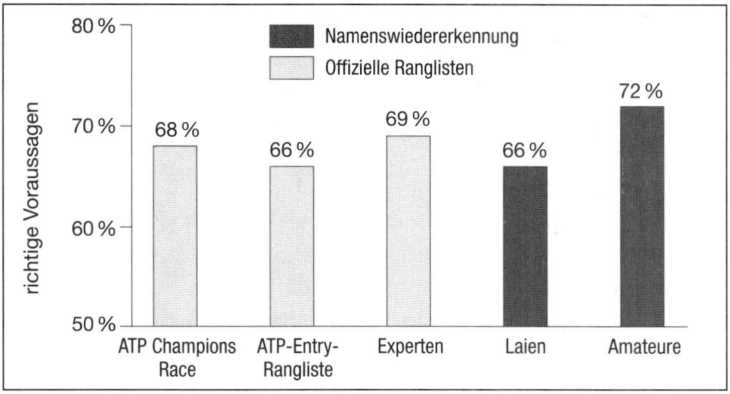

Abbildung 7.2: Wie sagt man die Ergebnisse im Herreneinzel des Wimbledon-Turniers 2003 voraus? Offizielle Messlatten sind (1) das Champions Race, die ATP-Rangliste der Tennisspieler für das laufende Kalenderjahr, (2) das Entry Ranking, die ATP-Rangliste für die letzten zweiundfünfzig Wochen und (3) die Setzliste, welche die Einschätzung der Wimbledon-Experten wiedergibt. Die Ergebnisse wurden auch per kollektiver Wiedererkennung von Laien vorhergesagt, die nur die Namen von einigen Spielern kannten, sowie von Amateurspielern, die nur die Hälfte des Teilnehmerfeldes wiedererkannten. Die kollektive Wiedererkennung partiell unwissender Befragter sagte die Ergebnisse genauso gut oder besser vorher als die drei offiziellen Ranglisten (Serwe und Frings 2006).

gruppe sagte die Ergebnisse von 72 Prozent der Spiele richtig vorher, womit sie besser abschnitt als jede der drei offiziellen Ranglisten (Abbildung 7.2). In einer Studie über das Wimbledon-Turnier 2005 wurden diese verblüffenden Ergebnisse wiederholt. Beide Untersuchungen zeigen, dass kollektive Intelligenz aus individueller Unwissenheit erwachsen kann und es ein nützliches Maß von Unwissenheit gibt, wo weniger Wissen mehr ist. Sie erklären uns jedoch nicht, wann und warum es sich so verhält.

Der Weniger-ist-mehr-Effekt

Fangen wir mit der kuriosen Geschichte an, wie wir den Weniger-ist-mehr-Effekt entdeckten – oder besser: über ihn stolperten. Wir überprüften eine ganz andere Theorie, für die wir zwei Kategorien von Fragen brauchten, leichte und schwere. Für die leichte Kategorie wählten wir hundert Fragen wie »Welche Stadt hat mehr Einwohner, München oder Dortmund?«, die wir per Zufallsverfahren aus Informationen über die fünfundsiebzig größten Städte Deutschlands auswählten.[107] Wir führten unsere Befragung an der Universität Salzburg durch, an der ich damals lehrte und deren Studenten viel über deutsche Städte wussten. Außerdem wählten wir hundert ähnliche Fragen über die fünfundsiebzig größten US-amerikanischen Städte – die schwierige Gruppe, wie wir meinten. Doch als wir die Ergebnisse anschauten, wollten wir unseren Augen nicht trauen (schließlich hatten wir Kapitel 1 dieses Buchs noch nicht gelesen). Die Antworten der Studenten zu den US-amerikanischen Städten waren sogar ein wenig häufiger korrekt als diejenigen zu den deutschen! Mir wollte nicht in den Kopf, dass Menschen Fragen über Dinge, die sie kaum kennen, ebenso richtig oder besser beantworten können als Fragen über Dinge, mit denen sie wohlvertraut sind.

In Salzburg gibt es ausgezeichnete Restaurants. An diesem Abend traf sich meine Forschungsgruppe in einem von ihnen, um das fehlgeschlagene Experiment zu betrauern. Vergeblich versuchten wir, das verwirrende Ergebnis zu verstehen. Schließlich kam uns die Einsicht. Wenn die Studenten wenig genug wussten, das heißt, wenn sie von einigen der US-amerikanischen Städte noch nicht einmal gehört hatten, verwendeten sie möglicherweise ihre Unwissenheit als Information. Bei den deutschen Städten war ihnen das nicht möglich. Man sagt, Forscher seien wie Schlafwandler, deren kreative Intuition sie zu geistigen Zielen führe, die sie vorher nie richtig im Blick gehabt hätten. Ich dagegen habe mich wie ein Schlafwandler angestellt, der die kreativen Möglichkeiten der Intuition nicht erkannt hat. Die Entdeckung kam durch einen glücklichen Zufall zustande: indem wir ein Ergebnis nicht fanden, dafür aber ein anderes, interessanteres.

Doch wie entsteht dieser Weniger-ist-mehr-Effekt? Betrachten wir drei Brüder, die sich an einer Schule in Bayern bewerben. Ein Lehrer prüft ihr Allgemeinwissen und beginnt mit Geografie. Er nennt zwei südostasiatische Länder, Thailand und Myanmar (Burma), und fragt, welches mehr Einwohner hat. Der jüngste Bruder antwortet zuerst. Er hat noch nicht einmal von Südostasien gehört, geschweige denn von den Ländern, daher rät er einfach. Der Schulleiter fragt ihn nach anderen Länderpaaren, doch der Jüngste bleibt auf Zufallsniveau und fällt durch. Jetzt ist der zweite Bruder an der Reihe. Im Gegensatz zum kleinen Bruder sieht er hin und wieder Fernsehnachrichten und hat schon von der Hälfte der südostasiatischen Länder gehört. Obwohl er zu raten meint, weil er nichts Genaues über die Länder weiß, die er wiedererkennt, beantwortet er zwei Drittel der Fragen richtig und wird angenommen. Schließlich wird der älteste Bruder geprüft. Er hat von allen Ländern gehört, obwohl er außer ihren Namen so gut wie nichts über sie weiß. Überraschenderweise bleibt er hinter den Leistungen des zweiten Bruders zurück.

Wie kommen diese Ergebnisse zustande? Der jüngste Bruder, der noch von keinem dieser Länder gehört hat, kann die Rekognitionsheuristik nicht anwenden und kommt über das Zufallsniveau nicht hinaus (Abbildung 7.3). Der älteste Bruder, der schon von allen Ländern gehört hat, kann sie auch nicht anwenden und bleibt mit seiner Leistung ebenfalls auf dem Zufallsniveau (50 Prozent). Nur der mittlere Bruder hat von einigen, aber nicht allen Ländern gehört und kann daher die Rekognitionsheuristik anwenden. Da ihm die Hälfte dieser Länder dem Namen nach bekannt ist, kann er die Heuristik am häufigsten anwenden und schneidet am besten ab. Er gibt 65 Prozent richtige Antworten. Warum? Die Rekognitionsvalidität beträgt 80 Prozent, ein typischer Wert. Die Hälfte der Zeit muss der mittlere Bruder raten, die andere Hälfte kann er die Heuristik anwenden. Das Raten führt zu 25 Prozent (der Hälfte der einen Hälfte), die Anwendung der Heuristik zu 40 Prozent richtigen Antworten (80 Prozent der anderen Hälfte). Zusammen sind das 65 Prozent – weit besser als der Zufall, obwohl er nichts über die Einwohnerzahlen weiß. Die Linie, welche die drei Brüder in der Grafik verbindet, zeigt, wie sie auf Zwischenstufen der Namenswiedererkennung abgeschnitten hätten. Auf der rechten Seite dieser

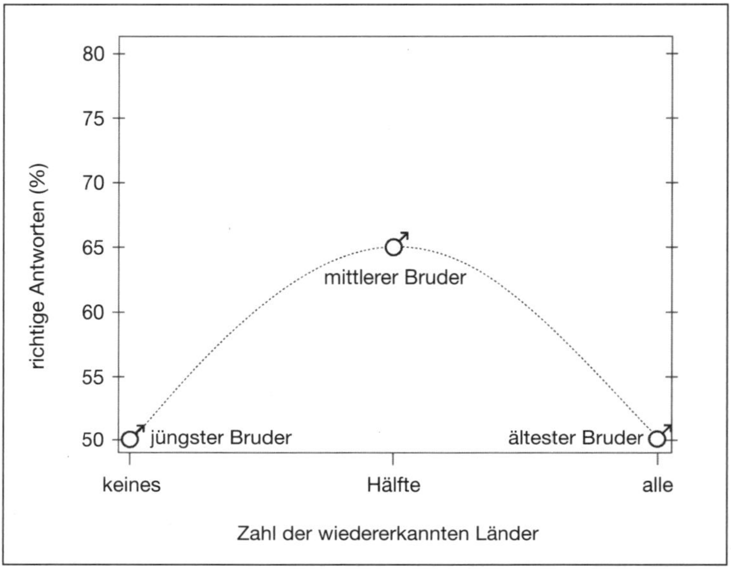

Abbildung 7.3: Der Weniger-ist-mehr-Effekt, demonstriert am Beispiel dreier Brüder, die gefragt werden, welches von zwei Ländern mehr Einwohner hat. Sie wissen nichts über die Länder, nur der mittlere Bruder hat von der Hälfte der Länder schon einmal die Namen gehört, während der ältere Bruder die Namen aller Länder kennt. Der jüngste beziehungsweise der älteste Bruder können sich nicht auf die Namenswiedererkennung verlassen, weil sie von keinem beziehungsweise jedem Land gehört haben. Daher entspricht ihre Leistung dem Zufallsniveau. Nur der mittlere Bruder kann auf die Namenswiedererkennung bauen, was seine Leistung verbessert, ohne dass er irgendwelche Fakten kennt.

Kurve ist ein Mehr-ist-weniger-Effekt erkennbar: Der Bruder, der alle Länder kennt, erzielt ein schlechteres Ergebnis.

Betrachten wir nun drei Schwestern, die sich an derselben Schule bewerben. Die beiden älteren verfügen über einige Kenntnisse, zum Beispiel darüber, dass Indonesien das Land mit den meisten Einwohnern in Südostasien ist. Dieses Zusatzwissen trägt ihnen 60 Prozent richtige Antworten ein (das heißt 10 Prozentpunkte mehr als der Zufall), wenn sie beide Länder wiedererkennen.[108] Der Lehrer unterzieht sie dem gleichen Test. Wie der jüngste Bruder hat auch die jüngste Schwester noch von keinem südostasiatischen Land gehört

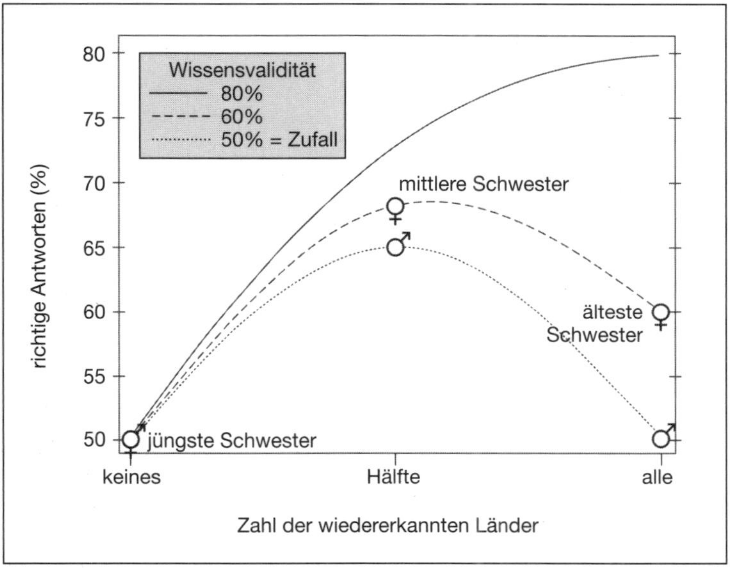

Abbildung 7.4: Der Weniger-ist-mehr-Effekt, wenn Menschen ein bisschen was wissen. Die älteste Schwester hat von allen Ländern gehört und kennt einige Fakten. Sie beantwortet 60 Prozent der Fragen richtig. Die mittlere Schwester hat von der Hälfte der Länder noch nichts gehört, kann sich daher auf die Namenswiedererkennung verlassen und beantwortet mehr Fragen richtig als die älteste Schwester. Dieser Weniger-ist-mehr-Effekt verschwindet erst, wenn die Wissensvalidität genauso groß ist wie die Rekognitionsvalidität.

und rät auf Zufallsniveau, während die älteste von allen gehört hat und jetzt 60 Prozent richtige Antworten gibt. Beide können die Rekognitionsheuristik nicht anwenden. Die mittlere Schwester, die von der Hälfte der Länder gehört hat, schneidet, ähnlich wie es sich bei den Brüdern verhielt, besser als die älteste ab (siehe Abbildung 7.4).

Folgt daraus, dass partielle Unwissenheit immer besser ist? Die obere Kurve in Abbildung 7.4 zeigt eine Situation, in welcher der Weniger-ist-mehr-Effekt verschwindet. Das ist der Fall, wenn die Validität des eigenen Wissens derjenigen der Wiedererkennung (Rekognition) gleicht oder sie übersteigt. In der oberen Kurve haben beide einen Wert von 80 Prozent. Das heißt, die Befragte weiß genug, um 80 Prozent der Fragen richtig zu beantworten, wenn sie beide Länder wiedererkennt, und ebenso 80 Prozent, wenn sie nur eines wiedererkennt.[109] Hier ist weniger nicht mehr.

Daniel Goldstein and ich haben nachgewiesen, dass ein Weniger-ist-mehr-Effekt in verschiedenen Situationen auftreten kann. Erstens kann er sich zwischen zwei Gruppen von Menschen zeigen, wenn eine kenntnisreichere Gruppe schlechtere Schlüsse zieht als eine Gruppe, die schlechter unterrichtet ist. Denken Sie an das Abschneiden der US-amerikanischen und deutschen Studenten auf die Frage, ob Detroit oder Milwaukee größer ist (Kapitel 1). Zweitens, ein Weniger-ist-mehr-Effekt kann auch zwischen Wissensbereichen auftreten, etwa wenn ein und dieselbe Gruppe größere Treffergenauigkeit in einem Bereich erzielt, in dem sie weniger weiß, als in einem Bereich, in dem sie viel weiß. Als man beispielsweise amerikanische Studenten nach den größten US-Städten (etwa New York und Chicago) sowie den größten deutschen Städten (beispielsweise Köln und Frankfurt) befragte, erreichten sie bei den eigenen Städten einen Mittelwert von 71 Prozent richtigen Antworten, bei den weniger vertrauten deutschen Städten dagegen von 73 Prozent.[110] Dieser Effekt trat ein, obwohl viele Amerikaner die Rangfolge der drei größten US-Städte bereits kannten und dabei gar keine Überlegungen anstellen mussten. Drittens kann sich ein Weniger-ist-mehr-Effekt beim Wissenserwerb zeigen, das heißt, wenn die Leistung eines Menschen zunächst ansteigt, aber dann wieder abnimmt. All das ist Ausdruck desselben allgemeinen Prinzips, mit dessen Hilfe wir verstehen, warum Tennisamateure bessere Vorhersagen treffen können als die offiziellen Weltranglisten der ATP und Wimbledon-Experten.

Wann hilft Vergessen?

Der gesunde Menschenverstand sagt uns, dass das Vergessen der Urteilsfähigkeit eigentlich im Wege sein müsste. Doch oben haben wir vom russischen Gedächtniskünstler Schereschewski gehört, dessen Gedächtnis so perfekt war, dass er Schwierigkeiten hatte, den Kern einer Geschichte zu erfassen. Psychologen haben eingehend untersucht, wie das Vergessen intuitive Urteile verbessern kann.[111]

Wenden wir uns noch einmal der ältesten Schwester zu, die alle Länder erkennt (Abbildung 7.4). Könnten wir sie auf der Kurve nach links in Richtung der mittleren Schwester bewegen, würde sie besser abschneiden. Wenn sie einige Länder vergäße, könnte sie die Rekognitionsheuristik häufiger anwenden. Zu viel Vergessen wäre allerdings nachteilig: Wenn sie zu weit nach links in Richtung der jüngeren Schwester rückte, würden ihre Ergebnisse wieder schlechter ausfallen.

Mit anderen Worten: Wenn die älteste Schwester nicht mehr jedes Land richtig erinnern kann, von dem sie jemals gehört hat, wirkt sich die Gedächtnisbeeinträchtigung zu ihrem Vorteil aus. Dieser Effekt stellt sich allerdings nur ein, wenn ihre Gedächtnisfehler systematisch, nicht zufällig sind, das heißt, wenn sie tendenziell die kleineren Länder vergisst. Ein nützliches Maß an Vergessen hängt auch, wie Abbildung 7.4 zeigt, vom Umfang des eigenen Wissens ab: Je mehr man weiß, desto weniger ist das Vergessen von Vorteil. Der älteste Bruder würde vom Vergessen stärker profitieren als die älteste Schwester. Folglich ist zu erwarten, dass wir umso weniger vergessen, je mehr wir über ein Thema wissen. Ist das Vergessen im Laufe der Evolution entstanden, um intuitive Urteile zu verbessern? Wir wissen es nicht. Allerdings beginnen wir langsam zu verstehen, dass kognitive Beschränkungen nicht einfach Schwächen sind, sondern unserer Urteilsfähigkeit zugutekommen können.

Wann soll man dem Unwissendsten folgen?

Wenden wir uns noch einmal der Gameshow in Kapitel 1 zu. Dieses Mal stellt der Moderator einer Dreiergruppe die Eine-Million-Euro-Frage: »Welche Stadt hat mehr Einwohner, Detroit oder Milwaukee?« Abermals ist sich niemand der Antwort gewiss. Wenn sich die Kandidaten untereinander uneins sind, sollte man meinen, dass die Mehrheit die Gruppenentscheidung bestimmt. Das bezeichnet man als *Mehrheitsregel.*[112] In einem Experiment entstand nun der folgende Konflikt: Zwei Gruppenmitglieder hatten von beiden Städten gehört und entschieden unabhängig voneinander, dass Milwaukee größer sei. Doch das dritte Gruppenmitglied kannte Milwaukee überhaupt nicht, nur Detroit, und gelangte daher zu dem Schluss, Detroit müsse größer sein. Auf was einigten sich die drei? Angesichts der Tatsache, dass zwei Mitglieder zumindest ein bisschen etwas über beide Städte wussten, könnte man annehmen, dass die Mehrheit ihren Willen durchsetzte. Überraschenderweise stimmte die Gruppe in mehr als der Hälfte aller Fälle (59 Prozent) für die Wahl des unwissendsten Mitglieds. Diese Zahl stieg auf 76 Prozent, wenn zwei Mitglieder sich nur auf Wiedererkennung verließen.[113]

Es mag seltsam erscheinen, dass Menschen ihre Antwort von der Person in ihrer Mitte bestimmen ließen, die am wenigsten wusste. Man kann aber beweisen, dass es sich um eine erfolgreiche Intuition handelt, wenn die Rekognitionsvalidität größer als die Wissensvalidität ist, was für die Teilnehmer an diesem Experiment galt. Folglich erhöht die scheinbar irrationale Entscheidung, dem unwissendsten Gruppenmitglied zu folgen, den Erfolg der Gruppe. Die Untersuchung zeigte auch einen Weniger-ist-mehr-Effekt in Gruppen. Wenn zwei Gruppen im Durchschnitt das gleiche Maß an Wiedererkennung und Wissen haben, gab die Gruppe, die *weniger* Städte erkannte, in der Regel *mehr* richtige Antworten. So erkannten die Mitglieder der einen Gruppe im Durchschnitt nur 60 Prozent der Städte, die in einer zweiten Gruppe 80 Prozent; doch die erste Gruppe hatte von hundert Fragen dreiundachtzig richtig beantwortet, während die zweite es nur auf fünfundsiebzig richtige Antworten brachte. Intuitiv schienen die Gruppenmitglieder dem Wert der Wiedererkennung zu vertrauen, was die Zahl der richtigen Antworten erhöhen und zum erwartungswidrigen Weniger-ist-mehr-Effekt führen kann.

Wie bewusst war die Gruppenentscheidung, der Weisheit der Unwissenheit zu vertrauen? Die Gruppendiskussionen, die auf Videoband aufgezeichnet wurden, zeigen, dass in einigen wenigen Fällen die am schlechtesten unterrichteten Gruppenmitglieder die Auffassung vorbrachten, eine bestimmte Stadt müsse kleiner sein, weil sie noch nicht von ihr gehört hätten, und die anderen sich konkret dazu äußerten. Doch in den meisten Fällen wurde es in den Diskussionen nicht zur Sprache gebracht. Interessant ist jedoch, dass Teilnehmer, die sich auf die Rekognitionsheuristik stützten, Blitzentscheidungen trafen und damit Gruppenmitglieder beeindruckten, die mehr wussten und Zeit brauchten, um zu überlegen.

Nach Markennamen einkaufen

Beim Lesen von Zeitschriften oder beim Fernsehen wird Ihnen aufgefallen sein, dass ein Großteil der Werbung nichtinformativ ist. Die berüchtigte Benetton-Werbung beispielsweise präsentierte lediglich den Markennamen zusammen mit schockierenden Bildern – unter anderem Leichen in einer riesigen Blutlache und sterbende Aids-Patienten. Warum investieren Firmen in Werbung solcher Art? Die Antwort lautet: um den Wiedererkennungswert des Markennamens zu verbessern – was wichtig ist, weil sich Verbraucher auf die Rekognitionsheuristik verlassen. Oliviero Toscani, Designer und Verantwortlicher der Benetton-Kampagne, wies darauf hin, dass die Anzeigen Benetton an Chanel vorbei unter die fünf bekanntesten Markennamen der Welt katapultiert und sich Benettons Absatz verzehnfacht habe.[114] Würden sich die Menschen bei Konsumentscheidungen nicht an Markennamen orientieren, bliebe die nichtinformierende Werbung wirkungslos und wäre überflüssig.

Die Wirkung von Markennamen betrifft auch Lebensmittel. In einem Experiment hatten die Teilnehmer die Wahl zwischen drei Gläsern Erdnussbutter.[115] In einem Vortest wurde eine Marke in der Qualität höher eingestuft, die Teilnehmer konnten das hochwertigere Produkt bei einem Blindversuch in 59 Prozent der Fälle bestimmen (also deutlich über dem Zufallsniveau, das bei 33 Prozent lag). Bei einer anderen Versuchsgruppe klebten die Versuchsleiter Etikette auf die Gläser. Eines war eine landesweit bekannte Marke, die stark beworben und von allen Teilnehmern erkannt wurde. Von den anderen beiden Marken hatten sie noch nie gehört. Dann füllten die Versuchsleiter die höherwertige Erdnussbutter in eines der mit den unbekannten Namen etikettierten Gläser. Wählten die Teilnehmer auch jetzt noch die besser schmeckende Erdnussbutter? Nein. Dieses Mal entschieden sich 73 Prozent für das minderwertigere Produkt mit dem Etikett der wiedererkannten Marke, und nur 20 Prozent wählten das höherwertige Produkt (Abbildung 7.5). Die Namenswiedererkennung war einflussreicher als die Geschmackswahrnehmung. In einem zweiten Geschmackstest füllten die Versuchsleiter exakt die gleiche Erdnussbutter in alle drei Glä-

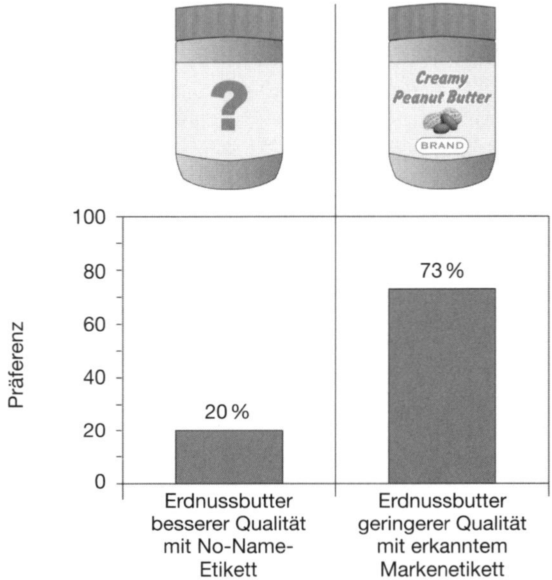

Abbildung 7.5: Markennamen schmecken besser. In einem Geschmackstest wurden Menschen aufgefordert, hochwertige Erdnussbutter, die man in ein Glas mit einem No-Name-Etikett gefüllt hatte, mit einer minderwertigen Erdnussbutter im Glas einer landesweit bekannten Marke zu vergleichen (Hoyer und Brown 1990).

ser, klebten auf zwei Gläser Etiketten unbekannter Marken und auf eines das Etikett einer bekannten Marke. In diesem Fall wählten 75 Prozent der Teilnehmer das Glas mit der erkannten Marke, obwohl es den gleichen Inhalt hatte wie die beiden anderen Gläser (Abbildung 7.6). Auch die Auszeichnung einer Marke mit einem höheren Preis wirkte sich nicht sonderlich aus. Geschmack und Preis waren im Vergleich zum Einfluss der Rekognitionsheuristik nur von geringer Bedeutung.

Sich auf die Wiedererkennung von Markennamen zu verlassen ist dann sinnvoll, wenn eine Firma zunächst die Produktqualität erhöht und wenn die verbesserte Qualität dann die Namenswiedererkennung durch Mund-zu-Mund-Propaganda oder die Medien verstärkt. Diese Konstellation ist in Abbildung 7.1 wiedergegeben, wo die Konsumenten rechts, die Produktqualität links, die Medien

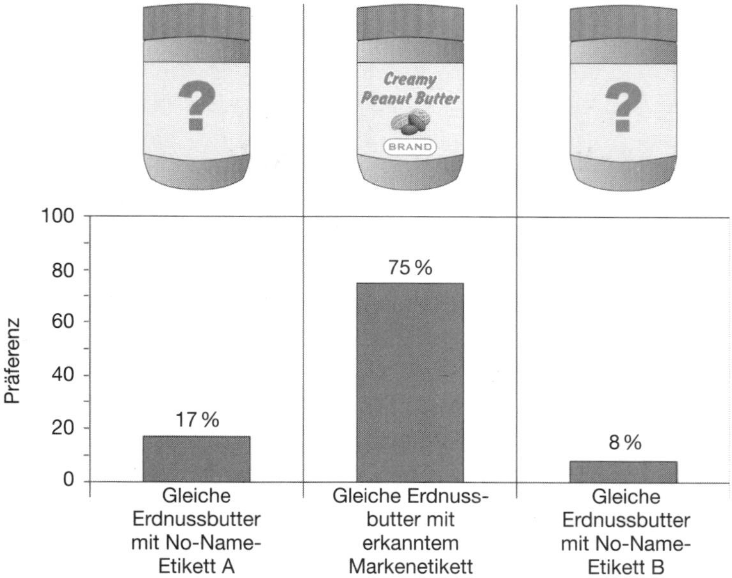

Abbildung 7.6: Wiedererkennung von Markennamen motiviert Konsumentscheidungen. In einem anderen Geschmackstest befand sich die gleiche Erdnussbutter in drei verschiedenen Gläsern, eines davon mit dem Etikett einer landesweit bekannten Marke versehen (Hoyer und Brown 1990).

oben angeordnet sind und eine starke Korrelation zwischen Produktqualität und Medienpräsenz zu erkennen ist. Nicht informierende Werbung schließt diesen Prozess jedoch kurz. Unternehmen geben gewaltige Summen aus, um den Bekanntheitsgrad ihres Markennamens in den Medien direkt zu erhöhen. Der Wettbewerb um den Raum im Wiedererkennungsgedächtnis der Verbraucher kann das Interesse an der Verbesserung des Produkts selbst behindern oder mit ihm in Widerstreit treten. In diesem Fall kann die Korrelation zwischen Qualität und Medienpräsenz bei null liegen.

Wenn Verbraucher den Unterschied zwischen Konkurrenzprodukten nur noch bestimmen können, indem sie aufs Etikett schauen, werden Wiedererkennung von Markennamen und Image zum Ersatz für echte Produktpräferenzen. Viele Biertrinker haben eine Lieblingsmarke und behaupten, sie schmecke besser als andere.

Sie beschwören, dass sie mehr Aroma, mehr Körper, weniger Bitterstoffe und genau den richtigen Kohlensäuregehalt habe. Einige Konsumtheorien nehmen solche geäußerten Vorlieben für bare Münze und ziehen daraus den Schluss, dass mehr Optionen wünschenswert seien, damit jeder Konsument das Produkt seiner Wahl finden könne. Doch blinde Geschmackstests haben wiederholt gezeigt, dass Konsumenten nicht in der Lage waren, ihre Lieblingsmarke zu identifizieren. Rund dreihundert zufällig ausgewählten amerikanischen Biertrinkern (die Bier mindestens dreimal die Woche tranken) gab man fünf landesweit und regional vertriebene Biermarken zum Probieren.[116] Die Biertrinker schrieben »ihren« Marken bessere Eigenschaften als anderen Marken zu, solange das Etikett auf der Flasche klebte. Wurde es jedoch abgenommen, und der Test war »blind«, stufte *keine* der Gruppen, die eine bestimmte Marke bevorzugten, ihr Bier noch als überlegen ein.

Wenn Verbraucher Konkurrenzmarken nur dem Namen nach unterscheiden können, lässt sich die Theorie, dass mehr Wahlmöglichkeiten immer besser seien, kaum rechtfertigen. Firmen, die ihr Geld dafür ausgeben, Raum in Ihrem Wiedererkennungsgedächtnis zu kaufen, wissen das längst. Ganz ähnlich verfahren Politiker, die für ihren Namen und ihr Gesicht werben und nicht für ihr Programm, sowie Möchtegern-Promis und sogar kleine Nationen – ganz nach dem Prinzip: Wer unseren Namen nicht erkennt, wird uns auch nicht bevorzugen. Im Extremfall wird der Name sogar zum Ziel an sich.

Wissen wir, wann wir dem Bekannten vertrauen können?

Die effektive Anwendung der Rekognitionsheuristik hängt von zwei Prozessen ab, *Wiedererkennung* und *Evaluation*. Der erste fragt: »Erkenne ich diese Alternative wieder?«, und bestimmt, ob diese Heuristik angewendet werden kann. Der zweite fragt: »Soll ich mich auf die Wiedererkennung verlassen?«, und bewertet (evaluiert), ob sie für die vorliegende Situation eingesetzt werden sollte. Beispielsweise widerstrebt es den meisten Menschen, unbekannte Pilze, auf die wir beim Waldspaziergang stoßen, zu sammeln und zu essen. Doch wenn wir die gleichen Pilze in einem guten Restaurant auf dem Teller finden, werden wir sie wahrscheinlich ohne Zögern verspeisen. Im Wald halten wir uns an die Rekognitionsheuristik: Wenn wir den Pilz nicht kennen, könnte er giftig sein. Im Restaurant wenden wir sie nicht an, weil das Unbekannte in dieser Umwelt gewöhnlich gefahrlos ist. Dieser Evaluationsprozess ist nicht immer bewusst. Menschen »wissen« intuitiv, wann ein Mangel an Wiedererkennung einen Mangel an Sicherheit bedeutet.

In automatischen (reflexartigen) Faustregeln ist der Evaluationsprozess nicht enthalten. Dagegen ist die Rekognitionsheuristik flexibel und kann bewusst unterdrückt werden. Wie der Evaluationsprozess arbeitet, wissen wir noch nicht, doch wir haben einige Hinweise. Ein Aspekt dieses Prozesses scheint die Frage zu sein, ob wir verlässliches Wissen über das, was wir wissen möchten, abrufen können. Als man etwa Mitglieder der Stanford University fragte, ob Sausalito (eine Kleinstadt unmittelbar nördlich der Golden-Gate-Brücke mit lediglich siebentausendfünfhundert Einwohnern) oder Heingjing (ein erfundener Name, der sich nach einer chinesischen Stadt anhört) mehr Einwohner habe, verließen sich die meisten nicht mehr auf die Namenswiedererkennung. Da sie mit Sicherheit wussten, dass die Ortschaft nebenan klein ist, nahmen sie an, es müsse Heingjing sein.[117] Der Ursprung der Wiedererkennung scheint ein weiterer Aspekt zu sein, der dem Evaluationsprozess unterzogen wird. In derselben Studie wurden die Teilnehmer gefragt, ob Tschernobyl oder Heingjing größer sei, und nur wenige entschieden sich für Tschernobyl, das vor allem durch den Kernkraftunfall bekannt war, was nichts mit seiner Größe zu tun hat. Sich in solchen Fällen nicht auf die Namenswiedererkennung zu verlassen, ist eine adaptive und intelligente Reaktion, außer in dieser Untersuchung, bei der der Versuchsleiter die Teilnehmer täuschte, indem er eine Stadt heranzog, die es gar nicht gibt.

Gibt es ein neuronales Korrelat des Evaluationsprozesses?

Ich habe die Ansicht vertreten, dass die Rekognitionsheuristik flexibel angewendet wird. Das heißt, das Gehirn evaluiert, ob sie in einer gegebenen Situation zum Einsatz kommen soll. Diese Art der Evaluation bezeichne ich als Intelligenz des Unbewussten. Wenn ein solcher Evaluationsprozess existiert, müsste er von den Wiedererkennungsprozessen getrennt sein. Daher sollten sich deutlich lokalisierte neuronale Aktivitäten im Gehirn nachweisen lassen, wenn Menschen sich für oder wider eine Heuristik entscheiden. In einer Studie mit bildgebenden Verfahren (funktionelle Kernspintomografie oder fMRI) präsentierten wir Teilnehmern Städtepaare aus Kanada, England, Frankreich, Holland, Italien, Spanien und den USA, während sie dem Hirnscan unterzogen wurden.[118] Die Aufgabe einer Gruppe bestand darin, bei jedem Paar die Stadt mit der größeren Einwohnerzahl anzugeben; die andere Gruppe sollte einfach nur sagen, von welchen Städten sie schon einmal gehört hatte. Dabei umfasste die erste Aufgabe einen Evaluationsprozess, während die zweite nur das Wiedererkennungsgedächtnis ansprach.

Haben die Hirnscans ein neuronales Korrelat dieses Evaluationsprozesses nahegelegt? Eine solche Aktivität muss sehr spezifisch sein. Das heißt, die besondere Gehirnaktivität müsste zu beobachten sein, falls die Teilnehmer in der ersten Gruppe die Rekognitionsheuristik anwendeten, und fehlen, wenn die Teilnehmer der zweiten Gruppe einfach nur angaben, ob sie eine Stadt erkannten oder nicht. Unsere Untersuchung ließ eine spezifische Aktivität im vorderen frontomedianen Kortex (Abbildung 7.7) der ersten, aber nicht der zweiten Gruppe erkennen. Die Lokalisierung der Aktivität lässt darauf schließen, dass der Prozess nicht impulsiv ist, sondern auf unbewusster Intelligenz beruht. Strittig ist noch immer, was dieser Teil des Gehirns tatsächlich für uns leistet, obwohl bereits die Ansicht geäußert wurde, er nehme Evaluationsfunktionen wahr, kontrolliere Fehler und schlichte Reaktionskonflikte. Seine spezifische Aktivität lässt darauf schließen, dass es tatsächlich ein neuronales Korrelat des Evaluationsprozesses gibt, das heißt der Intelligenz des Unbewussten.

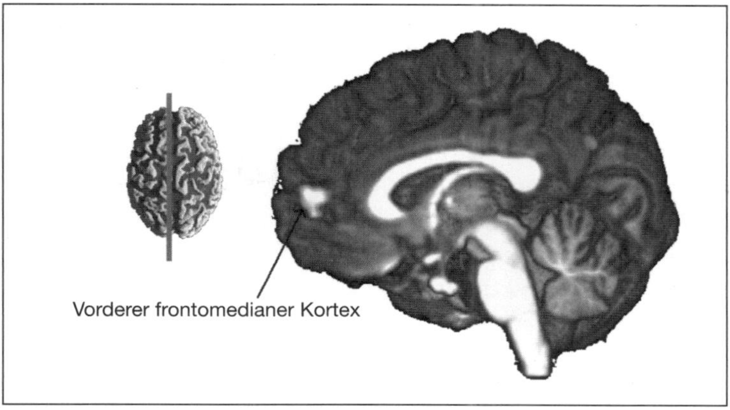

Abbildung 7.7: Neuronales Korrelat des Evaluationsprozesses. Wenn Testpersonen entscheiden, ob sie sich auf die Rekognitionsheuristik verlassen sollen, lässt sich im vorderen frontomedianen Kortex eine spezifische neuronale Aktivität beobachten.

Wo ist mein Steak?

Keine Konzerthalle kann sich ein Programm erlauben, das sich ständig über die Sehnsucht nach dem Bekannten hinwegsetzt. Mit Begeisterung hört sich das breite Publikum immer und immer wieder die gleiche Musik an: *La Traviata* füllt Häuser, in denen unbekannte Opern vor gähnend leeren Rängen gespielt werden. Diese Vorliebe für Vertrautes kann mit dem Wunsch nach Abwechslung in Konflikt geraten. 2003 waren die Berliner Philharmoniker mit ihrem Chefdirigenten Sir Simon Rattle auf Konzerttournee in den USA. Damals galt das Berliner Orchester wohl als das beste der Welt. In New York spielten sie Debussys Orchesterwerk *La Mer*, das vielen Besuchern unbekannt war. Hören wir dazu Rattle:[119]

> »Bei der New Yorker Aufführung von Debussys *La Mer* saß die Hälfte des Publikums mit verschränkten Armen und abweisender Mimik da. Es war gekommen, weil es ein Porterhouse Steak wollte, stattdessen servierten wir ihnen eine unbekannte Speise. Die andere Hälfte des Publikums spitzte die Ohren, aber diese eine Hälfte blieb ungläubig bis zum Schluss. Wo ist mein

Steak?, fragten sie sich. Es wäre falsch, dem nachzugeben und kulinarische Bedürfnisse zu befriedigen.«

Hier misstraute das Publikum dem musikalischen Geschmack eines der besten Dirigenten der Welt und folgte der Intuition »Wir kennen es nicht, daher mögen wir es nicht.« Simon Rattle, der Konzerthallen allein mit seinem Namen füllt, kann es sich erlauben, die beschränkten Musikkenntnisse des Publikums zu missachten, doch weniger bekannte Musiker und Orchester sind selten in dieser glücklichen Lage.

Es gibt subtilere Möglichkeiten, die Abneigung gegen Neues zu überwinden. Der französische Ökonom und Staatsmann Turgot im 18. Jahrhundert war ein Reformer. Es heißt, er habe die Kartoffel in Frankreich einführen wollen, doch die Bauern hätten sich gegen das unbekannte Nahrungsmittel gesträubt. Da ließ sich Turgot eine List einfallen. Er verfügte, dass nur staatliche Versuchsbetriebe Kartoffeln anbauen dürften. Augenblicklich protestierten die Bauern und forderten das Privileg ein, die neue Ackerfrucht auch anpflanzen zu dürfen. Hier wurde die Abneigung gegen Neues durch ein konkurrierendes soziales Motiv übertrumpft: »Wenn jemand anderer es hat, will ich es auch.« Der Impuls, nach dem Bekannten zu greifen, lässt sich also auf unterschiedliche Weise überwinden. Ein Dirigent wie Rattle kann sich einfach darüber hinwegsetzen, wenn auch nicht ständig, und ein Politiker wie Turgot erzeugte einen Konflikt zwischen der Abneigung gegen Neues und Neid. Trotzdem ist in einer Vielzahl von Fällen die Bauchentscheidung, »sich an das zu halten, was man kennt«, eine nützliche Richtschnur im Leben. Die effektive Anwendung hängt von zwei Prozessen ab, *Wiedererkennung* und *Evaluation*. Der erste entscheidet, ob sich die einfache Regel anwenden lässt, der zweite, ob sie angewendet werden sollte. Meist halten wir uns intuitiv an die Rekognitionsheuristik, wenn sie angemessen ist. Die kollektive Intelligenz, die auf individuellem Unwissen beruht, kann sogar Expertenwissen übertreffen.

Kapitel 8
Ein einziger guter Grund reicht

Ein Mann kann klein und dick und kahlköpfig sein – wenn er feurig ist, mögen ihn die Frauen.

Mae West

Wer würde sich bei einer wichtigen Entscheidung auf einen einzigen Grund verlassen? Wenn etwas die Lehren von Rationalität einigt, dann die These, dass man alle relevanten Informationen sammeln, abwägen und zusammenrechnen müsse, um zu einem endgültigen Urteil zu gelangen. Doch unter Missachtung aller offiziellen Ratschläge stützen wir unsere intuitiven Urteile oft auf einen einzigen guten Grund (*One-Reason Decision Making*).[120] Diese Entscheidungsstrategie nutzen auch viele Werbekampagnen aus. Was tat McDonald's, als Burger King und Wendy's ihm den Spitzenplatz auf der Bekanntheitsskala streitig machten? Das Unternehmen startete eine Kampagne, die den einen guten Grund herausstellte, sich für McDonald's zu entscheiden: »So leicht ist es, gute Eltern zu sein.« Ein interner Rundbrief erläuterte die zugrunde liegende Psychologie: Eltern möchten von ihren Kindern geliebt werden – die Kinder zu McDonald's auszuführen scheint diesen Zweck zu erfüllen, und sie können sich als gute Eltern fühlen.[121] Könnten nicht ein paar mehr Gründe überzeugender sein? Nach einer Redensart ist einem Menschen nicht zu trauen, der zu viele gute Entschuldigungen hat.

Im vorliegenden Kapitel möchte ich mich mit intuitiven Urteilen beschäftigen, die auf dem Erinnerungsgedächtnis basieren. Erinnerung (*Recall*) geht über die bloße Wiedererkennung *(Rekognition)* hinaus; sie ruft Episoden, Fakten oder Gründe aus dem Gedächtnis ab. Mit dem Wort *Gründe* bezeichne ich Hinweisreize oder Signale, die uns helfen, eine Entscheidung zu treffen. Schauen wir uns zunächst einmal an, wie sich im Laufe der Evolution mentale Prozesse und soziale Umwelten durchgesetzt haben, die sich auf *einen* guten Grund verlassen.

Die eindimensionale Partnerwahl

Sexuelle Selektion

Bei den meisten Paradiesvogelarten präsentieren sich die Männchen in ihrem farbenfrohen Federkleid, und die schlichten Weibchen treffen ihre Wahl. Die Männchen versammeln sich an Balzplätzen, an denen sich mehrere von ihnen aufgereiht oder zu Gruppen angeordnet einfinden und ihr Balzverhalten zeigen, während die Weibchen von Bewerber zu Bewerber wandern und sie unter die Lupe nehmen. Wie treffen die Weibchen ihre Wahl? Die meisten scheinen sich auf einen einzigen Grund zu verlassen:

> *Schau dir einige Männchen an, und nimm jenes mit dem längsten Prachtgefieder.*

Ein Männchen nur aus einem einzigen Grund zu wählen, mag merkwürdig klingen, doch es gibt zwei Theorien, die dieses Verhalten erklären.[122] Die erste ist Darwins Theorie der sexuellen Selektion, die von dem Statistiker Ronald A. Fisher überarbeitet wurde. Danach hatten die Weibchen ursprünglich eine leichte Präferenz für etwas längere Prachtgefieder, vielleicht weil das Männchen damit beweglicher war und besser fliegen konnte. Wenn es einen genetischen Anteil der natürlichen Variation der Gefiederlänge gibt, kann eine *Eigendynamik (Runaway Selection)* ausgelöst werden, die immer längere Prachtgefieder hervorbringt. Jedes Weibchen, das von der Regel abwiche und ein kurzgefiedertes Männchen wählte, würde bestraft werden, denn wenn es keine langgefiederten Söhne hervorbrächte, würden diese kaum eine Chance haben, als attraktiv angesehen zu werden und sich fortzupflanzen. Folglich wurden die Prachtgefieder im Laufe der Generationen immer länger und schließlich von der großen Masse der Weibchen als attraktiv wahrgenommen. Auf diese Weise kann der Prozess der sexuellen Selektion das Prinzip des einen guten Grundes im Gehirn von Tieren verankern und eine Umwelt voll langer Prachtgefieder, bunter Farben und anderer extravaganter sekundärer Geschlechtsmerkmale hervorbringen.

Darwin hielt zwei Mechanismen für die Ausbildung der prunkvollen männlichen Merkmale verantwortlich. Der erste war die Konkurrenz zwischen den Männchen, die zur Entwicklung von Waffen wie Hirschgeweihen und Antilopenhörnern führte. Doch die Kämpfe zwischen den Männchen konnten die Entstehung des Pfauengefieders nicht erklären; daher schlug Darwin einen zweiten Mechanismus vor, den Einfluss der weiblichen Wahl. Er glaubte, die Weibchen besäßen ein natürliches Schönheitsempfinden und würden von den prächtigen Merkmalen der Männchen erregt.

Darwins Theorie der sexuellen Selektion wurde fast hundert Jahre lang vollkommen ignoriert.[123] Seine männlichen Zeitgenossen mochten nicht so recht daran glauben, dass Vögel oder Rotwild Schönheitsempfinden besitzen, und noch weniger, dass der weibliche Geschmack die Evolution von männlichen Körpermerkmalen beeinflussen könnte. Männer aus Darwins Umkreis, etwa Thomas Henry Huxley, »Darwins Bulldogge«, wollten ihn überreden, die Theorie der sexuellen Selektion aufzugeben.[124] Heute ist diese Theorie ein florierendes Forschungsfeld der Biologie, und es wäre interessant zu wissen, ob ihre Akzeptanz durch die wachsende öffentliche Bedeutung der Frauen in den westlichen Gesellschaften gefördert wurde. Doch wir fangen erst an, den Zusammenhang zwischen sexueller Selektion und Entscheidungsprozessen zu verstehen. Wie die Theorie der sexuellen Selektion in der Biologie lange Zeit abgelehnt wurde, so ist die Theorie, dass das Verlassen auf einen einzigen guten Grund eine praktikable Strategie ist, in der Entscheidungstheorie noch umstritten. Doch es besteht Anlass zur Hoffnung, da die Wissenschaft selbst einem Entwicklungsprozess unterworfen ist.

Die zweite Theorie, die das Prachtgefieder des Paradiesvogels und ähnliche Merkmale erklärt, ist Amotz Zahavis *Handicap-Prinzip*. Während sich nach der Theorie von der Eigendynamik der sexuellen Selektion das Männchen in guter Verfassung befinden kann oder auch nicht (und mit der einseitigen Betonung der Gefiederlänge wählt das Weibchen nicht mehr nach Qualitätskriterien), ist es laut Handicap-Prinzip tatsächlich in guter Verfassung. Danach haben sich die Prachtgefieder von Paradiesvögeln oder Pfauen eben deshalb entwickelt, weil sie Behinderungen sind. Die männlichen Vögel präsentieren ihr Prachtgefieder, weil es beweist, dass sie trotz dessen überleben können. Gemäß dieser Theorie ist der eine gute Grund – das große Handicap – wahrhaftig ein guter Grund. Nach der Theorie der Eigendynamik ist der eine gute Grund ein trügerischer, ein ursprünglich guter Grund, der aus dem Ruder gelaufen ist. Trotz unterschiedlicher Interpretationen erklären beide Theorien, wie sich Ein-Grund-Entscheidungen durchsetzen können.

Auch das Handicap-Prinzip wurde von der Wissenschaft zunächst einhellig abgelehnt. Erst 1990 wurde das Verdammungsurteil aufgehoben.[125] Um diese Zeit ließen Experimente an Pfauen (die sich ebenfalls an Balzplätzen versammeln, wo sie ihre prunkvollen Gefieder den anwesenden Weibchen präsentieren) darauf schließen, dass sich auch Pfauhennen bei ihrer Wahl auf einen einzigen Grund verlassen. Der einzige Faktor, der mit dem Paarungserfolg korrelierte, war die Zahl der Augenflecken, die ein Männchen auf seinen Federn hatte. Doch diese Korrelation konnte auch auf andere Faktoren zurückgehen: Starke Männchen könnten mehr Augenflecken haben. Würden die Männchen nicht mehr ausgewählt werden, wenn sie in jeder anderen Hinsicht gleich waren, aber weniger Augenflecken aufwiesen? In einem raffinierten Experiment schnitten die Forscher bei der Hälfte der an der Studie beteiligten Männchen zwanzig der rund hundertfünfzig Augenflecken heraus und unterwarfen die andere Hälfte der Männchen den gleichen Bedingungen, ohne jedoch die Flecken zu entfernen. Bei den Tieren mit verringerter Zahl an Augenflecken ergab sich ein deutlicher Rückgang des Paarungserfolgs im Vergleich zur vorhergehenden Saison und zu den Männchen, die noch alle ihre Flecken hatten. Hinzu kam, dass die Forscher nicht eine einzige Pfauhenne beobachten konnten, die sich mit dem ersten um sie werbenden Männchen paarte; im Durchschnitt nahmen die Pfauhennen drei Männchen in Augenschein, bevor sie wählten. In fast allen Fällen wählte die Pfauhenne das Männchen, das in ihrer Gruppe die größte Anzahl von Augenflecken aufwies.[126] Wahrscheinlich ist der eine gute Grund der Pfauhenne genetisch codiert.

Auf diese Weise können sowohl die sexuelle Selektion als auch das Handicap-Prinzip die Verbreitung von Ein-Grund-Entscheidungen erklären. Die gleichzeitige Evolution von Genen (die Entscheidungsregeln codieren) und von Umwelten bezeichnet man als Koevolution. Wir mögen den Minimalismus der Partnerwahl von Paradiesvögeln amüsant finden, doch er scheint seit Jahrtausenden zu funktionieren und auch auf den Menschen zuzutreffen. Bei uns ist der eine gute Grund oft sozialer Natur, etwa wenn eine Frau einen Mann begehrt und sich in ihn verliebt, hauptsächlich weil er von anderen Frauen begehrt wird. Dieser eine Grund ist praktisch eine Garantie dafür, dass die Bezugsgruppe der Frau die von ihr getroffene Wahl akzeptieren und bewundern wird.

Unwiderstehliche Reize

Die Pfauhenne wird von den Augenflecken auf einem Pfauenschwanz stark angezogen. Im Allgemeinen stellen Umwelten eine Ansammlung von mehr oder weniger unwiderstehlichen Reizen dar, die das Verhalten von Tieren (einschließlich des Menschen) steuern. Wie erwähnt, legen einige Kuckucksarten ihre Eier in den Nestern anderer Vögel ab, die sie ausbrüten und die Kuckucksjungen füttern. Bei einer Art ist es ein einziger unwiderstehlicher Reiz – ein Fleck auf dem Flügel des Kuckucksjungen, der flattert, die aufgesperrten Schnäbel vieler hungriger Junger simuliert und die Pflegeeltern narrt, sodass sie den kleinen Kuckuck füttern. Gelegentlich heißt es, die Pflegeeltern könnten infolge ihrer kognitiven Beschränkungen nicht zwischen den Kuckucksjungen und ihren eigenen unterscheiden. Aber auch ein kleines Mädchen, das eine Puppe liebkost, hat keine Schwierigkeiten, das Plastikspielzeug von einem menschlichen Baby zu unterscheiden; das niedliche Aussehen der Puppe weckt einfach ihre mütterlichen Instinkte. Ganz ähnlich ergeht es einem Mann, dessen Blick von Fotos nackter Frauen gefesselt wird, obwohl er weiß, dass sie nicht aus Fleisch und Blut sind.

Unwiderstehliche Reize können sowohl das Produkt kultureller Überlieferung als auch der Evolution sein. Die politische Wahl ist ein Beispiel dafür. Das Links-Rechts-Schema ist ein einfacher kultureller Hinweisreiz, der vielen von uns als emotionale Richtschnur in der Frage dient, was in der Politik richtig und was falsch ist. Sein emotionaler Einfluss ist so stark, dass es auch festlegen kann, was für uns im Alltag akzeptabel ist. Menschen, die sich der politischen Linken zurechnen, sind unter Umständen nicht bereit, mit Leuten aus dem rechten Spektrum auch nur zu reden. Ganz ähnlich ist für manche Konservative ein Sozialist oder Kommunist gleichsam ein Außerirdischer. Schauen wir uns diesen übermächtigen Reiz, der so prägend für unsere Identität ist, etwas genauer an.

Der eindimensionale Wähler

Mit dem Zusammenbruch der Sowjetunion wurde die Demokratie in Europa und Nordamerika weltweit als die beste aller Regierungsformen gepriesen. Ihre Institutionen garantieren uns, wofür viele Menschen ihr Leben aufs Spiel gesetzt haben: unter anderem Redefreiheit, Pressefreiheit, Gleichheit vor dem Gesetz, Verfassungsgarantien und Rechtsstaatlichkeit. Doch darin liegt ein Paradox. Philip Converse hat in seiner bahnbrechenden Untersuchung *The Nature of Belief Systems in Mass Publics* gezeigt, dass US-amerikanische Bürger in der Regel schlecht über politische Wahlmöglichkeiten unterrichtet sind, sie wenig reflektiert haben und leicht dazu gebracht werden können, ihre Meinungen von heute auf morgen zu ändern.[127] Nicht, dass die Menschen gar nichts wüssten – nur die Politik gehört nicht zu ihrem Wissensbestand. Bei der Präsidentschaftswahl 1992 war von allen Dingen, die man über George H. W. Bush wusste, am bekanntesten die Tatsache, dass er

Broccoli hasste. Und fast alle Amerikaner wussten, dass sein Hund Millie hieß, während nur 15 Prozent davon Kenntnis hatten, dass sowohl Bush als auch Clinton die Todesstrafe befürworteten.[128] Converse hat diesen schockierenden Grad von Unwissenheit nicht als Erster bemerkt. Die Existenz chronischer, häufig unbelehrbarer Ignoranz wurde auch für Europa festgestellt. Karl Marx sprach vom Lumpenproletariat, einer leichten Beute für Propaganda, Manipulation und Versuche, es gegen die Interessen der Arbeiterklasse zu mobilisieren. Marx ließ keinen Zweifel daran, was er von diesem Bodensatz der Gesellschaft hielt:[129]

> »Vagabunden, entlassene Soldaten, entlassene Zuchthaussträflinge, entlaufene Galeerensklaven, Gauner, Gaukler, Lazzaroni, Taschendiebe, Taschenspieler, Spieler, Maquereaus, Bordellhalter, Lastträger, Literaten, Orgeldreher, Lumpensammler, Scherenschleifer, Kesselflicker, Bettler, kurz, die ganze unbestimmte, aufgelöste, hin- und hergeworfene Masse.«

Mehr als ein Jahrhundert später, bei der Gouverneurswahl 1978 in Georgia, stellte sich der Kandidat Nick Belluso in einem TV-Werbespot vor. Die Berater des Kandidaten hielten die öffentliche Meinung Amerikas offenbar für ebenso beeinflussbar wie Marx die seines Lumpenproletariats. Hören wir hinein:[130]

> *Kandidat:* »Hier spricht Nick Belluso. In den nächsten zehn Sekunden wird eine gewaltige hypnotische Kraft auf Sie einwirken. Sie werden vielleicht den Wunsch verspüren, sich abzuwenden. Daher möchte ich Sie ohne weitere Umstände mit Reverend James G. Masters, dem Meister der Massenhypnose, bekannt machen. Entführe uns in dein Reich, James.«
> *Hypnotiseur (in seltsamem Gewand, von Nebelschwaden umwallt):* »Habt keine Furcht. Ich pflanze euch den Namen Nick Belluso in euer Unterbewusstsein. Ihr werdet euch an diesen Namen erinnern. Ihr werdet euch am Wahltag für ihn entscheiden. Ihr werdet Nick Belluso zum Gouverneur wählen. Ihr werdet euch an diesen Namen erinnern. Ihr werdet euch am Wahltag für ihn entscheiden. Ihr werdet Nick Belluso zum Gouverneur wählen.«

Vielleicht weil die meisten Fernsehsender sich weigerten, den Wahlspot zu senden (einige, weil sie die Wirkung der Hypnose auf die Zuschauer fürchteten), war die Werbung ein Flop; Belluso verlor die Wahl und bewarb sich dann ebenso erfolglos um eine Reihe weiterer politischer Ämter, unter anderem 1980 um das des Präsidenten. Viele politische Werbespots sind ebenso erbaulich, aber weniger unterhaltsam, was die Kandidaten angeht. In den modernen Demokratien gibt es kaum politische Werbung, die Informationen liefert; meist begnügt sie sich damit, die Namenswiedererkennung durch Wiederholung zu verstärken und negative Emotionen für den Gegner zu wecken, oder lässt es einfach bei Pointen, Lachern und anderen Unterhaltungseffekten bewenden. Wie können sich Bürger Meinungen zu Parteien bilden, wenn sie so wenig über sie wissen? Herbert A. Simon zu Ehren wird dieses Mysterium *Simons Rätsel* genannt.[131] Es ist das Paradox der Massenpolitik.

Links-Rechts über alles

1980 fand ein einzigartiges Ereignis in der Geschichte der deutschen Demokratie statt. Eine neue Partei, die Grünen, trat zur Bundestagswahl an und forderte das etablierte System heraus. Dieses Ereignis markierte den Beginn einer raschen Karriere von einer Bürgerinitiative gegen Kernkraft zum Koalitionspartner in der Bundesregierung am Ende des 20. Jahrhunderts. Eine erfolgreiche neue Partei ist eine Rarität und gibt *Simons Rätsel* eine neue Wendung: Wie können sich Bürger eine Meinung über eine neue Partei bilden, wenn sie kaum etwas über die alten wissen?

Schauen wir uns zunächst einmal die Situation vor dem Auftreten der Grünen an. Damals beherrschten sechs Parteien die politische Landschaft der Bundesrepublik Deutschland. Es gab eine Vielzahl politischer Themen, die sie trennten – religiöse beziehungsweise säkulare Ausrichtung, Wirtschaftspolitik, Aspekte des Sozialstaats, Familien- und Ausländerpolitik sowie Auseinandersetzungen über moralische Fragen wie den Schwangerschaftsabbruch. Die Wähler kannten die meisten dieser Streitfragen, doch ihre Vorlieben waren weniger komplex. Vielmehr beruhten die Präferenzen der

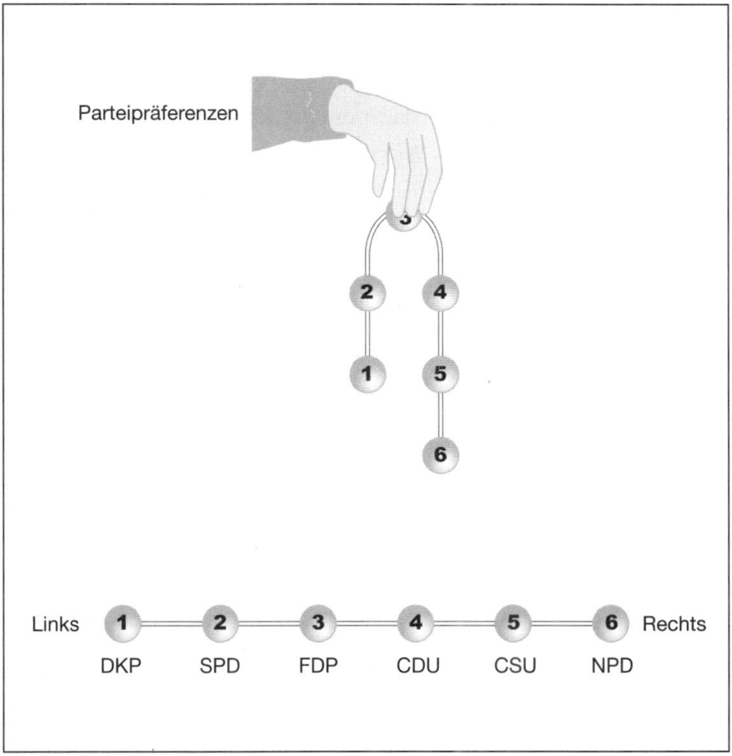

Abbildung 8.1: Die Perlen-Heuristik. Wähler neigen dazu, die Komplexität der politischen Landschaft auf eine Dimension zu reduzieren: Links – Rechts. Die Parteien werden mental wie Perlen auf einer Kette angeordnet. Wenn der Wähler die Kette an einem idealen Punkt (hier: die FDP) aufhebt, kann er seine Präferenzen für die anderen Parteien »ablesen«. Abgebildet sind sechs politische Parteien der Bundesrepublik Deutschland.

meisten Wähler der sechs Parteien auf einem einzigen Grund: dem Ort, an dem die Parteien im Links-Rechts-Kontinuum angesiedelt waren. Die Wähler nahmen die Parteien wie sechs Perlen auf einer Kette wahr (Abbildung 8.1). Diese Perlenkette hat auch als Modell des politischen Lebens in Frankreich, Italien, Großbritannien und den USA gedient. In den USA, wo eine politische Linke in der europäischen Bedeutung des Wortes praktisch nicht vorhanden ist, spricht man auch vom Gegensatz zwischen *liberal* und *konservativ*.

Die Wähler sind sich einig darin, wo die Parteien in dieser eindimensionalen Landschaft einzuordnen sind, nicht aber, welche sie mögen und nicht mögen.

Lieschen Müllers »Idealpunkt« auf der Perlenkette liegt nahe bei ihrer Lieblingspartei, sagen wir der FDP. Kann man vorhersagen, wie sie die anderen Parteien einordnet? Ja, und zwar ziemlich einfach. Lieschen hebt die Perlenkette an ihrem Idealpunkt so auf, dass beide Enden parallel herabhängen.[132] Auch wenn sie außer der Links-Rechts-Einordnung nichts über die anderen Parteien weiß, kann sie ihre Vorlieben für eine neue (oder alte) Partei »ablesen«, indem sie sich einfach auf das verlässt, was ich die *Perlen-Heuristik* nenne:

> *Je näher eine Partei meinem Idealpunkt auf dem Links-Rechts-Kontinuum kommt, desto größer meine Präferenz.*

Die Perlen-Heuristik bestimmt die Parteipräferenzen an jedem der beiden »Enden« in Abbildung 8.1. Beispielsweise zieht Lieschen Müller die SPD der DKP, die CDU der CSU und beide der NPD vor. Zöge sie die DKP der SPD oder die NPD der CSU vor, so widerspräche jede dieser Präferenzen der Hypothese, dass Lieschen Müller die Perlen-Heuristik verwendete. Wie viele Wähler verlassen sich auf sie? Beim klassischen Sechs-Parteien-System wendeten 92 Prozent der Wähler, die in meiner Studie erfasst wurden, diese einfache Faustregel an.[133] Jetzt verstehen wir, wie sich dauerhafte Präferenzen bilden, selbst wenn der Wähler keine Ahnung hat.

Wie reagierten die Wähler auf die neue Partei? Das Parteiprogramm der Grünen passte schlecht in das alte Links-Rechts-Schema. Sie setzten Themen wie den Schutz der Wälder und die Abschaltung von Kernkraftwerken auf die Tagesordnung und brachten damit konservative Forstwirte und linke Intellektuelle zusammen, die eine weltweite radioaktive Verseuchung nach einer Kernschmelze befürchteten. Ließ sich die Partei in das alte Links-Rechts-Schema hineinpressen, oder würde das Schema für neue Fragen wie die Umweltpolitik erweitert werden? Um diese Frage zu beantworten, untersuchte ich eine Gruppe von hundertfünfzig Wählern aus der Studentenschaft. Von ihnen wählten 37 Prozent die Grünen. Obwohl die Wähler die Grünen über das ganze Links-Rechts-Kontinuum verteilt sahen, waren ihre Präferenzen dennoch konsistent und über die Zeit stabil. Ihre Parteipräferenzen folgten auch weiterhin der Perlen-Heuristik, nur dass die Kette jetzt mehr Perlen hatte. Doch was geschah mit der ökologischen Dimension? Nach allem, was wir wissen, hat die ökologische Einstellung wenig mit der Links-Rechts-Ausrichtung zu tun, da sie ursprünglich für keine der beiden Seiten von Bedeutung gewesen war. Tatsächlich jedoch ließ sich die Wahrnehmung der Wähler, für wie ökologisch orientiert sie eine Partei hielten, aus deren Stellung im Links-Rechts-Schema ableiten. Wenn man die Kette an dem Punkt aufhob, an dem ein Wähler die Grünen angesiedelt hatte, offenbarten die beiden Enden, wie dieser Wähler die ökologische Orientierung der Parteien bewertete. Doch keiner der Wähler schien sich dieser Mechanismen bewusst zu sein.

Einstein soll gesagt haben: »Politik ist schwieriger als Physik.«[134] Das mag stimmen, doch in dem Maße, wie wir die beteiligten kognitiven Prozesse verstehen, lässt sich *Simons Rätsel* Stück um Stück lösen. Die Perlen-Heuristik erklärt, warum politisch wenig unterrichtete Bürger ein Gefühl dafür bekommen, wie Parteien zu bestimmten Fragen stehen, und ermöglicht diesen Wählern, sich feste Meinungen zu bilden. In einem Zweiparteiensystem wie dem der USA ist dieser Mechanismus noch einfacher. Wann ist die Perlen-Heuristik vernünftig? Sie scheint in Systemen zu funktionieren, in denen politische Institutionen sich entlang des Links-Rechts-Schemas anordnen und ihre Themen entsprechend präsentieren und polarisieren. Ein Programmpunkt, der ursprünglich nur lose mit einer Partei assoziiert ist, beispielsweise die Befürwortung des Schwangerschaftsabbruchs oder die Ablehnung der Todesstrafe, wird immer fester mit ihr verbunden, da die politischen Gegner den entgegengesetzten Standpunkt beziehen. Wenn das geschieht, können die Wähler tatsächlich am Links-Rechts-Spektrum ablesen, wie die Parteien zu diesen Fragen stehen, selbst wenn die Positionen oft nur wenig mehr als ein historischer Zufall waren. In Übereinstimmung mit dieser Hypothese verwenden politische Kampagnen und Medien das Links-Rechts-Vokabular, und Politikwissenschaftler entwickeln entsprechende Forschungsinstrumente.[135] Wo auch immer die Perlen-Heuristik und die Parteipolitik sich auf diese Weise gemeinsam entwickeln, erweist sich die Heuristik als hilfreich. Der eindimensionale Wähler kann also »wissen«, wo die Parteien stehen, ohne wirklich zu wissen.

Sequenzielle Entscheidungen

Sowohl das Prachtgefieder des Pfaus als auch das politische Links-Rechts-Schema sind unwiderstehliche Reize. Nun reicht aber ein einziger guter Grund nicht für alle Situationen aus. Es gibt eine andere Klasse von intuitiven Urteilen, wo einer oder mehrere Gründe aus dem Gedächtnis abgerufen werden, obwohl auch hier nur einer von ihnen die endgültige Entscheidung bestimmt. Ein Prozess, bei dem man zunächst einen Grund berücksichtigt und, wenn er keine Entscheidung zulässt, den nächsten heranzieht und so fort, bezeichnen wir als sequenzielle Entscheidungsfindung. Versetzen Sie sich in folgende Situation.

Albtraum aller Eltern

Gegen Mitternacht lässt Ihr Kind durch Husten und Keuchen erkennen, das es unter akuter Atemnot leidet. Verzweifelt bemühen Sie sich um einen Arzt, der noch Dienst hat. In Ihrem Telefonbuch haben Sie zwei Nummern für Notfälle. Die eine gehört zu einem Arzt, der in zwanzig Minuten da sein würde. Sie kennen ihn von anderen Gelegenheiten und wissen, dass er Ihnen nie zuhört. Die andere Nummer steht für ein Notfallzentrum in der Stadt, eine Autostunde entfernt, das von Medizinern geführt wird, die Sie nicht kennen, die aber dem Vernehmen nach Eltern zuhören sollen. Welche Nummer wählen Sie? Und warum?

Bei einer Untersuchung in Großbritannien stellte man Eltern von Kindern unter dreizehn Jahren diese und ähnliche Fragen.[136] Die Alternativen unterschieden sich voneinander in vier Gründen, die nach früheren Studien von vorrangiger Bedeutung für britische Eltern sind: wo ihr Kind behandelt wurde, von wem, die Zeit, die zwischen Anruf und Behandlung verstrich (Wartezeit), und ob der Arzt ihnen zuhörte. Viele schienen jeden der vier Gründe sorgfältig abzuwägen und sie alle in ihre Entscheidung einfließen zu lassen. Doch fast jeder zweite Elternteil hatte einen Hauptgrund, der für die Entscheidung ausschlaggebend war. Bei der größten Gruppe, mehr als tausend Eltern, war es die Frage, ob der Arzt ihnen zuhörte – selbst wenn sie dafür vierzig Minuten länger warten mussten. Diese Eltern(teile) waren in der Mehrzahl Mütter, hatten eine höhere Bildung und mehr Kinder. Bei rund dreihundertfünfzig Eltern war der entscheidende Grund die Wartezeit. Fünfzig Eltern wollten einen Arzt konsultieren, den sie kannten, unabhängig von Zuhörbereitschaft und Wartezeit. Der vierte Grund – ob das Kind zu Hause oder auf einer Notfallstation untersucht wurde – war dagegen für alle Eltern kein ausschlaggebender Grund.

Wie können wir die Intuitionen der Eltern verstehen? Nehmen wir an, die Gründe seien ihrer Bedeutung nach von oben nach unten angeordnet: die Bereitschaft des Arztes zuzuhören, Wartezeit, Vertrautheit und Untersuchungsort. Schauen wir uns nun die Wahl zwischen den beiden medizinischen Versorgungsmöglichkeiten A und B an, die in dieser Nacht zur Verfügung stehen:

	A	*oder*	*B?*
Hört der Arzt zu?	Ja		Nein

Stopp und nimm A

Da bereits der erste Grund eine Entscheidung erlaubt, wird die Suche nach weiteren Informationen abgebrochen, alle weiteren möglichen Gründe werden außer Acht gelassen, und die Eltern entscheiden sich für Alternative A. In einer anderen Nacht könnte ihre Entscheidung komplizierter sein:

	C	*oder*	*D?*
Hört der Arzt zu?	Ja		Ja
Wie lange muss man warten?	20 min		20 min
Kennen Sie den Arzt?	Nein		Ja

Stopp und nimm D

In der zweiten Situation ermöglicht weder der erste noch der zweite Grund eine Entscheidung, aber der dritte. Daher entscheiden sich die Eltern für Alternative D, indem sie die Take-the-Best-Heuristik anwenden, die wir bereits im Zusammenhang mit den Schulabbrecherquoten kennen gelernt haben. Sie besteht aus den folgenden drei Bausteinen:

> *Suchregel:* Prüfe die Gründe in der Reihenfolge ihrer Bedeutung.
> *Stoppregel:* Beende die Suche, sobald sich die Alternativen hinsichtlich eines Grunds unterscheiden.
> *Entscheidungsregel:* Wähle diejenige Alternative, die dieser Grund nahelegt.

Diesen Prozess bezeichnet man auch als lexikografisch: Wenn man Wörter im Lexikon sucht, muss man sich zunächst nach dem ersten Buchstaben richten, dann nach dem zweiten und so fort. Dutzende von Experimentalstudien belegten, dass unser Urteil oft der Take-the-Best-Regel folgt, dabei wurden die Bedingungen analysiert, die ein solches Verhalten wahrscheinlich machen.[137] Intuitionen, die sich an die Take-the-Best-Regel halten, müssen vielleicht mehrere Gründe prüfen, verlassen sich bei der Entscheidung aber nur auf einen.

Bislang haben wir lediglich betrachtet, wie Eltern diese wichtigen Entscheidungen trafen, wissen aber noch nicht, wie gut diese waren. Viele Autoritäten auf dem Gebiet rationaler Entscheidungsfindung wären entsetzt, wenn sie wüssten, wie diese Eltern mit einer solchen lebensentscheidenden Frage umgehen, denn diese Experten halten wenig von lexikografischen Regeln wie Take-the-Best:

> »Wir untersuchen einen Ansatz, von dem wir annehmen, dass er in der Praxis weit häufiger Verwendung findet, als er sollte: die lexikografische Ordnung. Doch sie ist einfach und lässt sich mühelos anwenden. Unser Einwand ist, dass sie von naiver Einfachheit ist. ... Abermals meinen wir, dass eine solche Vorgehensweise bei näherer Betrachtung kaum einen Test auf ›Vernünftigkeit‹ bestehen wird.«[138]

Diese Feststellung stammt von zwei namhaften Vertretern der rationalen Entscheidungstheorie, die sich ihres Urteils so sicher zu sein schienen, dass sie sich nicht die Mühe machten, die Sache selbst zu prüfen. Um festzustellen, wie »vernünftig« sequenzielle Entscheidungsfindung ist, müssen wir eine Situation betrachten, in der es eindeutige Ergebnisse gibt. Was wäre dazu geeigneter als der Sport?

Take-the-Best

In der Saison 1996/97 der National Basketball Association (NBA) wurden mehr als eintausend Spiele ausgetragen. Studenten der New York University sollten für eine zufällig ausgewählte Anzahl dieser Spiele vorhersagen, welche Mannschaft gewinnt. Sie erhielten nur zwei Hinweise: die Zahl der in der Saison gewonnenen Spiele (die Basisrate) und den Halbzeitspielstand. Um den Einfluss anderer Informationen auf die Vorhersagen auszuschließen, wurden die Namen der Mannschaften nicht genannt. In mehr als 80 Prozent der Fälle zeigte sich, dass sich die intuitiven Urteile nach der Take-the-Best-Regel richteten. Unserer Theorie nach geschah das folgendermaßen: Der erste Hinweis war die Zahl der gewonnenen Spiele. Wenn sich die Bilanz beider Mannschaften um fünfzehn oder mehr Siege unterschied, wurde die Suche beendet, und der Befragte nahm an, die Mannschaft mit der größeren Zahl von Siegen würde auch dieses Spiel gewinnen. Das folgende NBA-Spiel ist ein Beispiel:

	A	*oder*	*B?*
Gewonnene Spiele	60		39

Stopp und nimm A

Da der erste Hinweis eine Entscheidung zuließ, wurde die Information über das Halbzeitergebnis nicht berücksichtigt, und die Vorhersage lautete, dass Mannschaft A gewinnen würde. Wenn der Unterschied hinsichtlich der gewonnenen Spiele kleiner als fünfzehn war, wurde der zweite Hinweis berücksichtigt, der Halbzeitspielstand:

	C	*oder*	*D?*
Gewonnene Spiele	60		50
Halbzeitstand	36		40

Stopp und nimm D

Da Mannschaft D zur Halbzeit vorne lag (hier spielte der Punktabstand keine Rolle), lautete die Vorhersage, dass sie gewinnen würde.

Doch wie genau sind Intuitionen, die sich nur auf einen Grund stützen? Wie erwähnt, sind diese Intuitionen nach den traditionellen Rationalitätstheorien zum Scheitern verurteilt. Demnach darf man keinen Grund außer Acht lassen, sondern muss die Zahl der gewonnenen Spiele mit dem Halbzeitstand kombinieren. Wenn man Take-the-Best folgt, begeht man eine von zwei »Sünden«. Verlässt man sich bei seinem intuitiven Urteil, wie im ersten Fall, auf die Basisrate (die Anzahl der gewonnenen Spiele) und vernachlässigt den Halbzeitstand, begeht man nach der rationalen Entscheidungstheorie die Sünde des *Konservatismus*. Konservatismus bedeutet, dass lediglich die alte Information berücksichtigt und die neue Information, das Halbzeitergebnis, vernachlässigt wird. Stützt sich die Intuition, wie im zweiten Beispiel, stattdessen nur auf den Halbzeitstand, wird diese »Sünde« als *Basisratenfehler* bezeichnet.[139]

Diese angeblichen Sünden werden praktisch in jedem Psychologielehrbuch als warnende Beispiele gegen die Intuition ins Feld geführt: Die Menschen würden viele einfache Regeln anwenden, verhielten sich damit aber naiv. Doch wie oben dargelegt, kann Take-the-Best Schulabbrecherquoten schneller und genauer vorhersagen als Franklins Regel und deren moderne Nachfahren. Die NBA-Studie bedeutete eine weitere Bewährungsprobe für Take-the-Best, dieses Mal im Vergleich zur Bayes-Regel, dem Lieblingskind unter den rationalen Strategien.[140] Die Bayes-Regel verschwendet keine Information. Stets verwendet sie Basisraten und Halbzeitstände sowie den tatsächlichen Punktabstand zur Halbzeit, während Take-the-Best entweder das Halbzeitergebnis ganz vernachlässigt oder lediglich berücksichtigt, welche Mannschaft in Führung liegt. Die Frage lautet: Wie viel genauer wäre unsere Vorhersage aller Ergebnisse der tausendeinhundertsiebenundachtzig NBA-Spiele, wenn wir uns an die rationale Bayes-Regel hielten, statt mit unseren Intuitionen der einfachen Take-the-Best-Heuristik zu folgen?

In einer Computersimulation zeigte der Test, dass sich mit der Bayes-Regel 78 Prozent der Gewinner richtig vorhersagen ließen. Take-the-Best war trotz seiner Verstöße gegen die Rationalität genauso gut, nur schneller, und benötigte weniger Information und Rechnerei.

Dieses Ergebnis erscheint auf den ersten Blick unglaublich. Doch es bestätigte sich auch beim Fußball. Einer meiner Studenten wiederholte es mit Spielen der Bundesligasaisonen 1998 bis 2000. Mit der gleichen Ordnung der Gründe sagte Take-the-Best die Ergebnisse von mehr als vierhundert Spielen genauso gut oder besser voraus als die Bayes-Regel.[141] Der Vorteil der einfachen Regel war dann ausgeprägter, wenn die Vorhersage schwer war, das heißt, wenn man aufgrund der gewonnenen Spiele einer Saison nicht nur jene der nächsten, sondern sogar der übernächsten Saison vorhersagen musste. In jedem Fall verkörperte Take-the-Best die Intuition, dass eine Mannschaft, die in einer vorhergehenden Saison beträchtlich erfolgreicher war als das gegnerische Team, vermutlich auch wieder gewönne; andernfalls würde die bei Halbzeit führende Mannschaft siegen. Die komplexen Berechnungen konnten diese einfache Intuition nicht übertreffen.

Wann ist ein *guter Grund besser als viele?*

Die Vorstellung, dass Intuitionen, die auf Take-the-Best beruhen, ebenso genau sein könnten wie Methoden komplexer Entscheidungsfindung, ist offenbar schwer zu akzeptieren. Als ich die ersten Ergebnisse einem Forum von internationalen Fachleuten vorstellte, ließ ich sie schätzen, wie nahe Take-the-Best der Exaktheit einer modernen Version der Franklin'schen Regel (multiple Regression) käme. *Nicht ein Einziger* äußerte die Erwartung, die einfache Regel könnte ebenso genau, geschweige denn genauer sein, und die meisten vermuteten, Take-the-Best werde um 5 bis 10 Prozentpunkte oder mehr unterliegen. Zu ihrer Überraschung traf Take-the-Best in zwanzig Studien im Durchschnitt richtigere Entscheidungen. Inzwischen haben wir die Leistungsfähigkeit des einen guten Grundes in einer Reihe von realen Situationen unter Beweis gestellt.[142]

Diese Ergebnisse sind wichtig, weil sie zeigen, dass Intuitionen, die auf *einem* guten Grund beruhen, nicht nur ökonomisch, sondern oft auch außerordentlich zutreffend sind. Selbst wenn der Verstand eines Menschen in der Lage wäre, die modernsten und komplexesten KI-Strategien auszuführen, brächte er nicht immer bessere Resultate zustande. Das Fazit lautet: Wir sollten auf unsere Intuition vertrauen, wenn wir über Dinge nachdenken, die schwer vorauszusagen sind, und wenn wir wenig Information haben.

Wie vorhin erläutert, kann in einer ungewissen Welt eine komplexe Strategie eben deshalb scheitern, weil sie zu viel in der Rückschau erklärt. Nur ein Teil der Information ist für die Zukunft verwertbar. Eine einfache Regel, die sich auf den besten Grund beschränkt und den Rest vernachlässigt, hat gute Aussichten, die nützlichsten Informationen zu erfassen.

Stellen Sie sich ein Diagramm mit dreihundertfünfundsechzig Punkten vor, welche die Tagestemperaturen eines Jahres in New York wiedergeben. Im Januar sind die Werte niedrig, sie steigen im Frühjahr und Sommer an und gehen dann wieder zurück. Das Muster ist ziemlich zerklüftet. Mit entsprechender mathematischer Vorbildung können Sie eine komplexe Kurve finden, die sich den Punkten fast perfekt anpasst. Doch diese Kurve wird aller Wahrscheinlichkeit nach die Temperaturen des folgenden Jahres nicht besonders gut vorhersagen. Im Nachhinein ist eine gute Anpassung an sich nur von geringem Wert. Durch den Versuch, die perfekte Anpassung zu finden, bezieht man irrelevante Effekte ein, die sich nicht auf die Zukunft verallgemeinern lassen. Eine einfachere Kurve liefert bessere Vorhersagen für die Temperatur des folgenden Jahres, selbst wenn sie mit den vorliegenden Daten nicht so gut übereinstimmt. Abbildung 5.2 hat genau dieses Prinzip gezeigt. Die komplexere Strategie bewährt sich in der Rückschau besser, nicht jedoch bei Vorhersagen. Generell gilt:

Intuitionen, die sich nur auf einen einzigen guten Grund stützen, sind in der Regel zutreffend, wenn es darum geht, die Zukunft vorherzusagen (oder einen unbekannten gegenwärtigen Zustand), diese Zukunft aber schwer vorhersehbar und die relevante Information beschränkt ist. Solche Intuitionen sind auch ökonomischer in der Verwendung von Zeit und Information. Eine komplexe Analyse dagegen zahlt sich aus, wenn es gilt, die Vergangenheit zu erklären, wenn die Zukunft in hohem Maße vorhersagbar ist oder wenn reichlich Information vorliegt.[143]

Unsere Welt gestalten

Die Evolution scheint die mentalen Strukturen verschiedener Tierarten so angelegt zu haben, dass sie sich auf sequenzielle Entscheidungen stützen.[144] Beispielsweise beurteilt das Beifußhuhn die an einem Balzplatz versammelten Männchen zunächst anhand ihres Gesangs und sucht nur diejenigen auf, die diesen Test bestehen und sich damit einer genaueren Inspektion als würdig erweisen. Ein solcher sequenzieller Prozess der Partnerwahl scheint sehr verbreitet zu sein und ist auch bei Nahrungswahl und Navigation beobachtet worden. Honigbienen, die trainiert worden sind, Musterblumen zu erkennen, orientieren sich an einer festen Reihenfolge von Signalen, deren entscheidendstes der Geruch ist. Die Farbe ziehen sie nur dann heran, wenn der Geruch zweier Blumen gleich ist, und die Form nur dann, wenn Geruch und Farbe gleich sind. Doch das Signal, das zuerst berücksichtigt wird, ist nicht immer das verlässlichste; in einigen Fällen wird die Reihenfolge durch die Reichweite der Sinne festgelegt. In einer Umwelt, in der Bäume und Büsche die Sicht versperren, sind akustische Signale in der Regel früher verfügbar als Hinweise visueller oder anderer Art. So beurteilt ein Rothirsch die Stärke eines Rivalen zunächst nach der Tiefe seines Röhrens und erst später nach seinem Aussehen. Wenn diese beiden Gründe nicht ausreichen, um ihn in die Flucht zu schlagen, erhält er die klarsten Signale über die Stärke seines Gegners, sobald er sich auf einen Kampf mit ihm einlässt.

Sequenzielle Entscheidungen, die sich lediglich auf *einen* guten

Grund stützen, sind jedoch nicht die einzigen Strategien im Tierreich. Offenbar werden auch zwei oder mehr Hinweise summiert und gemittelt, wobei es individuelle Unterschiede zwischen jungen und alten, erfahrenen und unerfahrenen Tieren gibt. Beispielsweise scheinen ältere Weibchen der Strumpfbandnatter Männchen zu wählen, die hinsichtlich zweier Eigenschaften gut abschneiden, während sich jüngere Weibchen schon mit einer zufriedengeben.

Wie oben dargelegt, machen sich die Intuition wie die Evolution das Prinzip des einen guten Grundes zunutze. Auch wir Menschen können uns seiner bei der Gestaltung unserer Welt bewusst bedienen. Sequenzielle Entscheidungen können dafür sorgen, dass die Umwelt sicherer, transparenter und weniger verwirrend wird.

Wettkampfregeln

An der Weltmeisterschaft teilzunehmen ist der größte Traum jeder Fußballnationalmannschaft. In der ersten Runde treten Gruppen von je vier Mannschaften gegeneinander an. Die beiden besten Mannschaften jeder Gruppe kommen in die erste K.o.-Runde, das Achtelfinale. Doch wie soll man bestimmen, wer die »beste« ist? Die FIFA, der internationale Fußballverband, zieht dazu sechs Leistungskriterien heran:

1. Anzahl der Punkte aus allen Gruppenspielen
2. Anzahl der Punkte aus den direkten Begegnungen der punktgleichen Mannschaften in den Gruppenspielen
3. Tordifferenz aus den direkten Begegnungen der punktgleichen Mannschaften in den Gruppenspielen
4. Anzahl der in den direkten Begegnungen erzielten Tore
5. Tordifferenz aus allen Gruppenspielen
6. Anzahl der in allen Gruppenspielen erzielten Tore

Schauen wir uns zunächst Franklins Ideal des Abwägens und Addierens (*Trade-off*) an. Ein international besetzter Expertenausschuss könnte ein Gewichtungsschema entwickeln. Beispielsweise könnte man dem ersten Kriterium einen Gewichtungsfaktor 6 geben, dem zweiten einen Faktor 5 und so fort. Das wäre, so könnte man meinen, gerechter und würde eine gründlichere Leistungsbewertung ermöglichen als der Beschluss, die Mannschaften einfach nur nach einem dieser Aspekte zu beurteilen. Mit einem solchen Schema beschwört man jedoch mit Sicherheit endlose Diskussionen herauf: Die *American Bowl Championship Series* stufte College-Football-Mannschaften nach einem komplizierten System von Gewichtungen ein und löste damit eine Welle von Beschwerden aus. Ebenso schwerwiegend ist das Problem, dass ein solches Gewichtungsschema nicht intuitiv transparent ist. Trainer, Spieler, Journalisten und Fans wären mehr damit beschäftigt, den jeweiligen Punktestand zu berechnen, als das Spiel zu genießen.

Die Alternative ist, auf das Gewichten und Addieren zu verzichten und stattdessen Take-the-Best zu verwenden. Genau das macht die FIFA. Die Leistungskriterien sind wie oben angeordnet, und wenn sich zwei Mannschaften nach dem ersten unterscheiden, ist die Entscheidung gefallen. Nur wenn die Mannschaften gleich viele Punkte aus allen Spielen haben, wird das zweite Kriterium herangezogen und so fort. Alle anderen Kriterien werden dann vernachlässigt. Sequenzielle Entscheidungen, die auf nur einem guten Grund beruhen, können leicht gefällt werden und verkörpern eine transparente Gerechtigkeit.

Sicherheit

Bilanzen oder Kompromisse der oben beschriebenen Art mögen bei Mannschaftssportarten lediglich Spielverderber sein, doch in anderen Kontexten können sie sich als brandgefährlich erweisen. Bei der Festlegung, welches Auto an einer Kreuzung Vorfahrt hat, gibt es mehrere potenziell relevante Faktoren.

1. Handzeichen eines Polizisten, der den Verkehr regelt
2. Farbe der Ampel
3. Verkehrsschild
4. Richtung, aus der das andere Fahrzeug kommt (rechts oder links)

5. Ob das andere Auto größer ist
6. Ob der Fahrer des anderen Autos älter ist und deshalb Respekt verdient

Stellen Sie sich eine Welt vor, in der die Verkehrsgesetze jeden dieser Faktoren gebührend berücksichtigen, weil es gerecht erscheint, alles gegen alles abzuwägen. Doch die Gewichtung und das Auszählen von Pro und Kontra wären gefährlich, weil die Verkehrsteilnehmer zu wenig Zeit hätten und ihnen Fehler unterlaufen könnten. Es wäre auch denkbar, dass zwei Fahrzeuge eine ähnliche Größe haben oder dass das Alter des anderen Fahrers schwer zu beurteilen ist. Sehr viel sicherer sind Verkehrsbestimmungen nach dem Prinzip eines einzigen guten Grunds; daher werden sie auch in allen Ländern angewendet, die ich kenne. Wenn ein Polizeibeamter den Verkehr regelt, hat ein Fahrer, der sich der Kreuzung nähert, alle anderen Punkte der obigen Liste außer Acht zu lassen. Wenn kein Polizist zugegen ist, zählt allein die Ampel. Gibt es keine Ampel, sind die Verkehrsschilder maßgeblich. Man könnte sich natürlich auch ein alternatives System vorstellen, in dem allein die Größe des Fahrzeugs ausschlaggebend ist, doch das ist glücklicherweise noch nicht Gesetz und wird nur vereinzelt praktiziert.

Verkehrsgesetze, die sich um Kompromisse zwischen verschiedenen Kriterien bemühen würden, hätten eine andere Struktur. Beispielsweise würde dann die Aufforderung eines Verkehrspolizisten, zu halten, überstimmt, wenn sowohl eine grüne Ampel als auch ein Verkehrsschild Vorfahrt gewährten. Oder eine grüne Ampel würde durch die Kombination aus einem Vorfahrtsschild und einem größeren Fahrzeug außer Kraft gesetzt. Dieser Zwang zur ständigen Gewichtung der Kriterien würde unsere Alltagswelt zu einem gefährlichen Ort machen, würden doch Entscheidungen verlangsamt, die schnell getroffen werden müssen.

Sie kommen auf eine Geburtstagsfeier und sehen einen Haufen Leute. Wie viele sind da? Ein Erwachsener ohne spezielle Ausbildung hat eine unmittelbare Wahrnehmung von bis zu vier Personen. Wir können also die Anzahl der in einem Raum vorhandenen Menschen nur dann auf Anhieb bestimmen, wenn es nicht mehr als vier sind. Bei jeder Gruppe, die größer ist, müssen wir zählen. Diese psychologische Rolle der Vier ist zu einem Baustein verschiedener kultureller Systeme geworden. So haben die Römer ihren ersten vier Söhnen gewöhnliche Namen gegeben, doch ab dem fünften wurde bei der Namensgebung nur noch gezählt, das heißt, sie erhielten Zahlwörter als Namen: Quintus, Sextus, Septimus und so fort. Entsprechend hatten im römischen Kalender ursprünglich nur die ersten vier Monate Namen – Martius, Aprilis, Maius, Junius; der fünfte und alle anderen wurden nach ihrem Platz in der Zahlenfolge benannt: Quintilis, Sextilis, September, October, November, December.[145]

Noch heute kennen einige Kulturen in Ozeanien, Asien und Afrika nur die Zahlwörter *eins*, *zwei* und *viele*. Woraus aber nicht zu schließen ist, dass sie nicht rechnen können. Die Menschheit hat verschiedene Systeme zum Zählen entwickelt. Einige Kulturen verwenden dazu Holzstöcke; andere drücken Mengen durch Körperteile aus, das heißt, sie bezeichnen Zahlen durch eine Sequenz von Fingern, Zehen, Ellbogen, Knien, Augen, Nase und so fort. Zählkerben und -markierungen, die vermutlich dreißigtausend Jahre alt sind, hat man auf Tierknochen und Höhlenwänden gefunden. Das Kerbholz ist der Ursprung des römischen Zahlensystems, wobei I eins ist, II zwei, III drei, V die Kurzform für fünf, X für zehn, C für hundert, D für fünfhundert und M für tausend. Wie das altgriechische und das ägyptische System machten die römischen Zahlzeichen das Rechnen zur Qual. Diese Kulturen wurden jahrhundertelang durch Zahlensysteme nach dem Vorbild von Zählstrichen blockiert, die sich für kaum einen anderen Zweck verwenden ließen, als Zahlen aufzuschreiben.

Den entscheidenden Fortschritt brachte die indische Kultur, der wir unsere »arabischen« Zahlen verdanken. Ihre Besonderheit ist die Einführung eines lexikografischen Systems, das allen in diesem Kapitel erörterten Sequenzregeln innewohnt. Werfen Sie rasch einen Blick auf die beiden Zahlen, die im römischen System dargestellt sind. Welche ist größer?

MCMXI
MDCCCLXXX

Nun schauen Sie sich diese beiden Zahlen im arabischen System an.

1911
1880

Bei der arabischen Darstellung sehen wir im Unterschied zur römischen auf den ersten Blick, dass die erste Zahl größer ist. Römische Zahlzeichen geben die Größe weder durch ihre Länge noch durch ihre Reihenfolge wieder. Nach der Länge müsste MDCCCLXXX größer sein, ist es aber nicht. Nach der Reihenfolge, von links nach rechts gelesen, kommt in MCMXI nach dem M (das 1000 darstellt) ein C (das für 100 steht), während in MDCCCLXXX an dieser Stelle ein D (für 500) folgt. Trotzdem ist die erste Zahl größer. Dagegen beruht das arabische System auf einer strengen Ordnung. Wenn zwei Zahlen wie in unserem Beispiel die gleiche Länge haben, brauchen wir nur von links nach rechts nach der ersten Ziffer zu suchen, die sich vom Pendant unterscheidet. Dann können wir die Suche beenden und wissen, dass die Zahl mit der höheren Ziffer die größere Zahl ist. Alle anderen Ziffern können wir vernachlässigen. Indem wir Ordnung in unser Bild der Welt bringen, erzeugen wir Einsicht und erleichtern unser Leben.

Kapitel 9
Weniger ist mehr für Patienten

Im Übrigen liegt eine gewisse Ironie darin, dass wir möglicherweise am ehesten einen Zugang zu den »schnellen und einfachen Faustregeln« erhalten können, wenn wir die kognitiven Prozesse jener hervorragenden Ärzte verstehen lernen, die ständig vorzügliche Entscheidungen treffen, ohne sich in erkennbarer Weise an den Kanon der evidenzbasierten Medizin zu halten.

C. D. Naylor[146]

Ein Glas Rotwein zum Abendessen beugt dem Herzinfarkt vor; Butter bringt uns um; alle Medikamente und Tests sind wünschenswert, solange wir sie uns leisten können – die meisten von uns haben klare Intuitionen, was gut und was schlecht für unsere Gesundheit ist. Obwohl wir nach diesen Überzeugungen handeln, beruhen sie in der Regel auf Gerüchten, Hörensagen und blindem Vertrauen. Nur wenige Menschen unternehmen ernsthafte Anstrengungen, die Ergebnisse medizinischer Forschung herauszufinden, wohingegen viele sich mittels Stiftung Warentest schlau machen, bevor sie einen Kühlschrank oder Computer kaufen. Wie treffen Wirtschaftswissenschaftler Entscheidungen hinsichtlich ihrer eigenen Gesundheit? 2006 fragten wir hundertdreiunddreißig männliche Wirtschaftswissenschaftler auf dem Jahrestreffen der American Economic Association, ob sie sich dem PSA-Test (Bestimmung des prostataspezifischen Antigens) unterziehen und warum. Von den über Fünfzigjährigen, bei denen die Mehrheit an der Früherkennung teilnahm, hatte kaum einer medizinische Literatur zum Thema gelesen, und zwei Drittel erklärten, sie hätten das Pro und Kontra der Früherkennung nicht gegenseitig abgewogen.[147] Die meisten taten einfach, was ihr Arzt ihnen sagte. Wie Otto Normalverbraucher verließen sie sich auf ihr Bauchgefühl:

Wenn du einen weißen Kittel siehst, vertraue ihm.

Autoritätsgläubigkeit, Gerüchte und Hörensagen waren schon wirksame Richtschnur in der Menschheitsgeschichte, bevor es Bücher und medizinische Forschung gab. Lernen durch eigene Erfahrung konnte tödlich enden – so war es eine schlechte Strategie, selbst herauszufinden, welche Pflanzen giftig waren. Genügt auch heute noch blindes Vertrauen in die Gesundheitsexperten? Oder sollten sich Patienten gründlicher informieren? Die Antwort hängt von den Fachkenntnissen Ihres Arztes ab, aber auch von den gesetzlichen und finanziellen Rahmenbedingungen Ihres Gesundheitssystems.

Können Ärzte Patienten vertrauen?

Der praktische Arzt Daniel Merenstein ist sich nicht sicher, ob er jemals wieder ein guter Arzt sein kann. Als dreißigjähriger Assistenzarzt nahm er einen Gesundheitscheck an einem gebildeten Dreiundfünfzigjährigen vor.[148] Sie sprachen über die Bedeutung von gesunder Ernährung, Sport, Sicherheitsgurten und Prostatafrüherkennung. Während gesunde Ernährung, sportliche Betätigung und Sicherheitsgurte ihre Gesundheitszuträglichkeit unter Beweis gestellt haben, gibt es im Gegensatz zu dem, was einige Ärzte und Patienten glauben, keinen Beweis dafür, dass Männer, die sich PSA-Tests unterziehen, länger leben als Männer, die dies nicht tun. Doch es gibt Beweise dafür, dass diejenigen, deren Tests positiv ausfallen, Schaden erleiden. Durch Behandlung von langsam wachsenden Krebsarten, die, blieben sie unbehandelt, den Männern während ihrer Lebenszeit keinerlei Probleme bereiten würden, können nach einer radikalen Prostatektomie etwa drei von zehn Männern inkontinent und sechs von zehn impotent werden.[149] Daher empfehlen fast alle nationalen Richtlinien, dass Ärzte die Vor- und Nachteile von PSA-Tests mit dem Patienten erörtern, und die U.S.

Preventive Services Task Force gelangte zu dem Schluss, dass die Beweislage nicht ausreiche, um eine Empfehlung für oder gegen einen routinemäßigen PSA-Test auszusprechen.[150] Merenstein investierte viel Zeit, um sich über die neuesten Ergebnisse klinischer Studien zu informieren und das zu praktizieren, was man die evidenzbasierte Medizin nennt. Nachdem Merenstein seinen Patienten über die Vor- und Nachteile des PSA-Tests aufgeklärt hatte, lehnte dieser die Untersuchung ab. Der Patient erschien nie wieder bei Merenstein. Dieser machte sein Examen, und der Patient suchte sich eine andere Praxis. Sein neuer Arzt verordnete einen PSA-Test, ohne die Risiken und Vorzüge mit ihm zu besprechen.

Der Patient hatte Pech. Bei ihm wurde eine schreckliche, unheilbare Form des Prostatakrebses diagnostiziert. Obwohl es keinen Beweis dafür gibt, dass eine frühe Entdeckung der Erkrankung das Leben des Mannes hätte retten oder verlängern können, wurden Dr. Merenstein und seine Ausbildungsklinik 2003 verklagt. Merenstein nahm an, die Klägerpartei würde ihm vorwerfen, er habe die Prostatafrüherkennung nicht mit dem Patienten erörtert. Doch der Anwalt der Kläger brachte vor, der PSA-Test sei im Bundesstaat Virginia eine Standardmaßnahme der Gesundheitsvorsorge, daher hätte Merenstein den Test anordnen müssen und nicht erörtern dürfen. Vier in Virginia praktizierende Ärzte sagten aus, dass sie den Test einfach durchführten, ohne ihn mit ihren Patienten zu diskutieren. Die Verteidigung rief landesweit anerkannte Fachleute in den Zeugenstand, die aussagten, dass der Nutzen des PSA-Tests unbewiesen und zweifelhaft sei, während schwerwiegende Nachteile dokumentiert seien, und auf die nationalen Empfehlungen für eine einvernehmliche Entscheidung hinwiesen.

In seinem Schlussplädoyer sprach der Anwalt der Kläger verächtlich von der »evidenzbasierten Medizin« als einer bloßen Kostenersparnis und bezeichnete die Ausbildungsklinik und Merenstein als Jünger dieser Methode und die Fachleute als deren Begründer. Er rief die Geschworenen auf, einen Schuldspruch zu fällen, der die Ausbildungskliniken lehre, nicht noch mehr jungen Ärzten mit der evidenzbasierten Medizin den Kopf zu verdrehen und sie auf die Menschheit loszulassen. Die Geschworenen ließen sich überzeugen. Merenstein wurde zwar freigesprochen, doch die

Klinik zu einem Schmerzensgeld von einer Million Dollar verurteilt. Vor dem Prozess hatte Merenstein geglaubt, er genüge seiner ärztlichen Pflicht, wenn er sich über die neuesten medizinischen Erkenntnisse informiere und sein Wissen an den Patienten weitergebe. Heute sieht er in jedem Patienten einen potenziellen Kläger. Als gebranntes Kind weiß er sich keinen anderen Rat, als seine Patienten überzutherapieren, um sich vor ihnen zu schützen, selbst auf die Gefahr hin, ihnen unnötigen Schaden zuzufügen. »Ich ordne jetzt mehr Tests an und bin bei meinen Patienten viel nervöser; ich bin nicht der Arzt, der ich sein sollte.«[151]

Können Patienten Ärzten trauen?

Die Geschichte des kleinen Kevin in Kapitel 2 wirft die Frage nach den Schäden auf, die durch Überdiagnostik im Gesundheitssystem verursacht werden. Merenstein und seine Ausbildungsklinik haben durch bittere Erfahrung gelernt, dass sie Tests an ihren Patienten vornehmen müssen, um sich selber zu schützen, selbst wenn potenzieller Schaden und kein Nutzen belegt ist. Offenbar läuft etwas schief im Gesundheitssystem. Das altmodische Bauchgefühl »Wenn du einen weißen Kittel siehst, vertrau ihm« hat viel Gutes bewirkt. Doch es kann nicht mehr so gut funktionieren, wenn Ärzte Prozesse fürchten, wenn Übermedikation und Überdiagnostik zu einträglichen Geschäften geworden sind und wenn aggressive Werbung für verschreibungspflichtige Arzneimittel in Radio und Fernsehen legal ist. All das führt zu einem Verlust an Qualität und einer Zunahme der Kosten im Gesundheitssystem. Lassen Sie mich zwei Konsequenzen erläutern:[152]

- *Überdiagnostik*: Durch Tests wird ein medizinischer Zustand festgestellt, der sich sonst zu Lebzeiten des Patienten nicht bemerkbar gemacht hätte.
- *Überbehandlung*: Ein medizinischer Zustand wird behandelt, der sich sonst zu Lebzeiten des Patienten nicht bemerkbar gemacht hätte.

Was hätten Sie lieber, tausend Dollar in bar oder eine kostenlose Ganzkörper-Computertomografie (CT)? In einer Telefonumfrage bei einer Zufallsstichprobe von fünfhundert Amerikanern erklärten 73 Prozent, sie würden die CT vorziehen.[153] Wissen diese Optimisten, was sie sich damit einhandeln? Offenbar nicht. Es gibt keinerlei Beweise für den Nutzen oder auch nur die Sicherheit einer Ganzkörper-CT: Sie wird von keiner Ärztevereinigung empfohlen und von einigen sogar abgelehnt.[154] Trotzdem werden CT-Scans und andere Hightech-Früherkennungsuntersuchungen durch eine wachsende Zahl von unabhängigen Unternehmern, einschließlich vieler Ärzte, erfolgreich vermarktet. Im amerikanischen Fernsehen treten bekannte Schauspieler als Ärzte verkleidet auf und geben Slogans von sich wie »Vertrau auf den Test, nicht auf dein Glück.«

Ärzte, die CT-Untersuchungen verkaufen, könnten antworten, dass Menschen das Recht hätten, sie zu nutzen, ohne jahrelang zu warten, bis endlich deren Nutzen oder Schaden bewiesen sei – schließlich schenke ein normales Ergebnis den Konsumenten »Seelenfrieden«. Das hört sich beruhigend an. Doch schenken uns normale CT-Ergebnisse wirklich Seelenfrieden? Keineswegs. Es handelt sich eher um eine Illusion als um eine Gewissheit. Betrachten wir beispielsweise die Elektronenstrahl-CT, mit deren Hilfe bestimmt werden soll, welche Menschen ein erhöhtes Risiko für koronare Herzkrankheiten haben. Die Wahrscheinlichkeit, dass dadurch Personen mit erhöhtem Risiko gefunden werden, beträgt nur 80 Prozent, mit anderen Worten, 20 Prozent der gefährdeten Leute werden mit trügerischem Seelenfrieden nach Hause geschickt. Noch schlimmer ist die Häufigkeit falschen Alarms. Von den Menschen, die *keinem* Risiko ausgesetzt sind, erhalten 60 Prozent (!) die Auskunft, dass ihre Ergebnisse verdächtig seien.[155] Das heißt, viele Personen, die keinen Grund zur Sorge haben, verbringen den Rest ihres Lebens mit der Furcht vor einer nicht vorhandenen Erkrankung. Ich habe selten von einem so schlechten Hightech-Test gehört, schlechter als andere nichtinvasive und weniger kostspielige Testmethoden. Ich persönlich würde eher tausend Dollar zahlen, um mir den Test zu ersparen – und meinen Seelenfrieden zu bewahren.

Unterziehen sich die Ärzte selbst den Tests, die sie ihren Patienten empfehlen? Ich habe einmal einen Vortrag vor einer Gruppe von sechzig Ärzten gehalten, darunter auch Vertretern von Ärzteverbänden und Krankenversicherungen. Die Atmosphäre war entspannt, und nicht zuletzt die Herzlichkeit des Veranstalters ließ ein Gefühl der Gemeinsamkeit aufkommen. Wir kamen auf die Mammografie zur Brustkrebsfrüherkennung zu sprechen, an der etwa 75 Prozent der amerikanischen Frauen über fünfzig regelmäßig teilnehmen. Eine Gynäkologin meinte, nach der Mammografie einer Patientin sei sie es, die Ärztin, die beruhigt sei: »Ich fürchte mich davor, einer Frau ein Mammogramm *nicht* zu empfehlen, die vielleicht später mit Brustkrebs wiederkommt und mich fragt: ›Warum haben Sie kein Mammogramm machen lassen?‹ Deshalb empfehle ich allen meinen Patientinnen das Mammografie-Screening. Dennoch glaube ich, es sollte nicht empfohlen werden. Aber ich habe keine Wahl. Ich denke, dieses medizinische System ist irgendwie perfide, und das beunruhigt mich.«[156] Ein Kollege fragte sie, ob sie selbst zur Mammografie gehe. »Nein«, sagte sie. Der Veranstalter stellte dann allen sechzig Ärztinnen und Ärzten die gleiche Frage (bei den Männern: »Würden Sie zur Mammografie gehen, wenn Sie eine Frau wären?«). Das Ergebnis war höchst aufschlussreich: Nicht eine einzige Ärztin in dieser Gruppe nahm an der Mammografie teil, und kein Arzt sagte, er würde es tun, wenn er eine Frau wäre.

Bekommt eine Frau eine bessere Behandlung, wenn sie Rechtsanwältin oder die Frau eines Anwalts ist? Ärzte scheinen Rechtsanwälte für besonders prozesssüchtige Patienten zu halten, die vorsichtig behandelt werden sollten, wenn riskante Maßnahmen wie Operationen anstehen. Die Hysterektomierate in der Schweizer Bevölkerung betrug 16 Prozent, während es bei Anwaltsfrauen nur 8 Prozent und bei Ärztinnen 10 Prozent waren.[157] Generell gilt, dass einer Frau umso eher die Gebärmutter entfernt wird, je weniger gebildet sie und je besser ihre Privatversicherung ist. Ganz ähnlich wurden Kindern in der Allgemeinbevölkerung die Mandeln signifikant häufiger herausgenommen als Kindern von Ärzten und Juristen. Juristen und ihre Kinder erhalten offenbar eine bessere Behandlung, doch besser bedeutet hier weniger.

Also, was tun Sie, wenn Ihre Mutter krank ist und Sie wissen möchten, was Ihr Arzt wirklich denkt? Hier ist eine hilfreiche Regel:

Fragen Sie Ihren Arzt nicht, was er empfiehlt, sondern fragen Sie ihn, was er täte, wenn es seine Mutter wäre.

Nach meiner Erfahrung ändert sich der Rat von Ärzten, wenn ich sie nach der eigenen Mutter und den eigenen Verwandten frage. Die Frage verändert ihren Standpunkt; die eigene Mutter würde nicht klagen. Doch nicht alle Patienten sehen ein, dass ihr Arzt unter äußerem Druck steht und dass sie daher die Verantwortung für ihre Behandlung selbst übernehmen müssen. Die Arzt-Patient-Beziehung ist außerordentlich emotional, wie der Fall eines befreundeten Schriftstellers dokumentiert.

»Wir können uns morgen nicht treffen, ich muss zum Arzt«, sagte er.
»Hoffentlich nichts Ernstes?«
»Nur eine Darmspiegelung«, beruhigte mich mein Freund.
»Nur? Hast du Schmerzen?«
»Nein«, erwiderte er, »mein Arzt meinte, es sei an der Zeit. Ich bin fünfundvierzig. Aber keine Sorge, in meiner Familie hat noch nie jemand Darmkrebs gehabt.«
»Das kann wehtun. Hat dir dein Arzt gesagt, welchen möglichen Nutzen eine Darmspiegelung hat?«
»Nein«, sagte mein Freund, »er hat nur gesagt, es sei ein Routinetest, der von ärztlichen Verbänden empfohlen werde.«
»Schauen wir doch mal ins Internet.«

Zunächst prüften wir den Bericht der U.S. Preventive Services Task Force. Dort hieß es, es gebe nur unzureichende Belege für oder gegen die Darmspiegelung als routinemäßige Früherkennungsuntersuchung. Mein Freund ist Kanadier und meinte, er verlasse sich nicht unbedingt auf das, was US-Amerikaner sagen. Daher schauten wir uns den Bericht der kanadischen Expertengruppe für medizinische Präventivmaßnahmen an und fanden das gleiche Ergebnis.

Um ganz sicherzugehen, suchten wir noch die Internetseite der Zeitschrift *Bandolier* in Oxford auf, die sich der evidenzbasierten Medizin verschrieben hat, und bekamen abermals die gleiche Auskunft. Keine seriöse medizinische Organisation, die wir per Internet konsultierten, sprach sich für die routinemäßige Darmspiegelung aus – schließlich kann diese Untersuchung außerordentlich unangenehm sein. Stattdessen wurde der einfachere, billigere und nichtinvasive Stuhltest auf okkultes Blut empfohlen. Und was tat mein Freund? Wenn Sie glauben, er hätte seinen Arzttermin am folgenden Tag abgesagt, dann irren Sie sich genauso, wie ich es tat. Er konnte die Tatsachen nicht ertragen, stand auf, ging und weigerte sich, das Thema noch weiter zu erörtern. Er wollte seinem Arzt vertrauen.

Das Dilemma der Ärzte

Patienten vertrauen ihren Ärzten in der Regel, bedenken aber nicht immer, in welcher Situation sich die Ärzte selbst befinden. Die meisten Ärzte versuchen, in einer Welt, in der Zeit und Wissen sehr begrenzt sind, ihr Bestes zu geben. In den USA haben die Patienten im Durchschnitt zweiundzwanzig Sekunden Zeit, um ihre Beschwerden zu beschreiben, bevor sie von ihrem Arzt unterbrochen werden. Insgesamt verbringt der Arzt fünf Minuten mit einem Patienten – einschließlich »Guten Tag« und etwas Smalltalk. Das sieht ganz anders in Ländern wie der Schweiz und Belgien aus, die einen »offenen Markt« haben, in dem Patienten sich an mehr als einen praktischen Arzt oder Facharzt wenden können. In dieser Wettbewerbssituation investiert der Arzt Zeit in seine Patienten, wenn er möchte, dass sie wiederkommen. In diesen Ländern beträgt die durchschnittliche Konsultationsdauer fünfzehn Minuten.[158]

Weiterbildung ist in der sich rasch wandelnden Welt der Medizin unverzichtbar. Doch die meisten Ärzte haben weder die Zeit, auch nur einige der Tausende von Artikeln zu lesen, die jeden Monat in medizinischen Zeitschriften erscheinen, noch die methodischen Kenntnisse, um die Behauptungen in diesen Artikeln zu bewerten. Stattdessen findet die Fortbildung in vielen Ländern überwiegend in Seminaren statt, die von der pharmazeutischen Industrie gesponsert werden, meist an einem schönen Ferienort und mit Übernahme aller Kosten, auch derjenigen der Ehepartner. Pharmaunternehmen verfertigen gefällige Zusammenfassungen der wissenschaftlichen Studien zu ihren Produkten, die ihre Vertreter in Form von Werbebroschüren und Prospekten an die Ärzte verteilen. Wie eine Untersuchung kürzlich offenbarte, sind das durchaus keine neutralen Zusammenfassungen. Die Behauptungen, die in hundertfünfundsiebzig für deutsche Ärzte bestimmten Broschüren aufgestellt wurden, ließen sich nur in 8 Prozent der Fälle bestätigen.[159] In den verbleibenden 92 Prozent der Fälle wurden Aussagen der ursprünglichen Studie falsch wiedergegeben, schwerwiegende Nebenwirkungen unterschlagen, der Zeitraum, in dem das Medikament unbedenklich eingenommen werden kann, willkürlich verlängert, oder es stellte sich heraus – wenn die Ärzte die Originaluntersuchungen einsehen wollten –, dass die angegebene Quelle sich nicht auffinden ließ beziehungsweise noch nicht einmal angegeben war. Infolgedessen sind viele Ärzte nur lückenhaft über die Fortschritte in der medizinischen Forschung unterrichtet.

Für Patienten wie Ärzte wird die Geografie zum Schicksal. Die Chirurgen in einer bestimmten Region Vermonts entfernten bei 8 Prozent der dort lebenden Kinder die Mandeln, während die Ärzte eines anderen Gebiets bei 70 Prozent der Kinder eine Tonsillektomie vornahmen. In einer Region Iowas hatten sich 15 Prozent aller Männer bis zum fünfundachtzigsten Lebensjahr einer Prostataoperation unterzogen, in einem anderen Gebiet waren es 60 Prozent. Frauen sind der gleichen geografischen Macht über ihren Körper ausgeliefert. In einer Region von Maine war bei 20 Prozent der Frauen bis zum siebzigsten Lebensjahr die Gebärmutter entfernt worden; in einem anderen Gebiet wurde dieser Eingriff an 70 Prozent vorgenommen.[160] Es ist kaum anzunehmen, dass diese extremen regionalen Unterschiede auf die gesundheitliche Verfassung der Patienten zurückzuführen sind. Ob eine bestimmte Behandlung an Patienten vorgenommen wird oder nicht, hängt davon ab, wie die regionale Praxis aussieht und bei wem der Patient in Behandlung ist. Beispielsweise empfehlen bei lokalisiertem Prostatakrebs die meisten Urologen eine Radikaloperation, während die meisten Strahlenonkologen eine Strahlenbehandlung vorschlagen. Die Autoren des *Dartmouth Atlas of Health Care* gelangen zu dem Schluss: »Das Gesundheits-›System‹ in den Vereinigten Staaten ist keineswegs ein System, sondern eine planlose und irrationale Wucherung von Ressourcen, die sich über die Gesetze von Angebot und Nachfrage hinwegsetzen.«[161]

In einer Zeit, in der alle Welt wegen der Kostenexplosion im Gesundheitswesen besorgt ist, geben wir jedes Jahr Milliarden für Gesundheitsmaßnahmen aus, die den Menschen wenig Nutzen bringen und manchmal sogar Schaden anrichten. Können wir diese Probleme abstellen und für mehr Rationalität in unserem Gesundheitssystem sorgen? Das System braucht in der Tat eine dreistufige Kur: Als Erstes müssen wir die defensiven Praktiken und lokalen Gewohnheiten der Ärzte durch effiziente und transparente Verfahren ersetzen, als Zweites die Empfehlungen der medizinischen Fachleute, was denn eine gute und richtige Behandlung sei, auf einen Nenner bringen, und schließlich die gesetzlichen Grundlagen so verändern, dass die Ärzte wieder das tun können, was für den Patienten am besten ist, statt vor allem an ihren Selbstschutz denken zu müssen. Im nächsten Absatz beschreibe ich, wie wir das erste Ziel erreichen können.

Wie sich die Urteilsfähigkeit von Ärzten verbessern lässt

Es gibt zwei klassische Vorschläge, die beide dem Geist der Franklin'schen Regel verpflichtet sind. Nach der klinischen Entscheidungstheorie sollten Patienten und Ärzte zwischen alternativen Behandlungsformen wählen, indem sie alle möglichen Folgen berücksichtigen und dann die numerische Wahrscheinlichkeit und Nützlichkeit der Folgen abschätzen. Dann multipliziert man die Werte, addiert sie und wählt die Behandlung mit dem höchsten erwarteten Nutzen aus. Der Vorteil dieses Ansatzes liegt darin, dass er die gemeinsame Entscheidungsfindung verkörpert: Der Arzt nennt die Alternativen, Konsequenzen und Wahrscheinlichkeiten, und der Patient ist dafür verantwortlich, den möglichen Vor- und Nachteilen Zahlen zuzuweisen. Allerdings konnten die Entscheidungstheoretiker nur wenige Ärzte von dieser Art Kalkulation überzeugen, da sie zeitaufwändig ist und die meisten Patienten abgeneigt sind, einen Tumor und einen Herzinfarkt durch Zuschreibung von Zahlenwerten gegeneinander aufzurechnen. Vertreter der klinischen Entscheidungsanalyse würden antworten, dass man die ärztliche Intuition dann eben ändern müsse. Doch es existiert kein Beweis dafür, dass die Analyse des erwarteten Nutzens die beste Form klinischer Entscheidungen ist, und es gibt sogar Berichte, dass sie nicht immer zu besseren Entscheidungen führe. Zu guter Letzt sei noch darauf hingewiesen, dass Menschen bei einem Konflikt zwischen Intuition und bewusster Überlegung mit der getroffenen Entscheidung weniger zufrieden sind.[162]

Der zweite Vorschlag besagt, man solle für Ärzte, die Behandlungsentscheidungen treffen, komplexe statistische Hilfen einführen, weil sie zu besseren Ergebnissen als ihre Intuitionen führen würden.[163] Im nächsten Abschnitt werden wir uns eingehender damit beschäftigen. Obwohl diese Entscheidungshilfen häufiger Verwendung finden als Nutzwertanalysen, sind sie in der klinischen Praxis bislang noch selten und stehen in Konflikt mit medizinischer Intuition. Die Mehrheit der Ärzte hat Probleme, diese komplexen Entscheidungshilfen zu verstehen, und schafft sie irgendwann wieder ab. Infolgedessen werden die Ärzte allein gelassen mit ihrer klinischen Intuition, die durch Selbstschutz, Spezialisierung und das Schicksal der Geografie verformt ist.

Gibt es eine Möglichkeit, die Natur von Intuitionen zu berücksichtigen *und* Behandlungsentscheidungen zu verbessern? Ich glaube, dass die Intuitionswissenschaft eine solche Alternative bietet. In diesem Zusammenhang las ich sehr erfreut in der namhaften Medizinzeitschrift *Lancet*, dass sich auch in der Medizin unsere Arbeit über Faustregeln auszuwirken beginnt. Wie das Motto zu diesem Kapitel erkennen lässt, glaubt man mit Faustregeln die Intuitionen hervorragender Kliniker erklären zu können. Doch in derselben Ausgabe von *Lancet* interpretiert ein weiterer Artikel unsere Arbeit anders: »Im nächsten Schritt wird es um schnelle und einfache Heuristiken gehen, Entscheidungsregeln, die für Patienten wie Kliniker gleichermaßen gelten.«[164] Hier werden Faustregeln als Alternative zur komplexen Entscheidungsanalyse gesehen. Nach meiner Auffassung verwenden Ärzte bereits einfache Faustregeln, geben es aber aus Angst vor juristischen Konsequenzen nicht immer zu. Stattdessen wenden sie diese Regeln entweder unwissentlich oder uneingestanden an, sodass sie kaum eine Möglichkeit haben, dieses Entscheidungsverfahren systematisch zu lernen. Die Probleme, die sich daraus für die Gesundheitsversorgung ergeben, liegen auf der Hand. Mein Vorschlag lautet, intuitive Entscheidungen zu einer Wissenschaft zu entwickeln, sie offen zu diskutieren, sie anhand der vorliegenden Evidenz zu betrachten und sie Medizinstudenten dann durch ein gezieltes und wissenschaftlich fundiertes Training zu vermitteln.

Die folgende Geschichte illustriert dieses Programm. Sie handelt von drei Möglichkeiten, Behandlungsentscheidungen zu treffen: durch klinische Intuition, durch ein komplexes statistisches System oder durch eine schnelle und einfache Faustregel. Der Anfang der Geschichte liegt einige Jahre zurück, damals hielt ich einen Vortrag vor der Society for Medical Decision Making im schönen Tempe in Arizona. Ich erläuterte, in welchen Situationen einfache Regeln schneller, kostensparender und genauer sein können als komplexe Strategien. Als ich das Podium verließ, wandte sich Lee Green, ein Medizinforscher von der University of Michigan, an mich und sagte: »Ich glaube, jetzt verstehe ich das Rätsel, das mich beschäftigt.« Hier ist die Geschichte.

Auf die Intensivstation?

Ein Mann wird mit starken Brustschmerzen ins Krankenhaus gebracht. Die Notfallärzte halten einen Herzinfarkt (akute ischämische Herzkrankheit) für möglich. Es besteht sofortiger Handlungsbedarf. Soll der Mann auf die kardiologische Intensivstation kommen oder in ein reguläres Krankenbett mit elektrokardiografischem Überwachungssystem? Das ist eine Routinesituation. In den USA werden jährlich ein bis zwei Millionen Patienten in kardiologische Intensivstationen eingewiesen.[165] Wie treffen die Ärzte diese Entscheidung?

In einem Krankenhaus in Michigan verließen sich die Ärzte auf die langfristigen Risikofaktoren für die koronare Herzkrankheit, unter anderem Familiengeschichte, männliches Geschlecht, fortgeschrittenes Alter, Rauchen, Diabetes mellitus, erhöhter Cholesterinspiegel und Bluthochdruck. Diese Ärzte verlegten rund 90 Prozent der Patienten mit starken Brustschmerzen auf die kardiologische Intensivstation. Das ist ein Anzeichen für defensive Entscheidungsfindung; die Ärzte haben Angst, verklagt zu werden, wenn sie einen Patienten in ein reguläres Krankenbett verlegen und dieser anschließend an einem Herzinfarkt stirbt. Infolgedessen war die Intensivstation überfüllt, sank das Pflegeniveau und kletterten die Kosten. Nun denken Sie vielleicht: Selbst wenn ein Patient keinen Herzinfarkt bekommt, ist Vorsicht besser als Nachsicht. Aber ein Aufenthalt in der Intensivstation birgt seine eigenen Risiken. Bedenken Sie, dass rund zwanzigtausend Amerikaner jedes Jahr an einer krankenhausbedingten Infektion sterben und eine viel größere Zahl an einer solchen erkrankt. Besonders häufig treten solche Infektionen auf Intensivstationen auf, sodass sie einer der gefährlichsten Orte im Krankenhaus sind. Ein lieber Freund von mir starb an einer Krankheit, die er sich auf einer Intensivstation zugezogen hatte. Doch indem die Ärzte ihre Patienten in diese extrem gefährliche Situation bringen, schützen sie sich vor möglichen juristischen Folgen.

Eine medizinische Forschungsgruppe der University of Michigan wurde beauftragt, Abhilfe zu schaffen. Als sie die Qualität der ärztlichen Entscheidungen überprüfte – und Qualitätskontrolle ist noch immer keine Selbstverständlichkeit in Krankenhäusern –, gelangte sie zu einem beunruhigenden Ergebnis. Die Ärzte verlegten nicht nur die meisten Patienten auf die Intensivstation, sondern sie taten es auch mit Patienten, die dort nicht hingehörten (die keinen Herzinfarkt hatten), ebenso oft wie mit Patienten, bei denen es angebracht war (die einen Herzinfarkt hatten). Die Entscheidungen der Ärzte waren also nicht besser als das Zufallsniveau, aber das schien niemand zu bemerken. Wie sich in einer zweiten Studie zeigte, waren die langfristigen Risikofaktoren, an denen sich die Ärzte orientierten, keineswegs die wichtigsten zur Unterscheidung zwischen Patienten mit und solchen ohne akute ischämische Herzkrankheit. Insbesondere berücksichtigten die Ärzte Bluthochdruck und Diabetes, die »pseudodiagnostische« Hinweise sind, statt Art und Ort der Symptome und bestimmte EKG-Befunde heranzuziehen, die aussagekräftigere Indizien für einen Herzinfarkt sind.[166]

Was tun? Zunächst versuchte die Gruppe, das komplexe Problem mit einer komplexen Strategie zu lösen. Sie führten das *Heart Disease Predictive Instrument* (HDPI) ein.[167] Es besteht aus einer Tabelle mit rund fünfzig Wahrscheinlichkeiten und einer langen Formel, die es dem Arzt ermöglichen, mithilfe eines Taschenrechners die Wahrscheinlichkeit zu berechnen, dass ein Patient auf die Intensivstation verlegt werden sollte. Man brachte den Ärzten bei, die richtigen Wahrscheinlichkeiten für jeden Patienten zu finden, diese in den Taschenrechner einzutippen, »Enter« zu drücken und das Ergebnis abzulesen. War es größer als ein vorgegebener Schwellenwert, kam der Patient auf die Intensivstation. Ein rascher Blick auf die Tabelle verdeutlicht, warum die Ärzte mit diesem und ähnlichen Systemen nicht besonders glücklich waren (Abbildung 9.1). Sie verstehen es nicht.

Trotzdem verbesserten sich die Entscheidungen der Ärzte deutlich nach den ersten Versuchen mit dem System, und die Überbelegung der kardiologischen Intensivstation ging zurück. Daher gelangte die Forschungsgruppe zu dem Schluss, dass in diesen Fällen das Kalkül und nicht die Intuition entscheidend sei. Doch da es sich um erfahrene Forscher handelte, überprüften sie ihre Schlussfolgerung, indem sie den Ärzten die Taschenrechner und Tabellen wegnahmen. Wenn die Rechnung der entscheidende Faktor war, musste die Qualität der ärztlichen Entscheidungen wieder auf das ursprüngliche Zufallsniveau zurückfallen. Doch die Leistung der Ärzte verschlechterte sich nicht. Die Forscher waren überrascht. Hatten sich die Ärzte die Wahrscheinlichkeiten auf der Tabelle eingeprägt? Ein Test zeigte, dass weder dies der Fall war, noch dass sie die Formel im Taschenrechner verstanden. Daraufhin gaben die Forscher den Ärzten Taschenrechner und Tabelle zurück, nahmen sie ihnen wieder weg und so fort. Es machte keinen Unterschied. Nach den ersten Kontakten mit der Tabelle hatten sich die Intuitionen der Ärzte dauerhaft verbessert, auch wenn sie keinen weiteren Zugang zu den Berechnungsinstrumenten hatten. Hier nun das Rätsel: Wie konnten die Ärzte die richtigen Berechnungen anstellen, obwohl sie nicht mehr über die entscheidenden Instrumente verfügten?

Brustschmerzen = Hauptbeschwerde
EKG (ST-Segment, T-Welle)

Geschichte	ST&T Ø	ST⇔	T⇑⇓	ST⇔	ST⇔&T⇑⇓	ST⇑⇓&T⇑⇓
Kein MI & kein NTG	19%	35%	42%	54%	62%	78%
MI oder NTG	27%	46%	53%	64%	73%	85%
MI und NTG	37%	58%	65%	75%	80%	90%

Brustschmerzen nicht Hauptbeschwerde
EKG (ST-Segment, T-Welle)

Geschichte	ST&T Ø	ST⇔	T⇑⇓	ST⇔	ST⇔&T⇑⇓	ST⇑⇓&T⇑⇓
Kein MI & kein NTG	10%	21%	26%	36%	45%	64%
MI oder NTG	16%	29%	36%	48%	56%	74%
MI und NTG	22%	40%	47%	59%	67%	82%

Keine Brustschmerzen
EKG (ST-Segment, T-Welle)

Geschichte	ST&T Ø	ST⇔	T⇑⇓	ST⇔	ST⇔&T⇑⇓	ST⇑⇓&T⇑⇓
Kein MI & kein NTG	4%	9%	12%	17%	23%	39%
MI oder NTG	6%	14%	17%	25%	32%	51%
MI und NTG	10%	20%	25%	35%	43%	62%

Abbildung 9.1: Die Tabelle des *Heart Disease Predictive Instrument* wird zusammen mit einem Taschenrechner geliefert. Wenn Sie sie nicht verstehen, ahnen Sie vielleicht, warum Ärzte sie nicht mögen.

Zu diesem Zeitpunkt fand die Begegnung zwischen Green, dem Leiter der Forschungsgruppe, und mir statt. Bei meinem Vortrag kam ihm die Erleuchtung: Die Ärzte brauchten weder Tabelle noch Taschenrechner, weil sie eben keine Berechnungen vornahmen. Doch wodurch verbesserten sich ihre Intuitionen dann? Wichtig schienen allein die richtigen Faktoren zu sein, die sich die Ärzte eingeprägt hatten. Sie arbeiteten noch immer mit ihren Intuitionen, wussten jetzt aber, wonach sie suchten, während sie früher am falschen Ort gesucht hatten. Diese Erkenntnis eröffnete eine dritte Alternative neben bloßer Intuition und komplexer Berechnung: eine Faustregel für die Verlegung auf die kardiologische Intensivstation, die Green zusammen mit David Mehr entwickelte. Sie entsprach der natürlichen Denkweise der Ärzte, war aber empirisch unterfüttert. Lassen Sie mich erklären, nach welcher Logik eine solche Regel konstruiert wird.

Das *Heart Disease Predictive Instrument* bewies seine Wirksamkeit an rund zweitausendachthundert Patienten in sechs Krankenhäusern Neuenglands. Warum nicht auch in einem Krankenhaus einer anderen Region, etwa in Michigan? Wie erwähnt, fehlt es hier an Transparenz. Wenn Systeme, die mit komplizierten Berechnungen und Wahrscheinlichkeitswerten arbeiten, in Widerspruch zur Intuition der Ärzte geraten, halten diese sich in der Regel an die weniger komplizierte Methode.[168] Doch die Komplexität hat, wie das vorherige Kapitel zeigte, noch einen weiteren Nachteil. Bei großer Ungewissheit erweisen sich einfache diagnostische Methoden in der Regel als genauer. Die Vorhersage von Herzinfarkten ist außerordentlich schwierig, und es gibt noch keine Methode, die auch nur im Entferntesten vollkommen wäre.

Setzen wir einmal voraus, dass sich das komplexe Instrument ausgezeichnet für Neuengland-Patienten eignet. Daraus folgt aber nicht unbedingt, dass dies gleichermaßen auch in Michigan gilt. Die Patienten in den Krankenhäusern Michigans unterscheiden sich von denen in Neuengland, aber wir wissen nicht, wie und in welchem Ausmaß. Eine Möglichkeit bestünde darin, eine neue Studie an mehreren tausend Patienten in Michigan durchzuführen. Doch diese Option steht nicht zur Verfügung, und selbst wenn es der Fall wäre, würde eine solche Untersuchung Jahre dauern. Obgleich wir also keine Daten haben, können wir dennoch die vereinfachenden Prinzipien anwenden, die wir in den vorausgehenden Kapiteln eingeführt haben.

Aber wie? Eine Möglichkeit besteht darin, die Anzahl der Faktoren in dem komplexen diagnostischen Instrument zu reduzieren und das Prinzip von dem einen guten Grund anzuwenden. Das würde zu einem *effizienten Entscheidungsbaum* führen (siehe rechts). Er ähnelt dem Take-the-Best, kann aber eine andere Klasse von Problemen lösen: nämlich ein Objekt (oder eine Person) in zwei oder mehr Kategorien klassifizieren.

Der effiziente Entscheidungsbaum

Ein effizienter Entscheidungsbaum stellt nur einige Ja-Nein-Fragen und ermöglicht nach jeder eine Entscheidung.[169] In dem Entscheidungsbaum, der von Green und Mehr (Abbildung 9.2) entwickelt wurde, wird der Patient augenblicklich auf die kardiologische Intensivstation verlegt, wenn sich eine bestimmte Anomalie im EKG zeigt (das sogenannte ST-Segment). Dann bedarf es keiner weiteren Information. Ist das nicht der Fall, wird ein zweiter Hinweis herangezogen: ob die Hauptbeschwerden des Patienten Brustschmerzen sind. Wenn nicht, kommt der Patient in ein reguläres Krankenbett. Alle anderen Informationen bleiben unberücksichtigt. Wenn die

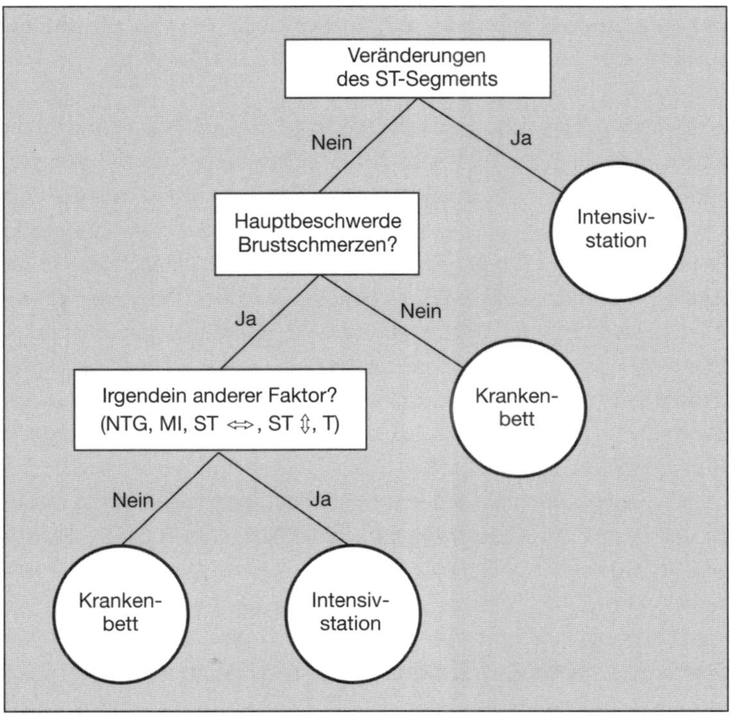

Abbildung 9.2: Ein effizienter Entscheidungsbaum für die Verlegung auf kardiologische Intensivstationen (nach Green und Mehr 1997).

Antwort Ja ist, wird noch eine letzte Frage gestellt. Diese dritte Frage ist mehrteilig und bezieht sich auf das Vorliegen eines der anderen fünf Faktoren. Wenn die Antwort wiederum positiv ist, kommt der Patient auf die Intensivstation. Dieser Entscheidungsbaum ist in mehrfacher Hinsicht effizient. Er vernachlässigt die fünfzig Wahrscheinlichkeiten und, von einigen wenigen abgesehen, viele diagnostische Fragen.

Dieser effiziente Entscheidungsbaum stellt den wichtigsten Faktor an die Spitze. Veränderungen im ST-Segment sorgen dafür, dass die gefährdeten Patienten augenblicklich auf die Intensivstation kommen. Der zweite Faktor, Brustschmerzen, teilt die Patienten, die keine Intensivpflege brauchen, einem regulären Krankenbett zu, um die gefährliche Überbelegung der Intensivstation zu verringern. Wenn keiner dieser Faktoren eine Entscheidung herbeiführt, kommt der dritte zum Tragen. Ärzte bevorzugen diesen effizienten Entscheidungsbaum, weil er transparent ist und leicht vermittelt werden kann.

Doch wie gut ist eine solche einfache Regel? Was wäre Ihnen lieber, wenn Sie mit Blaulicht ins Krankenhaus gefahren werden, weil Sie starke Brustschmerzen haben: dass man Ihre Diagnose mit ein paar Ja-Nein-Fragen oder mit einer Wahrscheinlichkeitstabelle und einem Taschenrechner stellt? Oder würden Sie einfach der Intuition der Ärzte vertrauen? Abbildung 9.3 zeigt die diagnostische Genauigkeit der drei Methoden in dem Krankenhaus in Michigan. Erinnern wir uns daran, dass es zwei Aspekte der Genauigkeit gibt. Auf der senkrechten Achse ist der Anteil der Patienten dargestellt, die zu Recht auf die kardiologische Intensivstation verlegt wurden (das heißt diejenigen, die tatsächlich einen Herzinfarkt hatten). Im Idealfall sollte dieser Anteil hoch sein. Auf der waagerechten Achse ist der Anteil der zu Unrecht auf die Intensivstation verlegten Patienten abgebildet, der gering sein sollte. Die diagonal verlaufende Linie stellt das Zufallsniveau dar. Punkte über der Diagonale geben Leistungen wieder, die über Zufallsniveau, Punkte unter der Diagonale Leistungen, die unter Zufallsniveau liegen. Eine perfekte Strategie wäre in der oberen linken Ecke angesiedelt, doch dergleichen gibt es in der ungewissen Welt der Herzerkrankungen nicht. Die Leistung der Ärzte vor der Intervention der Michigan-Forscher

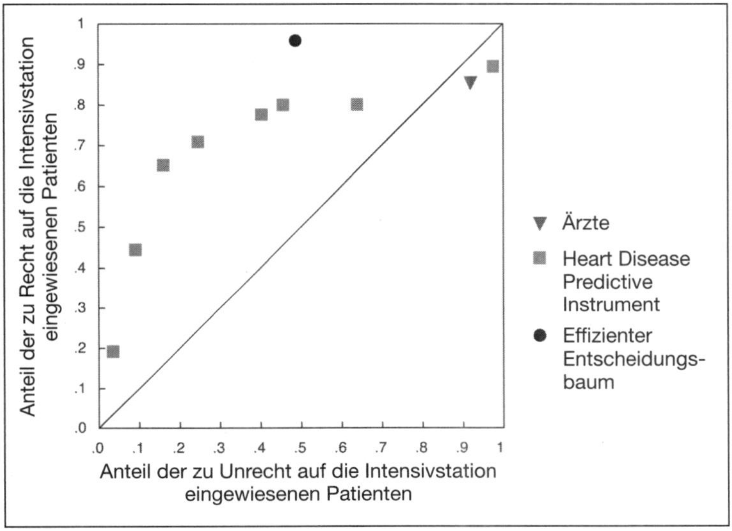

Abbildung 9.3: Welche Methode kann Herzinfarkte am besten vorhersagen? Die drei grafisch dargestellten Methoden sind intuitive Urteile von Ärzten, das komplexe *Heart Disease Predictive Instrument* und der effiziente Entscheidungsbaum.

lag auf Zufallsniveau – sogar etwas darunter. Wie erwähnt, schickten sie ungefähr 90 Prozent der Patienten auf die Intensivstation, vermochten aber nicht zu unterscheiden zwischen denen, die dort hingehörten, und denen, bei denen es nicht notwendig war. Die Leistung des Heart Disease Predictive Instrument wird durch die Quadrate abgebildet; es gibt mehr als ein Quadrat, weil man die zwei Aspekte der Genauigkeit unterschiedlich gewichten kann.[170] Das komplexe Instrument war erheblich besser als der Zufall.

Wie schnitt der effiziente Entscheidungsbaum ab? Rufen wir uns ins Gedächtnis, dass das komplexe Instrument mehr Informationen als der effiziente Entscheidungsbaum zur Verfügung hatte und auf komplizierten Berechnungsmethoden beruhte. Trotzdem war der effiziente Entscheidungsbaum genauer in der Prognose tatsächlicher Herzinfarkte. Er schickte weniger Patienten, die unter einem Herzinfarkt litten, in ein reguläres Krankenbett als das komplexe System, das heißt, weniger Infarkte wurden übersehen. Außerdem

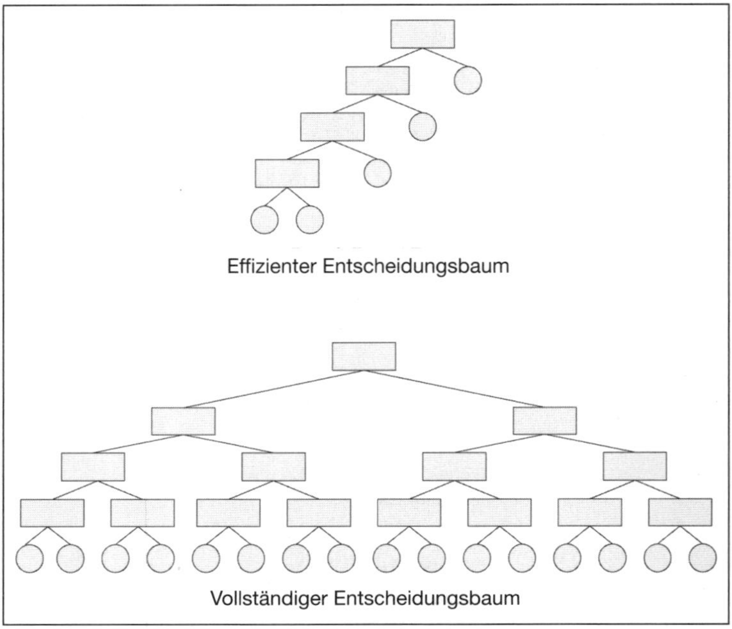

Abbildung 9.4: Wenn sich die Zahl der Hinweise erhöht, sind vollständige Entscheidungsbäume selbst von leistungsfähigen Computern nicht mehr zu berechnen, während effiziente Entscheidungsbäume leicht zu bewältigen sind.

halbierte er die Zahl falscher Alarme beinahe. Wieder hatte sich Einfachheit ausgezahlt.[171]

Im Allgemeinen besteht ein effizienter Entscheidungsbaum aus drei Bausteinen:

> *Suchregel:* Suche nach Faktoren in der Reihenfolge ihrer Bedeutung.
> *Stoppregel:* Beende die Suche, wenn ein Faktor es erlaubt.
> *Entscheidungsregel:* Klassifiziere das Objekt anhand dieses Faktors.

Ein effizienter Entscheidungsbaum unterscheidet sich von einem vollständigen Entscheidungsbaum. Vollständige Entscheidungsbäume sind keine Faustregeln; sie sind nicht einfach und transparent, sondern informationsfressend und komplex. Abbildung 9.4 zeigt beide Arten von Entscheidungsbäumen. Ein vollständiger Entscheidungsbaum hat 2^n Ausgänge oder Blätter, während es beim effizienten Entscheidungsbaum nur $n + 1$ sind (wobei n die Zahl der Faktoren ist). Wenn wir vier Faktoren betrachten, sind das sechzehn gegenüber fünf Blättern. Bei zwanzig Faktoren ist das Verhältnis etwa eine Million zu einundzwanzig Blättern. Die Konstruktion vollständiger Entscheidungsbäume stößt auch auf andere Probleme: Mit zunehmender Größe werden sie nicht mehr berechenbar, und ihnen stehen auch immer weniger Daten zur Verfügung, anhand deren sich verlässlich schätzen ließe, was auf jeder Stufe zu tun ist. Wenn Sie beispielsweise mit zehntausend Patienten beginnen und versuchen, sie auf die Million Blätter zu verteilen, gelangen Sie zu unzuverlässigen Informationen. Im Gegensatz zum vollständigen stellt der effiziente Entscheidungsbaum eine eindeutige Reihenfolge her – das heißt, er legt fest, welche Faktoren die wichtigsten sind.

Medizinische Intuition lässt sich trainieren

Die Geschichte von der Intensivstation hat eine Moral: Die Intuitionen von Ärzten lassen sich nicht nur durch komplexe Verfahren verbessern, die Gefahr laufen, missverstanden und vermieden zu werden, sondern auch durch einfache und empirisch überprüfte Regeln. Letztere können Überfüllung verringern, die Pflegequalität verbessern und die willkürlichen Schwankungen der ärztlichen Entscheidungen begrenzen. Die Geografie hört auf, Schicksal zu sein. Doch diese methodischen Veränderungen müssen von Gesetzesreformen begleitet sein, damit die Ärzte keine Angst mehr haben müssen, wenn sie im besten Interesse ihrer Patienten handeln. Ein vernünftiges Verfahrensrecht sollte von der einfachen Einsicht ausgehen, dass weniger mehr sein kann und dass nichts wirklich gewiss ist.

Eine systematische Unterweisung der Ärzte in der Anwendung von Faustregeln würde ihnen empirisch begründete, rasche und transparente Diagnosemethoden an die Hand geben. Wie Green berichtete, sind Ärzte vom effizienten Entscheidungsbaum begeistert. Er wird heute noch, Jahre später, in den Krankenhäusern Michigans verwendet. Der nächste Schritt bestünde darin, die Ärzte mit den Bausteinen vertraut zu machen, aus denen sich Heuristiken für andere Patientenpopulationen entwickeln und anpassen lassen, sodass sich ein breites Spektrum von klinischen Intuitionen vermitteln ließe. Für eine wahrhaft effiziente Gesundheitsversorgung muss der Arzt die Kunst beherrschen, sich auf die wichtigen Aspekte zu konzentrieren und den Rest zu vernachlässigen.

Kapitel 10
Moralisches Verhalten

Das Moralische ist keine göttliche,
sondern eine rein menschliche Angelegenheit.
Albert Einstein

Ganz normale Männer

Am 13. Juli 1942 wurden die Männer des in Polen stationierten deutschen Reserve-Polizeibataillons 101 bei Morgengrauen geweckt und in Mannschaftslastwagen an den Rand eines kleinen Dorfes gefahren. Mit zusätzlicher Munition ausgerüstet, aber ohne die geringste Ahnung, was sie erwartete, scharten sich die fünfhundert Männer um ihren beliebten Kommandeur, den dreiundfünfzigjährigen Major Wilhelm Trapp. Nervös erklärte ihnen Trapp, dass ihnen eine erschreckend unangenehme Aufgabe übertragen worden sei und dass die Befehle von höchster Stelle kämen. Es gebe rund tausendachthundert Juden in dem Dorf, von denen man annehme, dass sie mit den Partisanen gemeinsame Sache machten. Der Befehl laute, die männlichen Juden im arbeitsfähigen Alter in ein Arbeitslager zu bringen, die Frauen, Kinder und Alten auf der Stelle zu erschießen. Während der Ansprache hatte Trapp Tränen in den Augen und rang sichtlich um Fassung. Seine Männer und er hatten noch nie vor einer solchen Aufgabe gestanden. Am Ende seiner Ansprache machte Trapp ein ungewöhnliches Angebot: Wenn sich einer der älteren Männer der Aufgabe nicht gewachsen fühle, *könne er beiseitetreten.*

Trapp hielt einen Augenblick inne. Die Männer hatten nur wenige Sekunden, um sich zu entscheiden. Ein Dutzend Männer traten vor. Die anderen nahmen an dem Massaker teil. Viele von ihnen übergaben sich, nachdem sie ihre Pflicht getan hatten, oder litten unter anderen körperlichen Reaktionen, die es ihnen unmöglich machten, die Erschießungen fortzusetzen, woraufhin sie mit anderen Aufgaben betraut wurden. Fast jeder Mann war entsetzt und angeekelt von dem, was er da tat. Doch warum erklärten sich nur ein Dutzend von fünfhundert Männern nicht bereit, an dem Massenmord teilzunehmen?

In seinem höchst aufschlussreichen Buch *Ganz normale Männer* beschreibt der Historiker Christopher Browning seine Suche nach einer Antwort. Dabei stützt er sich auf die Dokumente aus dem Prozess, der nach dem Krieg gegen das Reserve-Polizeibataillon 101 geführt wurde. Es gab die detaillierten Zeugenaussagen von rund hundertfünfundzwanzig Männern, von denen viele »mit einer Offenheit und Freimütigkeit gemacht worden zu sein [schienen], wie sie in anderen Gerichtsakten dieser Art nicht zu finden sind, in denen die Aussagen der Täter ein Gemisch von Rechtfertigungen, Entschuldigungen und Lügen darstellen«.[172] Eine nahe liegende Erklärung wäre der Antisemitismus. Doch Browning hält diese Annahme für wenig wahrscheinlich. Die meisten Mitglieder des Bataillons waren Familienväter mittleren Alters, die zu alt waren, um zur Wehrmacht eingezogen zu werden, und deshalb dem Polizeibataillon zugeteilt wurden. Ihre prägenden Jahre fielen in die Zeit vor den Nazis, daher kannten sie andere politische Maßstäbe und moralische Normen. Sie kamen aus Hamburg, das in dem Ruf stand, zu den weniger nationalsozialistisch geprägten Städten Deutschlands zu gehören, und aus einer sozialen Schicht, deren politische Kultur dem Nationalsozialismus ablehnend gegenüberstand. Diese Männer schienen keine potenziellen Massenmörder zu sein.

Browning prüfte noch eine zweite Erklärung: Autoritätsgläubigkeit. Doch die ausführlichen Prozessaussagen ließen erkennen, dass auch das nicht der entscheidende Grund war. Anders als im Milgram-Experiment, bei dem eine Autoritätsperson, ein Forscher, die Teilnehmer anwies, anderen Menschen elektrische Schläge zu verabreichen, gestattete Major Trapp ausdrücklich »Ungehorsam«.

Diese ungewöhnliche Intervention entband den einzelnen Polizeibeamten von dem unmittelbaren Zwang, den Befehlen von oben zu gehorchen. Die Männer, die vortraten, hatten keine Sanktionen von ihm zu befürchten, obwohl Trapp einen wütenden Hauptmann zurückhalten musste, weil der erste Mann, der nach vorne trat, aus dessen Kompanie kam. Wenn weder Antisemitismus noch Autoritätsgläubigkeit ausschlaggebend war, was konnte dann ganz normale Männer in Massenmörder verwandeln? Browning nennt mehrere mögliche Gründe, unter anderem fehlende Vorwarnung und Bedenkzeit, Sorge um das berufliche Fortkommen und Angst vor Vergeltungsmaßnahmen anderer Offiziere. Doch er gelangt zu dem Schluss, dass es eine andere Erklärung gibt, nämlich die besondere Identifikation von Männern in Uniform mit ihren Kameraden. Viele Polizisten schienen einer sozialen Faustregel zu folgen:

Tanz nicht aus der Reihe.

Laut Browning empfanden die Männer »das starke Bedürfnis, sich nicht durch [rasches] Aus-der-Reihe-Treten von der Gruppe zu trennen«[173], selbst wenn sie damit dem moralischen Imperativ »Töte keine unschuldigen Menschen« verletzten. Aus der Reihe zu treten bedeutete, das Gesicht zu verlieren, indem man Schwäche zugab und den Kameraden mehr als den ihnen zustehenden Anteil an der hässlichen Aufgabe auferlegte. Für die meisten war es leichter, zu schießen, als aus der Reihe zu treten. Browning beendet sein Buch mit einer verstörenden Frage: »In praktisch jedem sozialen Kollektiv übt die Gruppe, der eine Person angehört, gewaltigen Druck auf deren Verhalten aus und legt moralische Wertmaßstäbe fest. Wenn die Männer des Reserve-Polizeibataillons 101 unter solchen Umständen zu Mördern werden konnten, für welche Gruppe von Menschen ließe sich dann noch Ähnliches ausschließen?« Moralisch betrachtet kann nichts dieses Verhalten rechtfertigen. Soziale Regeln können uns jedoch erklären, warum bestimmte Situationen moralisch schwerwiegende Handlungen fördern oder hemmen.

Organspender

Seit 1995 sind rund zwölftausend Deutsche gestorben, die vergeblich auf einen geeigneten Organspender gewartet hatten. Infolgedessen hat sich als ungesetzliche Alternative ein Schwarzmarkt für Nieren und andere Organe gebildet. Obwohl sich die meisten Deutschen für Organspenden aussprechen und man sich einen Spenderausweis online ausdrucken kann, haben bislang nur relativ wenige tatsächlich einen Spenderausweis unterzeichnet. Warum sind nur 12 Prozent Deutsche, jedoch verblüffende 99,9 Prozent Franzosen potenzielle Spender?[174] Was hält die Deutschen davon ab, zu unterschreiben und Leben zu retten?

Wäre moralisches Verhalten das Ergebnis bewusster Überlegung, könnte das Problem darin liegen, dass die Deutschen sich des Bedarfs an Spenderorganen nicht bewusst sind. Dann wäre eine Aufklärungskampagne erforderlich, um das öffentliche Bewusstsein zu schärfen. In Deutschland und in anderen Ländern sind aber schon Dutzende solcher Kampagnen durchgeführt worden, ohne dass sich etwas an der Zahl der Spender verändert hätte. Doch offenbar brauchen die Franzosen keine Aufklärung. Man könnte nun über den Nationalcharakter spekulieren. Haben die Franzosen eine höhere Stufe der moralischen Entwicklung erklommen, oder jagt ihnen der Gedanke, dass ihr Körper nach dem Tod geöffnet wird, weniger Angst ein? Vielleicht befürchten die Deutschen – wie es in einigen populären Romanen und Filmen verbreitet wird –, dass sich die Ärzte auf Notfallstationen nicht genügend darum bemühen, das Leben von Patienten zu retten, die sich als Organspender haben eintragen lassen. Doch warum sind dagegen 99,9 Prozent Österreicher potenzielle Spender? Schließlich haben Deutsche und Österreicher eine gemeinsame Sprache und Kultur und sind unmittelbare Nachbarn. Ein Blick auf die auffälligen Unterschiede in Abbildung 10.1 zeigt, dass es einen sehr einflussreichen Faktor geben muss, der stärker ist als bewusste Überlegung, nationale Stereotype und individuelle Präferenzen. Ich nenne diese Kraft die *Vorgaberegel*:

Wenn es eine Vorgabe gibt, weiche nicht davon ab.

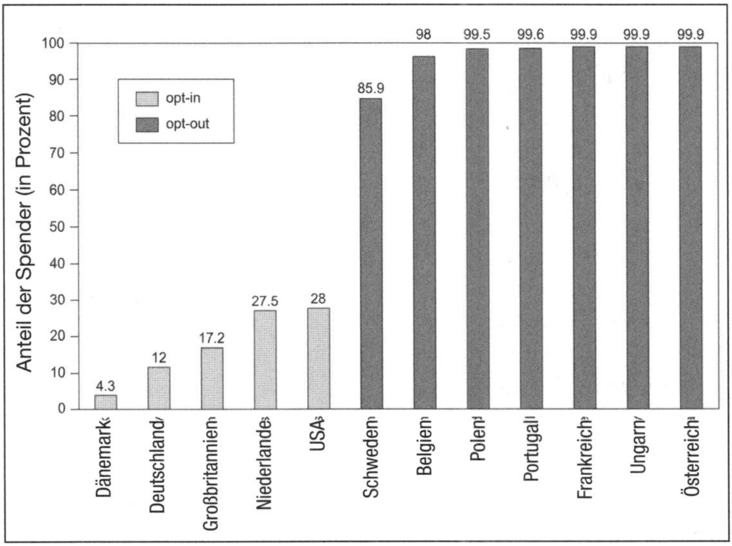

Abbildung 10.1: Warum sind so wenige Deutsche zu Organspenden bereit? Beim Anteil der Bürger, die potenzielle Organspender sind, gibt es auffällige Unterschiede zwischen Ländern, die eine explizite Entscheidung für Organspenden *(opt-in)*, und solchen Ländern, die eine explizite Entscheidung dagegen *(opt-out)* verlangen. In den USA variiert die Politik von Bundesstaat zu Bundesstaat; in einigen müssen sich die Bürger dafür entscheiden, in anderen werden sie zu einer Wahl gezwungen (nach Johnson und Goldstein 2003).

Wie könnte diese Regel erklären, warum Menschen in Deutschland sterben, weil es zu wenige Spender gibt, während Frankreich sie in Hülle und Fülle hat? In Ländern wie Deutschland, Großbritannien und den USA ist es gesetzliche Vorgabe, dass niemand Spender ist, es sei denn, man hat sich dafür entschieden und unterschrieben. Man muss sich bewusst dafür entscheiden. In Ländern wie Frankreich, Österreich und Ungarn ist jeder ein potenzieller Spender, wenn er sich nicht explizit dagegen entscheidet. Die große Mehrheit der Deutschen, Amerikaner, Franzosen, Österreicher und Angehörige anderer Nationen scheinen die *gleiche* Vorgaberegel anzuwenden. Ihr Verhalten ist eine Folge dieser Regel und der Gesetze ihres Landes. So erklären sich die auffälligen Gegensätze zwischen den Ländern. Unter denen, die nicht der Vorgabe folgen, entscheiden sich die meisten interessanterweise für eine Organspende und die wenigsten dagegen. 12 Prozent der Deutschen haben sich gegen die Vorgabe und für das Spenden entschieden, aber nur 0,1 Prozent der Franzosen gegen die Vorgabe und gegen das Spenden. Würden sich die Menschen von stabilen Präferenzen und nicht von Faustregeln leiten lassen, dürfte es die auffälligen Unterschiede in Abbildung 10.1 nicht geben. Nach dieser klassischen wirtschaftswissenschaftlichen Auffassung hätte die Vorgabe wenig Auswirkung, weil sich die Menschen augenblicklich über jede Vorgabe hinwegsetzen würden, die ihrer Präferenz zuwiderliefe. Schließlich müsste man nur ein Formular dafür oder dagegen unterzeichnen. Doch die Untersuchungen lassen darauf schließen, dass für das Verhalten der Menschen die Vorgaberegel und nicht eine stabile Präferenz verantwortlich ist.

Ein unabhängiges Online-Experiment zeigte ebenfalls, dass die Menschen meist der Vorgaberegel folgen.[175] Man bat Amerikaner, sich vorzustellen, sie wären gerade in einen anderen Bundesstaat umgezogen, in dem man nach der gesetzlichen Vorgabe ein Organspender sei und wo man die Wahl habe, diesen Status zu bestätigen oder zu verändern. Einer anderen Gruppe wurde die gleiche Frage gestellt, in diesem Fall aber war man nach dem Status quo kein Spender. Eine dritte Gruppe wurde aufgefordert, eine Entscheidung ohne Vorgabe zu treffen. Selbst in dieser hypothetischen Situation, in der es genauso viel Mühe kostete, an der Vorgabe festzuhalten, wie von ihr abzuweichen, spielte die Vorgabe eine Rolle. Wenn man nach der Vorgabe Organspender war, zeigten sich 80 Prozent zufrieden mit ihrem Status. War man aber nach der Vorgabe kein Spender, erklärten nur halb so viele, sie würden ihren Status verändern und Spender werden. In der dritten Gruppe lag der Wert dazwischen und näher bei der ersten Gruppe mit der Vorgabe »Spender«.

Ein möglicher Grund für die Vorgaberegel könnte darin liegen, dass die existierende Vorgabe als eine vernünftige Empfehlung wahrgenommen wird; schließlich wurde sie ja gesetzlich verankert. Sich daran zu halten erspart den Betroffenen viele Entscheidungen. Die Vorgaberegel ist nicht auf moralische Fragen beschränkt. So bieten die Bundesstaaten Pennsylvania und New Jersey Autofahrern die Wahl zwischen einer Versicherungspolice mit unbeschränktem Rechtsschutz und einer mit beschränktem Rechtsschutz.[176] Die

Police mit unbeschränktem Rechtsschutz ist in Pennsylvania die Vorgabe, während es sich in New Jersey umgekehrt verhält. Hätten Autofahrer nun Präferenzen im Hinblick auf den Rechtsschutz, sollte man meinen, dass sie die Vorgabe vernachlässigten, sodass es kaum Unterschiede zwischen den Nachbarstaaten gäbe. Hielten sie sich hingegen an die Vorgaberegel, müssten in Pennsylvania mehr Fahrer die kostspieligere Police erwerben. Tatsächlich entschieden sich 79 Prozent der Autofahrer in Pennsylvania für den vollen Rechtsschutz, während es in New Jersey nur 30 Prozent waren. Nach Schätzungen gaben Pennsylvanias Autofahrer jedes Jahr 450 Millionen Dollar für den vollen Rechtsschutz aus, die sie zum Teil eingespart hätten, wenn die Vorgabe genauso gewesen wäre wie in New Jersey – und umgekehrt. Vorgaben von Institutionen können also erheblichen Einfluss auf wirtschaftliches wie moralisches Verhalten haben. Viele Menschen sind bestrebt, aktive Entscheidungen zu vermeiden, selbst wenn es um Leben und Tod geht.

Moralisches Verhalten verstehen

Mir geht es bei der Analyse des moralischen Verhaltens darum, wie die Welt *ist*, nicht, wie sie sein *sollte*. Letzteres fällt in die Zuständigkeit der Moralphilosophie. Die Untersuchung moralischer Intuitionen wird allerdings niemals die Erfordernis moralischer Vernunft und individueller Verantwortung ersetzen, mit ihrer Hilfe können wir aber verstehen, welche Umwelten moralisches Verhalten beeinflussen, und die Situation zum Besseren verändern.

Meine These ist, dass Menschen nicht nur eine angeborene Fähigkeit zur Sprache, sondern auch zur Moral haben. Kinder sind genetisch dazu gerüstet, die lokalen moralischen Regeln zu erfassen, so wie sie von Natur aus fähig sind, die Grammatik ihrer Muttersprache zu begreifen. Von Subkultur zu Subkultur erlernen sie die feinen Unterschiede – ähnlich den Nuancen lokaler Dialekte – darüber, wie sie sich in bestimmten Situationen zu verhalten haben. Genauso wie ein Muttersprachler einen richtigen Satz von einem falschen unterscheiden kann, ohne erklären zu können, warum, ist uns das Regelwerk, das der »moralischen Grammatik« zugrunde liegt, meist nicht bewusst. Die moralische Grammatik lässt sich meiner Meinung nach durch Faustregeln erklären. Im Gegensatz zur Sprache befinden sich die Regeln hier jedoch häufig im Widerspruch zueinander. Das Ergebnis kann moralisch empörend sein, wie im Fall der Massenerschießungen, oder bewundernswert, wie bei Menschen, die Organe spenden oder das eigene Leben aufs Spiel setzen, um ein anderes zu retten. Die zugrunde liegende Regel ist nicht gut oder schlecht an sich. Aber sie kann auf die falsche Situation angewendet werden. Meine Überlegungen zu moralischen Intuitionen lassen sich in drei Prinzipien zusammenfassen:

- *Mangel an Bewusstheit.* Eine moralische Intuition taucht wie andere Bauchgefühle rasch im Bewusstsein auf, ist stark genug, um daraufhin zu handeln, aber der eigentliche Beweggrund bleibt unbewusst.
- *Wurzeln und Regeln.* Die Intuition ist mit einer von drei »Wurzeln« (Individuum, Familie oder Gemeinschaft) und mit einem emotionalen Ziel (zum Beispiel Schaden abzuwenden) verknüpft und kann durch Faustregeln beschrieben werden. Diese müssen nicht unbedingt nur für moralisches Verhalten, sondern können auch für andere Handlungen gelten.
- *Soziale Umwelt.* Moralisches Verhalten ist von der sozialen Umwelt abhängig. Manch eine moralische Katastrophe lässt sich verhindern, wenn man die Regeln kennt, die das Verhalten der Menschen bestimmen, und weiß, welche Umwelten diese Regeln aktivieren.

Moralische Gefühle unterscheiden sich im Hinblick auf die Wurzeln, mit denen sie verknüpft sind: das Individuum, die Familie oder die Gemeinschaft. Ein »klassischer« Liberaler versteht Moral beispielsweise als Schutz der Rechte und Freiheiten von Individuen. Solange das Recht jedes Individuums gewahrt bleibt, können die Menschen tun und lassen, was sie wollen. Folglich wird anderes Verhalten nicht als moralisches Problem angesehen, sondern als das Ergebnis sozialer Konventionen oder als eine Frage der persönlichen Entscheidung. Nach dieser auf das Individuum ausgerichteten Auffassung sind Pornografie und Drogenkonsum Angelegenheiten des persönlichen Geschmacks, Mord und Vergewaltigung dagegen Fragen der Moral.

Doch andere Auffassungen und Kulturen gehen davon aus, dass moralische Gefühle auch die Familie und nicht nur das Individuum allein betreffen. In einer familienzentrierten Kultur hat jedes Familienmitglied bestimmte Rollen – Mutter, Ehefrau, ältester Sohn und so fort – und eine lebenslange Verpflichtung der ganzen Familie gegenüber. Schließlich können moralische Gefühle auch auf eine Gemeinschaft von Menschen ausgedehnt werden, deren Beziehungen symbolischer und nicht genetischer Art sind – geprägt von Religion, regionaler Herkunft oder Parteizugehörigkeit. Die Ethik der Gemeinschaft umfasst Prinzipien, welche die Liberalen nicht als wichtige moralische Werte anerkennen würden, etwa Gruppenloyalität und Respekt gegenüber der Obrigkeit. Die meisten Konservativen befürworten die Ethik der Gemeinschaft und wehren sich gegen Haltungen, die sie als die beschränkte Moral individueller Freiheit begreifen. Politische und religiöse Liberale dagegen wissen nicht so recht, wovon Konservative reden, wenn diese die »moralischen Werte« im Munde führen, oder warum die Rechte von Homosexuellen, die doch die Freiheit von niemandem beschneiden, eingeschränkt werden sollen.

Der Psychologe Jon Haidt schlug fünf evolvierte Fähigkeiten vor: ein Gefühl für *Schaden, Reziprozität, Hierarchie, Bezugsgruppe* und *Reinheit*.[177] Dahinter steht die Idee, dass Menschen – je nach der Kultur, in der sie leben – einige oder alle diese Gefühle als moralische Gefühle empfinden. Lassen Sie mich einen Zusammenhang zwischen diesen Gefühlen und den drei Wurzeln herstellen. In einer Gesellschaft mit einer individualistischen Ethik werden nur die beiden ersten Gefühle aktiviert – um die Menschen vor Schaden zu bewahren und die individuellen Rechte durch Bestehen auf Fairness und Reziprozität zu schützen. Nach dieser Ethik sind das Recht auf Schwangerschaftsabbruch und freie Rede genauso moralische Fragen wie das Folterverbot. Die westliche Moralpsychologie ist auf das Individuum ausgerichtet, sodass nach dieser Sichtweise moralische Gefühle mit persönlicher Autonomie zu tun haben.

In einer Gesellschaft mit familienorientierter Ethik sind moralische Gefühle, die Schaden und Reziprozität betreffen, in der Familie, nicht im Individuum verwurzelt. Schutzbedürftig sind das Wohlergehen und die Ehre der Familie. Wenn das Nepotismus zur Folge hat, mag das aus individualistischer Sicht zwar anrüchig erscheinen, doch in vielen traditionellen Gesellschaften ist Nepotismus eine moralische Verpflichtung, kein Verbrechen, und kleinere Dynastien gibt es auch in modernen Demokratien, von Indien bis zu den USA. Doch während individualistische Gesellschaften Nepotismus missbilligen, kann deren Verhalten gegenüber Familienangehörigen wiederum von anderen Gesellschaften abgelehnt werden. Als ich 1980 erstmals die Sowjetunion besuchte, geriet ich in eine hitzige Debatte mit Studenten, die moralisch empört waren, weil in westlichen Gesellschaften die alten Eltern in Heime abgeschoben werden, wo sie bleiben, bis sie sterben. Sie fanden unsere mangelnde Bereitschaft, für unsere alten Eltern zu sorgen, abstoßend. Eine Familienethik aktiviert auch das Empfinden für Hierarchie. Sie weckt ein Gefühl für Respekt, Pflicht und Gehorsam.

In einer gemeinschaftszentrierten Gesellschaft ist die Wurzel des Gefühls von Schaden, Reziprozität und Hierarchie die Gemeinschaft und nicht die Familie oder das Individuum. Die ethische Auffassung einer solchen Gesellschaft aktiviert alle fünf Gefühle, auch die für Bezugsgruppe und Reinheit. Die meisten Stämme, religiösen Gruppen oder Nationen predigen die Tugenden des Patriotismus, der Treue und des Heroismus, und seit unvordenklichen Zeiten opfern Individuen ihr Leben für ihre Bezugsgruppe. In Kriegszeiten bringt die Maxime »Wir stehen hinter unseren Soldaten« das vorherrschende patriotische Gefühl zum Ausdruck, und Kritik gilt als Verrat. Entsprechend haben die meisten Gemeinschaften einen Kodex für Reinheit, Entweihung und Göttlichkeit. Die Menschen sind angeekelt, wenn dieser Kodex verletzt wird, sei es, weil jemand Hunde isst, Sex mit Ziegen hat oder sich einfach nicht täglich duscht. Während im Westen moralische Fragen meist um persönliche Freiheit kreisen (etwa das Recht, seinem Leben selbst ein Ende zu setzen), ist in anderen Gesellschaften moralisches Verhalten stärker auf die Gemeinschaftsethik ausgerichtet, auf Aspekte wie Pflicht, Respekt und Gehorsam gegenüber der Obrigkeit sowie auf die Ethik der Göttlichkeit und das Ringen um Reinheit und Heiligkeit.

Das sind lediglich Orientierungen und keine eindeutigen Kategorien. Jede menschliche Gesellschaft bezieht ihre moralischen Gefühle aus diesen drei Wurzeln, wenn auch mit unterschiedlichem Nachdruck. Die Zehn Gebote der Bibel, die sechshundertdreizehn Mitzwoth oder Gesetze der Thora und die meisten anderen religiösen Texte halten sich an alle drei. Beispielsweise schützt das Gebot »Du sollst nicht falsch Zeugnis reden wider deinen Nächsten« die individuellen Rechte anderer, »Du sollst Vater und Mutter ehren« pocht auf den Respekt vor der Familienautorität, und »Du sollst keine Götter haben neben mir« sorgt dafür, dass in der Gemeinschaft die Gesetze des Göttlichen befolgt werden. Da moralische Gefühle in verschiedenen Wurzeln Halt finden, sind Konflikte die Regel und nicht die Ausnahme.

Im Gegensatz zu meiner Auffassung verknüpft die Moralpsychologie – wie große Teile der Moralphilosophie – moralisches Verhalten oft mit sprachlichem Denken und Rationalität. Lawrence Kohlbergs Theorie der kognitiven Entwicklung setzt beispielsweise eine logische Progression auf drei Ebenen des moralischen Urteils voraus (jede in zwei Stufen unterteilt). Auf der untersten Ebene definieren Kleinkinder die Bedeutung dessen, was richtig ist, durch Aussagen wie »Ich mag es«, das heißt, sie nehmen eine egoistische Bewertung der Handlungen vor, die Belohnung bringen und Bestrafung vermeiden. Auf der mittleren, »konventionellen« Ebene beurteilen ältere Kinder und Erwachsene tugendhaftes Verhalten danach, ob »die Gruppe es billigt«, das heißt nach der Autorität oder der Bezugsgruppe. Auf der höchsten, der »postkonventionellen« Ebene, wird das, was richtig ist, nach objektiven, abstrakten und universellen Prinzipien beurteilt, die vom Selbst und der Gruppe losgelöst sind. In Kohlbergs Worten: »Wir behaupten, dass es eine universell gültige Form eines rationalen moralischen Denkprozesses gibt, den alle Menschen artikulieren könnten.«[178]

Die empirischen Belege für diese Stadien stammen nicht aus Beobachtungen tatsächlichen Verhaltens, sondern aus Antworten, die Kinder gegeben haben, als man ihnen moralische Probleme schilderte. Die Bedeutung, die Kohlberg Verbalisierungen beimisst, steht im Widerspruch zu unserem ersten Prinzip, dem Mangel an Bewusstheit. Die Fähigkeit eines Muttersprachlers, die grammatischen Regeln seiner Sprache zu beschreiben, wäre ein schwacher Anhaltspunkt für seine intuitiven Grammatikkenntnisse. Entsprechend verfügen Kinder unter Umständen über ein vielschichtigeres moralisches System, als sie es ausdrücken können. Der Nachdruck, den Kohlberg auf individuelle Rechte, Gerechtigkeit, Fairness und Wohlergehen legt, setzt das Individuum und nicht die Gemeinschaft oder Familie als Wurzel des moralischen Denkens voraus. Doch nach vielen Jahren empirischer Studien liegt der Schluss nahe, dass sich die moralische Entwicklung nicht an eine strenge Stufenfolge hält. Rufen wir uns ins Gedächtnis, dass Kohlberg von drei Ebenen ausgeht, jede in zwei Stufen unterteilt. Theoretisch gibt es also sechs Stufen. Doch die Stufen eins, fünf und sechs treten in ihrer reinen Form nur selten bei Kindern oder Erwachsenen auf. Beim Kind mischen sich in der Regel die Stufen zwei und drei, und beim Erwachsenen mischen sich die beiden Stufen der konventionellen Ebene. Weltweit ergaben entsprechende Untersuchungen, dass nur 1 bis 2 Prozent der Erwachsenen der höchsten Ebene zuzurechnen sind.

Ich bezweifle nicht, dass wir uns gelegentlich bewusste Gedanken über Gut und Böse machen, obwohl es häufig im Nachhinein geschehen dürfte, zur Rechtfertigung unserer Handlungen. Hier möchte ich mich jedoch auf das moralische Verhalten konzentrieren, das auf Bauchentscheidungen beruht.

Ich weiß nicht, warum, aber ich weiß, dass es falsch ist!

Mein erstes Prinzip moralischer Intuitionen besagt, dass den Menschen die Gründe für ihre moralischen Handlungen häufig nicht bewusst sind. In diesen Fällen sind bewusste Überlegungen eher die Rechtfertigung als die Ursache für moralische Entscheidungen. Betrachten Sie die folgende Geschichte:

> Julia und ihr Bruder Max verbringen während der Semesterferien ihren Sommerurlaub in Frankreich. Eines Nachts in ihrem Sommerhäuschen beschließen sie, miteinander Sex zu haben. Um sicherzugehen, verwenden sie neben der Pille auch Kondome. Beide haben sie großes Vergnügen in ihrer Liebesnacht, sie einigen sich aber darauf, sie nicht zu wiederholen. Diese

Nacht bleibt ihr Geheimnis, wodurch ihre Beziehung noch enger wird. Was halten Sie davon? War es in Ordnung, dass die beiden miteinander schliefen?

Die meisten Menschen, die diese Geschichte hören, haben augenblicklich das Gefühl, es gehöre sich nicht für Geschwister, Sex miteinander zu haben.[179] Doch erst wenn man sie fragt, warum sie das Verhalten missbilligen oder sogar abstoßend finden, beginnen sie nach Gründen zu suchen. Jemand weist möglicherweise auf die Gefahr der Inzucht hin, woraufhin er daran erinnert wird, dass Julia und Max gleich zwei Methoden der Empfängnisverhütung verwendeten. Ein anderer beginnt zu stammeln, murmelt etwas vor sich hin und ruft schließlich aus: »Ich weiß nicht, warum, aber ich weiß, dass es falsch ist!« Haidt nannte diesen Zustand »moralische Sprachlosigkeit«. Viele von uns finden einen Inzest zwischen Geschwistern oder auch Vettern abstoßend, obwohl er die königlichen Familien im alten Ägypten nicht gestört zu haben scheint. Ähnlich würden es wohl die meisten entschieden ablehnen, die Gehirne unserer verstorbenen Eltern zu essen, während dies in anderen Kulturen durchaus der Fall ist, wo es eine Beleidigung der Verstorbenen wäre, die Gehirne den Würmern zum Fraß zu überlassen. Vor dem Hintergrund einer langen philosophischen Tradition können wir die absolute Wahrheit ethischer Fragen intuitiv erkennen, ohne darüber nachzudenken.[180] Ich stimme mit der Ansicht überein, dass moralische Intuitionen häufig selbstverständlich erscheinen, nicht aber damit, dass es sich in jedem Fall um universelle Wahrheiten handelt. Nachdenken führt selten zu moralischen Urteilen, sondern versucht vielmehr eine moralische Intuition nachträglich zu rechtfertigen.[181]

Laut dem zweiten Prinzip können die gleichen Faustregeln sowohl moralischen Handlungen zugrunde liegen als auch Verhaltensweisen, die nicht moralisch unterfüttert sind. Wie oben beschrieben, kann die Vorgaberegel sowohl Probleme lösen, die wir moralisch nennen, als auch solche, die es nach unserer Auffassung nicht sind. Ein weiteres Beispiel ist die Nachahmung, die unserem Verhalten in einer Vielzahl von Situationen als Richtschnur dient:[182]

Tue das, was die Mehrheit in deiner Bezugsgruppe tut.

Diese einfache Regel bestimmt unser Verhalten in verschiedenen Entwicklungsstadien, von der mittleren Kindheit über die Adoleszenz bis ins Erwachsenenalter. Praktisch ist sie eine Garantie für soziale Akzeptanz in der eigenen Bezugsgruppe und Übereinstimmung mit der Ethik der Gemeinschaft. Gegen sie zu verstoßen beschwört die Gefahr herauf, als Feigling oder komischer Kauz zu gelten. Sie kann das moralische Handeln im Guten wie im Bösen lenken (für wohltätige Zwecke spenden oder Minderheiten diskriminieren) und das Konsumverhalten bestimmen (welche Kleidung wir tragen und was für CDs wir kaufen). Teenager kaufen sich in der Regel Nike-Schuhe, weil es die anderen in ihrer Bezugsgruppe tun, und Skinheads hassen Ausländer nur deshalb, weil es ihre Kumpels tun.

Betrachten wir nun die Tanz-nicht-aus-der-Reihe-Regel. Diese Regel kann einen Soldaten zu einem treuen Kameraden, aber auch zu einem Mörder machen. Hören wir, was ein amerikanischer Schütze über die Kameradschaft im Zweiten Weltkrieg berichtete: »Der Grund, warum du Strände eroberst, ist nicht Patriotismus oder Tapferkeit. Es ist der Wunsch, vor deinen Kumpels nicht zu versagen. Das ist ein Verwandtschaftsgefühl besonderer Art.«[183] Ein Verhalten, das widersprüchlich erscheint – wie kann ein netter Bursche so schlimme Sachen tun; wie kann ein schlimmer Mensch sich so nett verhalten? –, geht also möglicherweise aus der gleichen zugrunde liegenden Regel hervor. Die Regel selbst ist nicht gut oder schlecht an sich, doch sie erzeugt Handlungen, die wir billigen oder verurteilen.

Viele Psychologen konstruieren einen Gegensatz zwischen Gefühlen und Gründen. Doch ich vertrete die Ansicht, dass Bauchgefühle selbst ihren Ursprung in Gründen haben. Intuition und moralische Überlegung unterscheiden sich dadurch voneinander, dass die Gründe, auf denen moralische Intuitionen beruhen, in der Regel unbewusst sind. Der entscheidende Unterschied besteht also nicht zwischen Gefühlen und Gründen, sondern zwischen Gefühlen, die sich auf unbewusste Gründe stützen, und bewusster Überlegung.

Das dritte Prinzip ist sehr praxisbezogen und besagt, dass wir moralische Katastrophen verhindern oder abschwächen können, wenn wir die Mechanismen kennen, die moralischem Verhalten zugrunde liegen, und wissen, unter welchen Umständen diese Mechanismen ausgelöst werden. Nehmen Sie den Fall der Organspende. Wenn ein Rechtssystem weiß, dass Faustregeln das Verhalten steuern, könnte es die gewünschte Option als Vorgabe gesetzlich einführen. In Deutschland ließe sich durch einen bloßen Wechsel der Vorgabe das Leben vieler Patienten retten, die unter den gegebenen Umständen vergebens auf einen Spender warten. Die Festsetzung geeigneter Vorgaben ist eine einfache Lösung für ein Problem, das sehr kompliziert wirkt. Oder befassen wir uns noch einmal mit den Männern des Reserve-Polizeibataillons 101. Diese Männer wuchsen mit dem jüdisch-christlichen Gebot »Du sollst nicht töten« auf. Mit seiner Offerte brachte Major Trapp dieses Gebot in Widerspruch zu der Regel »Tanz nicht aus der Reihe«. Trapp hätte jedoch sein Angebot so unterbreiten können, dass sich die Befolgung des Gebots mit dem Bedürfnis vertragen hätte, die Reihen geschlossen zu halten. Hätte er die Männer, die *sich der Aufgabe gewachsen* fühlten, aufgefordert vorzutreten, wäre die Zahl der Polizisten, die sich an den Erschießungen beteiligt hätten, sicherlich beträchtlich kleiner gewesen. Da wir die Uhr nun mal nicht zurückstellen können, lässt sich das zwar nicht überprüfen, doch beide Beispiele belegen, dass Einsicht in moralische Intuitionen moralisches Verhalten »von außen« beeinflussen kann.

Um dieses Gedankenexperiment fortzusetzen, wollen wir uns nun den umgekehrten Fall vorstellen: dass das Verhalten der Reservepolizisten durch Eigenschaften wie Autoritätsgläubigkeit, durch Einstellungen wie Antisemitismus, durch Vorurteile gegen Minderheiten oder durch andere üble Motive verursacht wurde. In diesen Fällen gäbe es keine Möglichkeit zu sofortiger Intervention. Die soziale Umwelt – Major Trapp und die anderen Männer – hätte kaum eine Rolle gespielt, und selbst ein einzelner Polizist wäre, auch von seinen Kameraden isoliert, zu dem »Entschluss« gekommen, die Erschießungen vorzunehmen, genauso wie er es in der realen Situation im Zusammensein mit seinen Kameraden tat. Eigenschaften lassen uns im Gegensatz zu Faustregeln wenig Hoffnung auf Veränderung.

Moralische Bauchentscheidungen beruhen auf evolvierten Fähigkeiten. Eine wichtige Fähigkeit ist die starke Identifikation mit der eigenen Bezugsgruppe, die für vieles verantwortlich ist, was die

Besonderheit des Menschen ausmacht, etwa die Entwicklung von Kultur, Kunst und Kooperation, aber auch Ausgangspunkt von viel Leid ist – angefangen mit sozialem Zwang zu Gruppenkonformität bis hin zu Hass und Gewalt gegen andere Gruppen. Meine Analyse mag jenen nicht gefallen, die glauben, dass moralische Handlungen im Allgemeinen aus festgelegten Präferenzen oder unabhängiger, wohldurchdachter Reflexion entstehen. Doch was wie eine Ernüchterung wirkt, liefert uns in Wirklichkeit einen Schlüssel zur Vermeidung moralischer Katastrophen.

Moralische Institutionen

Menschen sind bestrebt, sich in verschiedenen Formen moralischer Institutionen zu organisieren, von örtlichen Gemeinden bis zum Vatikan, von Frauenhäusern bis zu Amnesty International. Eine moralische Institution hat einen Ehren- oder Reinheitskodex, definiert, was sich gehört und nicht gehört, und versucht nicht zuletzt, ihren positiven Einfluss auf die Gesellschaft geltend zu machen. Die Struktur dieser Institutionen wirkt sich auf das Verhalten derer aus, die ihnen dienen, sowie auf die Art und Weise, wie die Mitglieder ihr Tun rationalisieren.

Freiheit oder Haft

Zu den ersten Entscheidungen der Justiz gehört die Frage, ob der Angeklagte bedingungslos auf freien Fuß zu setzen ist oder ob Auflagen (wie Kaution) beziehungsweise Untersuchungshaft anzuordnen sind. Im britischen System sind für solche Entscheidungen meist Laienrichter *(Magistrates)* zuständig, von denen viele Mitglieder der örtlichen Gemeinde ohne juristische Ausbildung sind. In England und Wales sitzen solche Laienrichter jedes Jahr über rund zwei Millionen Angeklagte zu Gericht. Zu ihren Aufgaben gehört es, alle ein bis zwei Wochen einen Vormittag oder Nachmittag zusammenzukommen und mit ein oder zwei Kollegen Entscheidungen zu fällen. Wie sollen Laienrichter entscheiden? Das Gesetz sagt, dass sie eine Reihe von Faktoren zu berücksichtigen haben: Art und Schwere des Vergehens, den Charakter und die soziale Einbindung des Angeklagten, die Argumente der Anklage und alle anderen Faktoren, die bedeutsam erscheinen.[184] Keine Aussage hingegen macht das Gesetz darüber, wie die Laienrichter diese Informationen miteinander verbinden sollen, und die Justiz gibt ihnen auch keine Rückmeldung darüber, ob ihre Entscheidungen tatsächlich angemessen waren oder nicht. Die Laienrichter sind auf ihre Intuition angewiesen.

Wie treffen diese Laienrichter tatsächlich ihre Millionen von Entscheidungen? Sie selbst behaupten ehrlich überzeugt, sie würden alle Fakten gründlich prüfen, um über jeden Einzelnen gerecht und ohne Vorurteil zu urteilen. So erklärte beispielsweise einer, die Entscheidung erfordere, »dass wir eine enorme Menge an Informationen abwägen, wozu wir unsere Erfahrung und Ausbildung heranziehen«. Ein Vorsitzender meinte etwa: »Wir sind dazu ausgebildet, die Beweise, die uns vorgelegt werden, sorgfältig zu prüfen und zu bewerten.«[185] Selbstbewusst erläuterte ein anderer: »Die komplexe Entscheidungsfindung der Laienrichter kann man nicht studieren.«

In Wahrheit kann man das sehr wohl. Die Menschen glauben gern, dass sie komplexe Probleme mit komplexen Strategien lösen, selbst wenn sie sich in Wahrheit einfacher Strategien bedienen. Um herauszufinden, was den intuitiven Entscheidungen der Laienrichter tatsächlich zugrunde liegt, beobachteten Forscher über einen Zeitraum von vier Monaten mehrere hundert Verhandlungen an zwei Londoner Gerichten.[186] Durchschnittlich brauchte ein Gerichtshof für einen Fall weniger als zehn Minuten. Zu den Informationen, die den Londoner Laienrichtern vorlagen, gehörten Alter, ethnische Zugehörigkeit, Geschlecht, soziale Einbindung, Schwere des Vergehens, Art des Vergehens, Zahl der Vergehen, Beziehung zum Opfer, Antwort des Angeklagten (schuldig, nicht schuldig, keine Antwort), frühere Verurteilungen, Schlüssigkeit der Anklage, Höchststrafe im Fall einer Verurteilung, Umstände der Vertagung, Dauer der Vertagung, Zahl früherer Vertagungen, Antrag der Staatsanwaltschaft, Antrag der Verteidigung, frühere gerichtliche Entscheidungen und polizeiliche Entscheidungen über Kaution und

Untersuchungshaft. Ferner prüften sie, ob der Angeklagte bei der Haftverhandlung anwesend war, anwaltlich vertreten wurde und von wem. Nicht alle diese Informationen lagen in jedem Fall vor, während in anderen Verfahren zusätzliche Erkenntnisse verfügbar waren.

Wir haben gehört, dass die Laienrichter erklärten – und zweifellos auch glaubten –, sie würden alle Informationen sorgfältig prüfen. Doch eine Analyse der tatsächlichen Entscheidungen in Gericht A offenbarte eine einfache Regel, welche die Struktur eines effizienten Entscheidungsbaums hatte (Abbildung 10.2, links). Sie sagte 92 Prozent aller Entscheidungen richtig voraus. Wenn die Anklage sich gegen eine Freilassung aussprach oder Auflagen verlangte, lehnten auch die Laienrichter eine Freilassung ab. War das nicht der Fall oder lag keine entsprechende Information vor, kam ein zweiter Grund ins Spiel. Hatte ein früheres Gericht Auflagen verhängt oder Untersuchungshaft angeordnet, entschieden die Laienrichter genauso. Andernfalls berücksichtigten sie einen dritten Grund und stützten ihre Entscheidungen auf das Verhalten der Polizei. Die Laienrichter in Gericht B verwendeten eine Faustregel mit gleicher Struktur und zwei gleichen Gründen (Abbildung 10.2, rechts).

Die Faustregeln in beiden Londoner Gerichten scheinen gegen die vorgeschriebene Vorgehensweise zu verstoßen. Jedes Gericht gründete seine Entscheidung auf nur einen einzigen Grund, etwa ob die Polizei Auflagen oder Untersuchungshaft verhängt hatte. Man könnte meinen, die Polizei oder die Anklagevertretung hätte schon alles den Angeklagten betreffende Belastungsmaterial gesichtet, und daher könnten die Laienrichter das Verfahren abkürzen – obwohl dieses Argument die Laienrichter natürlich überflüssig machen würde. Doch die Gründe in dem einfachen Entscheidungsbaum hatten weder mit der Art und der Schwere des Vergehens noch mit anderen Informationen zu tun, die für die vorgeschriebene Vorgehensweise von Bedeutung waren. Ferner baten die Laienrichter um Informationen über den Angeklagten, die sie anschließend in ihren Entscheidungen vernachlässigten.[187] Wenn diese Laienrichter die Öffentlichkeit nicht vorsätzlich täuschten (und ich habe keinen Anlass zu dieser Annahme), müssen sie ihre Entscheidungen weitgehend unbewusst getroffen haben.

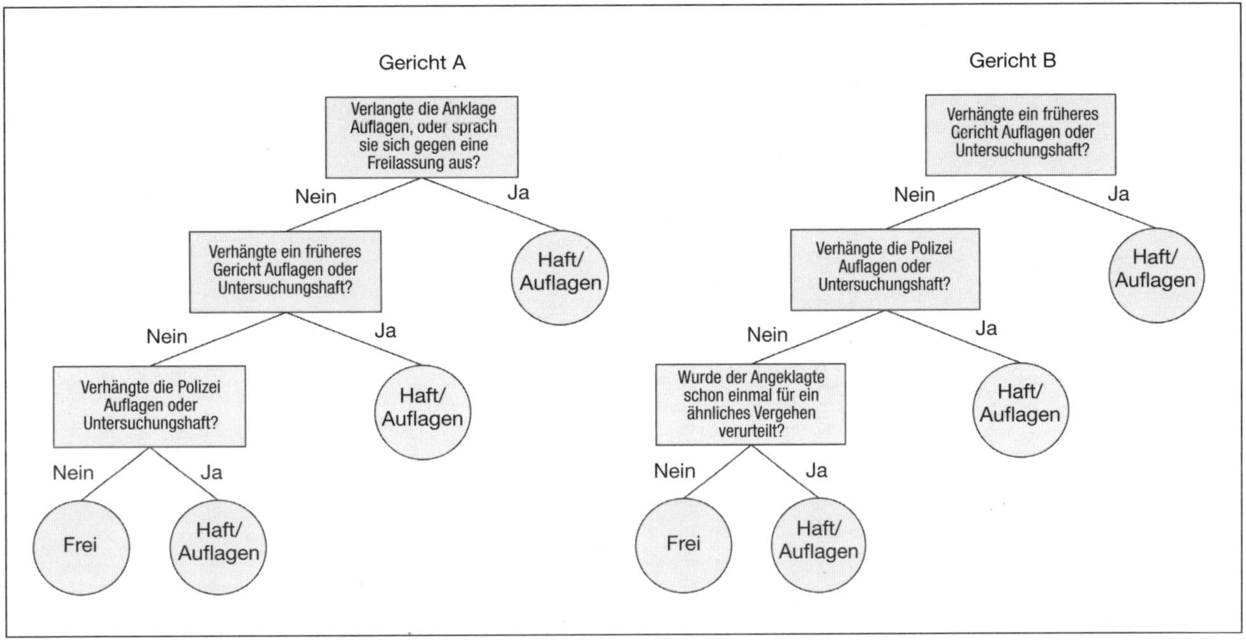

Abbildung 10.2: Wie entscheiden englische Laienrichter, ob ein Angeklagter auf freien Fuß gesetzt wird (»frei«) oder Auflagen wie Kaution oder Untersuchungshaft erhält? Zwei effiziente Entscheidungsbäume sagen die Mehrheit aller Entscheidungen in zwei Londoner Gerichten vorher. Offenbar sind sich die Laienrichter ihrer einfachen Faustregeln nicht bewusst (nach Dhami 2003).

Ein höheres Maß an Bewusstheit könnte jedoch einen moralischen Konflikt hervorrufen. Offiziell haben die Laienrichter den Auftrag, sowohl dem Angeklagten als auch der Öffentlichkeit Gerechtigkeit widerfahren zu lassen. Daher müssen sie nach Möglichkeit zwei Fehler vermeiden, ähnlich denen, welche die Ärzte fürchten: falsches Vertrauen und falsche Alarme. Ein falsches Vertrauen liegt dann vor, wenn ein Verdächtiger freigelassen wird und anschließend eine weitere Straftat begeht, einen Zeugen bedroht oder nicht vor Gericht erscheint. Um einen falschen Alarm handelt es sich, wenn ein Verdächtiger in Untersuchungshaft genommen wird, der keines dieser Vergehen verübt hätte. Doch ein Laienrichter kann diesen Auftrag kaum erfüllen. Zum einen sammeln die britischen Institutionen kaum systematische Informationen über die Qualität von Entscheidungen. Selbst wenn Statistiken darüber geführt würden, wann und wie oft es zu falschem Vertrauen kommt, wäre es wohl kaum möglich, dies auch bei falschen Alarmen zu tun: Wie sollte man herausfinden, ob ein Untersuchungshäftling eine Straftat verüben würde, hätte man ihn stattdessen freigelassen? Das heißt, die Laienrichter sind in einer Institution tätig, die keine Rückmeldung darüber liefert, wie sich der Angeklagte und die Öffentlichkeit schützen lassen. Da sie nicht lernen können, die Aufgabe zu lösen, die ihnen aufgetragen ist, versuchen sie offenbar, eine andere zu lösen: sich selbst zu schützen statt den Angeklagten. Laienrichtern kann man eine schlechte Entscheidung nur nachweisen, wenn ein Verdächtiger, der auf freien Fuß gesetzt wurde, nicht vor Gericht erscheint oder während dieser Zeit eine Straftat verübt. Wenn das geschieht, hilft der effiziente Entscheidungsbaum den Laienrichtern, sich gegen Vorwürfe der Medien oder Opfer zu verteidigen. In Gericht A können sie beispielsweise stets darauf verweisen, dass weder die Anklagevertretung noch das vorherige Gericht noch die Polizei die Inhaftierung verlangt oder verhängt hätten. Daher seien die Ereignisse nicht vorhersehbar gewesen. Solche defensive Entscheidungsfindung nennt man »den Schwarzen Peter weitergeben«.

Das britische System verlangt, dass die Laienrichter dem Recht folgen, bietet aber nicht den institutionellen Rahmen, der dafür erforderlich wäre. Infolgedessen klafft eine Lücke zwischen dem, was die Richter tun, und dem, was sie zu tun glauben. Wären sich die

Laienrichter vollkommen bewusst, was sie tun, kämen sie in Konflikt mit dem Ideal des gerechten Verfahrens. Hier kann man ansetzen, um die falsche Selbstwahrnehmung zu korrigieren und Bedingungen für eine Verbesserung des britischen Rechtssystems zu schaffen.

Split-Brain-Institutionen

Auf welche Weise prägen Institutionen moralisches Verhalten? Wie das Verhalten der Ameise auf dem Strand passt sich menschliches Verhalten der natürlichen oder sozialen Umwelt an. Betrachten wir eine weitere Institution, die wie das britische Rechtssystem von ihren Mitarbeitern die Erfüllung einer moralischen Pflicht verlangt. Die Mitarbeiter können zwei Arten von Fehlern begehen: ein Problem zu sehen, wo keines existiert, oder ein existierendes Problem nicht zu sehen. Wenn die Institution keine systematische Rückmeldung über diese beiden Fehler liefert, sondern den Mitarbeitern Vorwürfe macht, wenn sie ein Problem übersehen haben, fördert sie den Selbsterhaltungstrieb der Mitarbeiter statt deren Wunsch, ihre Klienten zu schützen, und leistet der Selbsttäuschung Vorschub. Eine solche Umweltstruktur bezeichne ich als *Split-Brain-Institution*. Der Begriff stammt aus den faszinierenden Studien an Patienten, deren Balken *(Corpus callosum)* durchtrennt wurde – die Verbindung zwischen rechter und linker Großhirnhälfte.[188] Einer solchen Patientin wurde im linken Gesichtsfeld kurz das Bild eines nackten Körpers eingeblendet, woraufhin sie zu lachen anfing. Der Versuchsleiter fragte sie, warum sie lache, und sie machte seinen komischen Schlips dafür verantwortlich. Das Bild gelangte nur in ihre rechte (nonverbale) Hirnhälfte. Da das Gehirn durchtrennt war, musste die linke (verbale) Seite das Geschehen erklären, ohne irgendwelche Information zu haben. Mit der linken Gehirnhälfte konfabulieren Split-Brain-Patienten im Nachhinein faszinierende Geschichten, um das von der rechten Hälfte gesteuerte Verhalten (hier: das Lachen) zu rationalisieren. Ähnliche Prozesse finden auch bei gewöhnlichen Menschen statt. Der Neurowissenschaftler Mike Gazzaniga, der Split-Brain-Patienten untersucht hat, nennt die sprachliche Hälfte des Gehirns den *Rationalisierer*, der eine Geschichte erfindet, um ein Verhalten zu erklären, das von der unbewussten Intelligenz hervorgerufen wurde. Nach meiner Ansicht tut ein Laienrichter oder irgendjemand anderer genau das Gleiche, wenn er versucht, eine Bauchentscheidung zu erklären.

Die Analogie gilt mit einer Ausnahme: Im Unterschied zu einem Split-Brain-Patienten kann eine Split-Brain-Institution moralische Sanktionen für Konfabulationen und Strafen für die bewusste Einsicht in das eigene Handeln verhängen. Die britischen Laienrichter hätten sicherlich erkannt, dass ihre Methode von der vorgeschriebenen Vorgehensweise abwich, wenn sie sich bewusst gewesen wären, dass sie nur »den Schwarzen Peter weitergaben«. Medizinische Institutionen haben, obwohl keine moralischen Institutionen im engeren Sinn, oft eine ähnliche Split-Brain-Struktur. Viele westliche Gesundheitssysteme stellen es den Patienten frei, eine Reihe von Fachärzten zu konsultieren, geben diesen Ärzten aber keine systematische Rückmeldung über die Wirksamkeit ihrer Behandlungsmethoden. Ärzte sind jedoch der Gefahr ausgesetzt, verklagt zu werden, wenn sie eine Krankheit übersehen, nicht aber für Überbehandlung und Übermedikation. Das hat zur Folge, dass Ärzte sich zu viel um ihren Selbstschutz und zu wenig um den Schutz ihrer Patienten kümmern, was nur mit einem gewissen Grad an Selbsttäuschung zu ertragen ist.

Transparenz

Einfachheit ist die Tinte, mit der wirksame Moralsysteme verfasst werden. Die Zehn Gebote sind ein hervorragendes Beispiel. Laut der Bibel wurden Moses auf dem Berg Sinai von Gott eine Reihe religiöser Vorschriften offenbart. Die Zahl der in Stein gehauenen Gebote war klein, sie entsprach der Anzahl der menschlichen Finger. Die zehn kurzen Aussagen ließen sich leicht merken und haben die Jahrtausende überlebt. Hätte Gott auf dem Berg Sinai Rechtsanwälte bemüht, hätten diese die Dinge dadurch kompliziert, dass sie Dutzende von weiteren Bestimmungen und Ergänzungen angehängt hätten, um möglichst viele Aspekte des moralischen Lebens abzudecken. Doch Vollständigkeit war offenbar nicht Gottes Ziel.

Ich glaube, Gott ist kein Maximierer. Er konzentriert sich auf die wichtigen Fragen und ignoriert den Rest.

Wie viele moralische Regeln braucht eine Gesellschaft? Sind zehn genug, oder benötigen wir ein System, das so kompliziert ist wie das deutsche Steuerrecht? Dieses Gesetz ist so umfassend, dass selbst mein Steuerberater nicht alle seine Einzelheiten versteht. Ein undurchsichtiges Rechtssystem ist nicht geeignet, bei den Bürgern Vertrauen und Gesetzestreue zu erzeugen. Transparenz und Vertrauen sind zwei Seiten einer Medaille. Komplexe Rechtssysteme kommen den Bestrebungen von Interessengruppen entgegen, die zahllose Schlupflöcher in das Gesetz graben. Nach Ansicht des Juristen Richard Epstein ist das Ideal eines allumfassenden Rechtssystems eine Illusion. Kein System, und mag es noch so komplex sein, kann mehr als 95 Prozent der Rechtsfälle erfassen. Der Rest muss per Urteilskraft entschieden werden. Diese 95 Prozent aber könnten seiner Meinung nach mit einer kleinen Zahl von Gesetzen gelöst werden. In seinem einflussreichen Buch *Simple Rules for a Complex World* stellt Epstein sogar noch Moses in den Schatten, indem er ein System von lediglich sechs Gesetzen vorschlägt, einschließlich des Rechts auf *Self-Ownership* – des Rechts auf sich selbst (im Gegensatz zur Sklaverei) – und auf Schutz gegen Aggression.

Ein hedonistisches Kalkül?

Bislang habe ich mich mit der Frage beschäftigt, wie Verhalten ist, und nicht, wie es sein sollte. In vielen Situationen beruhen die moralischen Gefühle der Menschen auf unbewussten Faustregeln. Ich würde bewusste Überlegung als Beweggrund für moralisches Verhalten nicht ausschließen, aber ich denke, dazu kommt es nur in ungewöhnlichen Kontexten, etwa in Fachdebatten oder im Zuge gesellschaftlicher Umwälzungen. Interessanterweise gibt es die gleiche Unterscheidung zwischen einfachen Regeln und komplexem Denken auch in der Moralphilosophie, die die Frage zu beantworten sucht, wie Menschen sich verhalten sollten.

Die Zehn Gebote sind ein Beispiel für die Faustregelmethode. Der Vorteil einer kleinen Zahl von kurzen Aussagen wie »Du sollst

Vater und Mutter ehren« und »Du sollst nicht töten« liegt darin, dass sie leicht verstanden, erinnert und befolgt werden können. Einfache Regeln unterscheiden sich von dem Prinzip, das in der Moralphilosophie *Konsequentialismus* heißt und demzufolge der Zweck die Mittel heiligt.[189] Ist es rechtens, einen Häftling, der unter Terrorismusverdacht steht, zu foltern, um die Sicherheit des Landes zu gewährleisten? Da gibt es zwei Auffassungen. Nach der einen gilt es, die Konsequenzen beider Alternativen (Folter und Nichtfolter) zu berücksichtigen, ihre Wahrscheinlichkeiten gegeneinander abzuwägen und diejenige mit dem höchsten erwarteten Nutzen zu wählen. Wenn die negativen Konsequenzen der Folter gering sind, gemessen am Nutzen für die Sicherheit des Landes, ist für die Folter zu entscheiden. Das andere Argument besagt, dass es moralische Prinzipien wie »Du sollst nicht foltern« gibt, die absoluten Vorrang vor allen anderen Gesichtspunkten haben.

Das Ideal der Maximierung des erwarteten Nutzens oder Glücks ist das Herzblut weiter Teile der Moral- und Rechtsphilosophie. Im 17. Jahrhundert schlug der französische Mathematiker Blaise Pascal die Maximierung als Lösung für moralische Probleme vor – beispielsweise für die Frage, ob man an Gott glauben solle oder nicht.[190] Man dürfe diese Entscheidung nicht auf blinden Glauben oder blinden Atheismus gründen, sondern müsse die Konsequenzen jeder Handlung berücksichtigen. Wenn man an Gott glaubt, es diesen aber nicht gibt, büßt man ein paar weltliche Freuden ein. Doch wenn man nicht an Gott glaubt, es ihn aber gibt, bedeutet das ewige Verdammnis und Leiden. Daher, so Pascal, ergibt sich aus den bekannten Konsequenzen zwingend, dass es vernünftig ist, an Gott zu glauben, mag die Wahrscheinlichkeit, dass er existiert, auch noch so gering sein. Was zählt, sind die Folgen der Handlungen, nicht die Handlungen selbst. Diese Denkweise gibt es auch in einer eher kollektiven als individuellen Form, die bekannt geworden ist durch die Maxime:

Suche das größte Glück der größten Zahl.

Der englische Rechts- und Sozialreformer Jeremy Bentham (1748 bis 1832) schlug dieses Prinzip vor und lieferte auch gleich ein Kalkül zur Bestimmung der Handlung mit, die das größte Glück hervorbringt.[191] Dieses *hedonistische Kalkül* ist das Glück bringende Gegenstück zu Franklins *moralischer Algebra*, der wir in Kapitel 1 begegnet sind.

Der Wert für Freud und Leid erwächst aus sechs Elementen:

1. Intensität
2. Dauer
3. Grad der Gewissheit
4. Ferne oder Nähe
5. Folgenträchtigkeit (Wahrscheinlichkeit, dass Empfindungen von gleicher Art folgen)
6. Reinheit (Wahrscheinlichkeit, dass Empfindungen von entgegengesetzter Art nicht folgen).

Um die Handlung zu bestimmen, die wahrscheinlich das größte Glück und damit moralische Richtigkeit bedeutet, stellte Bentham folgende Anweisungen für jede Handlung bereit: Beginne mit jemandem, dessen Interessen von der Handlung berührt werden. Addiere alle Werte für alle möglichen Freuden und Leiden, die dieser Mensch erleben kann, und errechne die Bilanz für die Handlung. Wiederhole den Vorgang für jede Person, deren Interessen berührt werden, und ziehe die Bilanz für alle Personen. Dann wiederhole den ganzen Prozess für die nächste Handlung und wähle schließlich die Handlung mit dem höchsten Wert.

Benthams Kalkül ist der Prototyp des modernen Konsequentialismus. Wie würde er sich in unserer Welt bewähren? Stellen wir uns eine Boeing 747 vor, die an einem wolkenverhangenen Morgen mit vierhundert Passagieren in Richtung Los Angeles fliegt. Die Verbindung zwischen Boden und Cockpit bricht plötzlich ab, und ein Passagier schickt einem Freund eine SMS, die besagt, dass das Flugzeug entführt wurde. Dann herrscht Schweigen. Am Boden vermutet man, das Flugzeug könnte direkt in den US Bank Tower gelenkt werden, wie bei dem geplanten Angriff, den die Bush-Administration nach eigenem Bekunden vereitelte (als das Gebäude noch Library Tower hieß). Die Boeing wird den Library Tower in fünf Minuten erreichen, ein F-15-Jäger ist einsatzbereit in der Luft. Der Abfangjäger muss rasch handeln, um zu verhindern, dass das

Flugzeug im Ziel einschlägt und seine Trümmerteile in dicht besiedeltes Gebiet fallen. Gleichzeitig lässt sich nicht mit Gewissheit sagen, ob tatsächlich ein Anschlag auf den Bankenturm geplant ist. Würden Sie den F-15-Piloten anweisen, die Boeing abzuschießen und vierhundert unschuldige Fluggäste nebst Besatzung zu töten, oder nicht?

Dieses Szenario ist für das hedonistische Kalkül einfach und kompliziert zugleich. Es ist einfach, weil es nur zwei Handlungsmöglichkeiten gibt – die Boeing abzuschießen oder abzuwarten, was geschieht. Und kompliziert ist es, weil nur begrenzte Zeit und Information für die Entscheidung zur Verfügung stehen. Wie viele Menschen halten sich im US Bank Tower auf? Ist das Ereignis wirklich eine Wiederholung des Attentats vom 11. September, oder war die SMS ein Irrtum, vielleicht sogar ein schlechter Scherz? Könnte der F-15-Pilot in dem wolkenverhangenen Himmel vielleicht das falsche Flugzeug abschießen? Diese Situation ist unter Umständen kein faires Beispiel für das hedonistische Kalkül, da die Berechnung von Freud und Leid auf ein hohes Maß an Vermutungen angewiesen und sehr anfällig für Fehler wäre. Um das Kalkül durchzurechnen, müsste man für jede Person, deren Interessen berührt sind – alle Passagiere, Besatzungsmitglieder, Anwesende in dem Wolkenkratzer sowie deren Verwandte und Freunde –, den Versuch machen, Intensität, Dauer und andere Dimensionen aller möglicher Freuden und Leiden zu schätzen, die entstünden, wenn das Flugzeug abgeschossen würde. Und genau das Gleiche hätte für den Fall eines nicht erfolgenden Abschusses zu geschehen.

Obwohl Benthams Kalkül die Geburtsstunde eines Moralsystems war, das demokratische und liberale Reformen beförderte, schweigt es sich über die praktischen Schwierigkeiten der Entscheidungsfindung in Echtzeit aus. Es liegt hier ein doppeltes Problem vor: Erstens, wenn es keine Möglichkeit gibt, verlässliche Schätzungen bezüglich der wesentlichen Werte zu erhalten, kann man sich entweder diejenigen aussuchen, die für einen Abschuss sprechen, oder jene, die dagegen sprechen, und auf diese Weise eine Entscheidung rechtfertigen, die aus anderen Gründen getroffen wird. Das Problem ist auch nicht auf Entscheidungen unter Zeitdruck beschränkt. Der Philosoph Daniel Dennett stellte die Frage, ob die Kernschmelze im

Kraftwerk Three Mile Island gut oder schlecht war.[192] Soll man bei der Planung einer Handlung, in deren Verlauf eine solche Kernschmelze mit einer gewissen Wahrscheinlichkeit stattfinden könnte, einen positiven oder negativen Nutzen ansetzen? Wiegen ihre langfristigen Auswirkungen auf die Nuklearpolitik die negativen Konsequenzen auf? Viele Jahre nach dem Störfall gelangt Dennett zu dem Schluss, dass es noch immer zu früh ist, um dies zu entscheiden, zu früh auch, um sagen zu können, wann die Antwort möglich sein wird. Zweitens, die Vorteile komplexer Berechnungen dieser Art sind nicht bewiesen. Selbst wenn es möglich ist, alle Gründe zu berücksichtigen, ist das Ergebnis, wie wir gesehen haben, oft weniger genau als eines einzigen, das sich auf der Basis eines einzigen guten Grundes ergab.

Nach den Ereignissen vom 11. September 2001 erscheint das Flugzeugszenario immerhin so wahrscheinlich, dass viele Staaten gesetzlich festgelegt haben, wie sie auf eine solche Situation reagieren wollen. Im Februar 2006 entschied das Bundesverfassungsgericht der Bundesrepublik Deutschland, die vorsätzliche Tötung unschuldiger Bürger zur Abwehr eines angenommenen terroristischen Anschlags verstoße gegen den im Grundgesetz verankerten Schutz des Lebens und der Menschenwürde. Mit anderen Worten, es sei ungesetzlich, eine entführte Verkehrsmaschine mit unschuldigen Bürgern an Bord abzuschießen. Das Gericht wies auch auf die Gefahr falscher Alarme hin, das heißt auf die Möglichkeit, ein Flugzeug in einer Situation, in der Verwirrung und Ungewissheit herrschen, unnötig abzuschießen. Das russische Parlament dagegen verabschiedete ein Gesetz, das den Abschuss von Passagierflugzeugen gestattet, bei denen der Verdacht besteht, dass sie als fliegende Bombe benutzt werden. Diese höchst unterschiedlichen Entscheidungen illustrieren den Konflikt zwischen dem Konsequentialismus und einer auf ersten Prinzipien beruhenden Kant'schen Ethik, die der Regel folgt: »Töte keine Menschen als Mittel zum Zweck.«

Diese beiden Systeme unterscheiden sich auch hinsichtlich der Frage, ob sie gewillt sind, moralische Werte gegeneinander zu verrechnen. Die Vorstellung, dass dies die Essenz von moralischem Handeln sei, steht häufig im Widerspruch zu den Bauchgefühlen der Menschen.

Hat alles seinen Preis?

> Diana und David, jung verheiratet und schwer verliebt, haben ihre ersten Schritte ins Berufsleben gemacht, sie als Immobilienmaklerin und er als Architekt. Sie finden das ideale Grundstück, um ihr Traumhaus zu bauen, und nehmen eine Hypothek auf. Als die Rezession zuschlägt, laufen sie Gefahr, alles zu verlieren, was sie besitzen. Daher fliegen sie nach Las Vegas, um das Geld zu gewinnen, das sie brauchen. Nachdem sie an den Spieltischen verloren haben, spricht sie ein Milliardär an, der sich von Diana angezogen fühlt. Er bietet ihnen eine Million Dollar für eine Nacht mir ihr.

Würden Sie das Angebot annehmen, wenn Sie und Ihr Ehepartner sich in einer solchen finanziellen Krise befänden? Diese Geschichte, Gegenstand des Films *Ein unmoralisches Angebot* von Adrian Lyne, handelt von der moralischen Frage: Kann man Treue, Liebe und Ehre verkaufen? Viele Menschen glauben, Abstriche an diesen geheiligten Werten für Geld oder andere weltliche Güter seien durch nichts zu rechtfertigen. Die Wirtschaftswissenschaftler erinnern uns hingegen daran, dass wir in einer Welt knapper Ressourcen leben, wo letztlich alles seinen Preis hat, ob es uns nun gefällt oder nicht. Oscar Wilde hat Zyniker als Menschen beschrieben, die den Preis von allem und den Wert von nichts kennen. Die Spannung in dem Film *Ein unmoralisches Angebot* erwächst aus dem Konflikt zwischen zwei Einstellungen – Treue als geheiligter Wert oder als Ware. Am Ende nimmt das Paar das Angebot an, doch nachdem die Nacht vorüber ist, müssen sie erkennen, dass sie für die Entscheidung noch einen weiteren Preis bezahlt haben: Sie droht ihre Beziehung zu zerstören.

Kulturen unterscheiden sich voneinander im Hinblick darauf, was sie bereit oder nicht bereit sind, als käufliche Ware zu behandeln. Sollte der freie Markt so erweitert werden, dass man auf ihm Körperorgane, Doktortitel und das Recht, Kinder zu adoptieren, kaufen und verkaufen könnte? Sollten Menschen das Recht haben, sich als Sklaven an andere zu verkaufen? Einige Kulturen verkaufen ihre Kinder oder behandeln junge Mädchen als Ware, die man an die Familie eines Bräutigams verkauft. Prostituierte verdienen ihren Lebensunterhalt, indem sie ihren Körper und ihre Sexualität verkaufen, und Politikern wirft man ständig vor, sie hätten ihre Ideale verkauft. Wenn einer Sache ein moralischer Wert zugeschrieben wird, ruft der Handel mit ihr moralische Empörung hervor. Das ist einer der Gründe dafür, warum viele Menschen es missbilligen, wenn Sachverständige für Versicherungen oder Sicherheitsbestimmungen am Arbeitsplatz den Geldwert eines Menschenlebens berechnen – nach Alter, Geschlecht oder Bildungsstand. Würde ein Automobilhersteller öffentlich erklären, er habe eine bestimmte Sicherheitsvorkehrung nicht in seine Fahrzeuge eingebaut, weil es 100 Millionen Euro gekostet hätte, ein Leben zu retten, wäre ihm die moralische Empörung der Öffentlichkeit so gut wie sicher.[193] Nach dem vorherrschenden Bauchgefühl in den meisten Kulturen darf der Wert eines Lebens nicht in Dollar oder Euro ausgedrückt werden.

Die Abneigung gegen Kompromisse dieser Art lässt darauf schließen, dass moralische Intuitionen Faustregeln anwenden, die auf *einem* guten Grund beruhen und nicht auf dem Abwägen und Aufrechnen von Konsequenzen. Möglicherweise haben wir es wieder mit zwei Arten von Menschen zu tun: moralischen Maximierern, die Kompromisse eingehen, und moralischen Satisficern, die dies nicht tun. Höchstwahrscheinlich hat jeder von uns moralische Werte, bei denen er zu Kompromissen bereit ist, und andere, bei denen er dies ablehnt. Die Grenzlinie wird davon abhängen, wo unsere moralischen Gefühle ihre Wurzeln haben. Sind sie in der Autonomie des Individuums verwurzelt, so sind Kompromisse harmlos, solange sie nicht anderen Individuen schaden oder deren Rechte verletzen. Doch wenn der moralische Bereich in der Familie oder der Gemeinschaft verwurzelt ist, sind Belange, die Hierarchie, Bezugsgruppe und Reinheit betreffen, nicht käuflich.

Kapitel 11
Soziale Instinkte

Lache stets, wenn andere zu lachen anfangen, selbst wenn du nicht verstehst, warum. Je rascher, umso besser.

Japanische Studentin an der Princeton University

Ein Freund erzählte mir eine Geschichte von einer amerikanischen Professorin, die so kurze Röcke trug, wie er sie noch nie bei einer fünfundfünfzigjährigen Frau gesehen hatte. Bei einer Reise nach Paris suchte sie als praktizierende Katholikin immer wieder Kirchen auf, um an Messen teilzunehmen. In einer großen Kirche waren die Besucher von den Bankreihen getrennt, in denen die Teilnehmer am Gottesdienst saßen. Nachdem sie mit ihren Freunden einen Treffpunkt ausgemacht hatte, ging sie zur Messe. Sie stand am Ende einer langen Schlange von Gläubigen, die zur Kommunion gingen, und als sie endlich vorne angelangt war, sah sie einen Toten in einem Sarg liegen. Alle vor ihr Stehenden küssten ihm die Hände. Als sie an der Reihe war, bekreuzigte sie sich nervös und trat zurück. Dann bemerkte sie, dass die schwarz gekleidete Witwe und die anderen Frauen sie anstarrten. Sie verstand ein bisschen Französisch und hörte, wie die Witwe klagte, sie hätte immer angenommen, ihr Mann habe keine Geliebte gehabt, und daher nie Fragen gestellt, wenn er spät nach Hause gekommen sei. Und nun das! Die Männer auf der anderen Seite der Kirche stießen sich grinsend an, bewunderten ihren kurzen Rock und dachten dasselbe. Schließlich reiht sich die Geliebte immer als Letzte ein, um dem Verstorbenen die letzte Ehre zu erweisen. Die arme Professorin wusste nicht, wie ihr geschah. Angesichts ihrer unzulänglichen Französischkenntnisse und der Kürze der zur Verfügung stehenden Zeit sah sie keine Möglichkeit, die Situation aufzuklären. Entsetzlich verlegen flüchtete sie aus der Kirche.

Für einen Marsmenschen ohne soziale Instinkte wäre dort nichts Besonderes geschehen: Die Professorin befand sich am falschen Ort, bemerkte ihren Irrtum und ging fort. Menschen, die unter Autismus leiden, beurteilen solche Situationen ähnlich nüchtern. Doch der gewöhnliche *Homo sapiens* ist ein soziales Tier mit der Fähigkeit, rasche Schlussfolgerungen über die Dynamik des sozialen Lebens zu ziehen und Gesichtspunkte wie Verrat, Vertrauen und Ansehen zu berücksichtigen. Wir haben nicht nur die Fähigkeit, über die vorliegende Information hinauszugehen, sondern sind auch nicht in der Lage, diese Fähigkeit *nicht* zu verwenden. Wir können nicht aufhören, Schlüsse über andere zu ziehen. Diese Fähigkeit wird als soziale Intelligenz oder – im Hinblick auf ihr manipulatives Potenzial – macchiavellistische Intelligenz bezeichnet.

Doch was macht uns sozial intelligent? Laut der Hypothese der sozialen Intelligenz waren die sozialen Umwelten, in denen sich die Evolution des Menschen vollzog, komplexer, anspruchsvoller und weniger vorhersagbar als die materiellen Umwelten; daher rief diese komplexe Umwelt geistige Fähigkeiten höchster Ordnung hervor: eine Intelligenz, die »fähig sein muss, die Konsequenzen des eigenen Verhaltens, das wahrscheinliche Verhalten anderer und die Bilanz von Vor- und Nachteilen zu kalkulieren«.[194] Nach dieser Auffassung hat man einen umso höheren sozialen IQ, je besser man die Gedanken anderer lesen kann. Ein Mann versucht abzuschätzen, ob eine Frau glaubt, dass er sie liebt. Sie überlegt, was er glaubt, dass sie glaubt, was er für Absichten habe. Daraufhin stellt er sich vor, was sie denkt, dass er denkt, dass sie denkt, dass er denkt, was sie tun werde, und so fort. Je mehr, desto besser. Diese Hypothese beruht auf der verbreiteten Annahme, dass die Lösung komplexer Probleme stets komplizierte und bewusste Überlegungen erfordert. Wie Sie inzwischen wohl vermuten, ist das nicht immer unbedingt der Fall.

Ich denke, die meisten sozialen Interaktionen sind weniger das Ergebnis komplexer Kalkulationen als vielmehr das Resultat besonderer Bauchgefühle, die ich soziale Instinkte nenne.

Elementarinstinkte

Wenn ein Partygast erklärt, der Mensch sei von Natur aus egoistisch, wird das häufig als scharfsichtiger Realismus gewertet. Tatsächlich vertreten viele die Ansicht, wir würden nur von einem einzigen Interesse bewegt: »Was springt dabei für mich heraus?« Solche Egoismustheorien sind schwer zu widerlegen. Selbst wenn Menschen die eigenen Interessen opfern, um anderen zu helfen, lässt sich leicht vorbringen, sie täten es nur, um sich großartig zu fühlen. Ich will gern zugeben, dass wir manchmal egoistisch handeln. Nach meiner Meinung ließe sich das Verständnis der menschlichen Natur aber durch die Erkenntnis verbessern, dass Menschen aus mehr als einem Beweggrund handeln. Tatsächlich befindet sich der Egoismus mit zwei grundlegenden sozialen Instinkten im Konflikt.

Bis sich vor etwa zehntausend Jahren die Landwirtschaft durchgesetzt hat, haben die Menschen allem Anschein nach in relativ kleinen Gruppen gelebt. In diesen kleinen sozialen Netzen sind unsere sozialen Instinkte geprägt worden. Die beiden Grundinstinkte sind der *Familieninstinkt* und der *Stammesinstinkt (Gemeinschaftsinstinkt)*.[195] Den ersten haben wir mit unseren Primatenvorfahren gemein, während der zweite eine menschliche Besonderheit ist.

> Familieninstinkt: *Kümmere dich um deine Sippe.*
> Gemeinschaftsinstinkt: *Identifiziere dich mit einer symbolischen Gruppe, kooperiere und verteidige ihre Mitglieder.*

Wäre jeder egoistisch, gäbe es keinen Familieninstinkt, und tatsächlich scheinen viele Tierarten keinen zu besitzen. Wie bereits erwähnt, kümmern sich die meisten Reptilien weder um ihre Verwandten noch um ihre Brut. Einige betrachten sie sogar als Beute. Im Gegensatz dazu hat man soziale Insekten wie die Ameisen als Musterbeispiel für Teilen, Fürsorge und Gemeinschaftsorientierung hingestellt. Warum sonst verzichten Ameisen auf die Fortpflanzung, um bei der Aufzucht der Königinnenbrut zu helfen? Diese Frage beschäftigte Darwin. Die heutige Antwort ist das Prinzip der Verwandtenselektion *(kin selection)*, bei welcher der individuelle

Egoismus durch die Bereitschaft überwunden wird, den eigenen Verwandten zu helfen. Nach dieser Auffassung würden Sie schwanken, wenn Sie vor der Frage stünden, Ihr eigenes Leben oder das zweier Brüder zu retten, doch bei drei Brüdern würden Sie Ihr Leben opfern und das der Brüder retten. Ihr Bruder hat die Hälfte seiner Gene mit Ihnen gemeinsam, daher ist vom Standpunkt Ihrer Gene aus das Leben zweier Brüder so viel wert wie das Ihre, das von dreien aber wertvoller.[196]

In der Realität setzen die Gene ihren Willen nicht immer durch, dennoch investieren Tanten und Onkel meist mehr in ihre Nichten und Neffen als in andere Kinder, selbst wenn sie lauthals beklagen, dass die verwöhnten Bälger es nicht verdienten. Die Monarchie ist der Archetyp der auf dem Familieninstinkt basierenden Regierung, bei der Prinzen und Prinzessinnen aufgrund von Verwandtschaft und nicht von Verdienst privilegiert sind. In vielen traditionellen Gesellschaften ist der Nepotismus, wie erwähnt, kein Verbrechen, sondern eine Familienpflicht. Dieser Familieninstinkt schwächt Regierungen, wenn Politiker ihre Söhne, Schwestern oder Brüder deshalb fördern, weil sie Verwandte sind, und nicht, weil sie die beste Eignung für das Amt haben.

Doch der Gemeinschaftsinstinkt unterscheidet uns von allen anderen Tieren. Er ermöglicht es, uns mit einer größeren, symbolisch gekennzeichneten Menschengruppe zu identifizieren, etwa einem Stamm, einer Religion oder einer Nationalität. Die meisten Menschen sehnen sich danach, zu einer die familiären Grenzen überschreitenden sozialen Gruppe zu gehören, und binden sich emotional an diese Gruppe – egal, ob es sich um Hessen, Freimaurer oder ehemalige Salem-Zöglinge handelt. Viele sind bereit, für ihre ethnische Gruppe oder ihre Religion zu leben und zu sterben. Der sonderbare Umstand, dass das emotionale Leben vieler Männer um einen Ball kreist – Fußball, Basketball oder Baseball –, scheint dem gleichen Gemeinschaftsinstinkt zu entspringen. Wenn Ihr Blutdruck steigt, während Sie das Spiel Ihrer Heimmannschaft verfolgen, egal, ob Schalke oder 1860 München, Sie aber beim Spiel anderer Mannschaften kühl und unbeteiligt bleiben, selbst wenn diese besser spielen, dann folgen Sie Ihrem Stammesinstinkt. Finden Sie dagegen mehr Freude an der Qualität des Spiels als am Erfolg Ihrer Heimmannschaft, so haben Sie Ihre Liebe zum Sport von Ihrer Stammesidentifikation befreit. Das gelingt nur wenigen. Wenn die deutsche Presse über die Olympischen Spiele berichtet, bringt sie fast nur Informationen über das Abschneiden der deutschen Athleten, selbst wenn jemand anderer den Wettbewerb gewonnen hat, während die US-amerikanischen Medien fast ausschließlich über US-amerikanische Sportler berichten und so fort. Mannschaftssportarten scheinen nicht nur sportlichen Interessen, sondern auch unserem Gemeinschaftsinstinkt zu dienen.

Warum hat sich dieser Gemeinschaftsinstinkt entwickelt? Darwin schlug die folgende Antwort vor:[197]

> »Ein Stamm mit vielen Mitgliedern, die in hohem Grade Patriotismus, Treue, Gehorsamkeit, Mut oder Teilnahme besitzen und immer bereit sind, einander beizustehen und sich für das allgemeine Wohl zu opfern, wird siegreich über die meisten anderen sein, und das wäre natürliche Zuchtwahl.«

In Übereinstimmung mit Darwins Auffassung lassen anthropologische Studien darauf schließen, dass die meisten traditionellen menschlichen Kulturen streng geregelt werden von sozialen Normen, die Treue und Großzügigkeit gegenüber allen Gruppenmitgliedern unterstützen und innere Konflikte reduzieren.[198] Konformität wird durch Achtung und Kooperation erwirkt, abweichendes Verhalten durch Missachtung, Spott und Entzug der Kooperation bestraft. Wer im Kriegsfall sein Leben ohne Zögern für die Gruppe opfert, wird als Held gefeiert. Gruppenmitglieder, die vom Verhaltensstandard abweichen, werden von anderen zensiert und bestraft, doch die Normen sind im Allgemeinen so verinnerlicht, dass sie nicht mehr erzwungen werden müssen.

Allerdings hat der Gemeinschaftsinstinkt den älteren Familieninstinkt nicht beseitigt, sodass die beiden hart aufeinanderprallen können. Wenn ein Politiker Verwandte in politische Schlüsselpositionen hievt oder sogar eine Dynastie begründet, leistet sein Familieninstinkt dem Land möglicherweise einen Bärendienst. Kriege sind für diese widerstreitenden Instinkte eine weitere Plattform. Wenn Eltern ihre Kinder in den Krieg schicken, geraten ihre patriotischen Gefühle mit dem Verantwortungsgefühl für ihre Kinder in Konflikt. Zu moralischer Empörung kann es kommen, wenn es einflussreichen Bürgern gelingt, ihre Familieninteressen über die Treue gegenüber ihrem Land zu stellen – so geschehen, als bekannt wurde, dass es unter den US-Senatoren und -Kongressabgeordneten nur einen einzigen gab, dessen Sohn im Irak kämpfte.

Identifikation und Konkurrenz sind zwei Seiten einer Medaille. Gemeinschaftsinstinkte können nicht zum Tragen kommen, wenn es keine konkurrierenden Stämme gibt, die sich leicht unterscheiden lassen. Nicht selten dienen Dialekte und Hautfarbe zur Definition der Grenzen zwischen Gemeinschaften, noch häufiger aber werden symbolische Kennzeichnungen benutzt. Dazu gehören Kleidung, religiöse Objekte und Fahnen. Männer opferten ihr Leben, um kostbare religiöse Objekte vor der Entweihung oder Fahnen vor der Eroberung durch den Feind zu bewahren. Es scheint, dass jedes Symbol zur Definition einer Gruppe dienen kann, selbst wenn es willkürlich geschaffen wird.

In seinen Experimenten zur *minimalen Gruppe* wies der Sozialpsychologe Henri Tajfel dieses Phänomen nach. Tajfel, der polnisch-jüdischer Herkunft ist, hat fast alle seine Angehörigen und Freunde im Holocaust verloren und entwickelte ein dauerhaftes Interesse an der Frage, wie sich Gruppenidentitäten bilden, wie Genozide geschehen können und wie sich das Leiden von Menschen verhindert lässt, die zur falschen Zeit in der falschen Gruppe sind: Juden in einer antisemitischen Welt, Ausländer in einem fremdenfeindlichen Land oder Frauen in einer sexistischen Kultur. In seinen Experimenten unterteilte er die Versuchspersonen durch Zufallsverfahren in Gruppen. Egal, in welcher Gruppe sich jemand zufällig befand, er begann schon bald zugunsten der »Eigengruppe« und gegen die »Fremdgruppe« zu diskriminieren. Doch wenn die Teilnehmer gefragt wurden, waren sie sich nicht immer bewusst, warum sie sich so und nicht anders verhielten. Ähnlich den nachträglichen Rechtfertigungen der Split-Brain-Patienten begründeten die Mitglieder der Eigengruppe ihr diskriminierendes Verhalten mit rationalen Argumenten, etwa indem sie darauf verwiesen, wie unangenehm und unmoralisch die Fremdgruppe sei. Diese Experimente untersuchten unter kontrollierten Bedingungen, was man auf vielen Schulhöfen verfolgen kann. Beobachten Sie, wie Kinder spontane Gruppen bilden, zusammenstehen und Kinder behandeln, die nicht zur Gang gehören.

Der Gemeinschaftsinstinkt beruht auf Reziprozität. In dem Buch *Die Abstammung des Menschen* gelangt Darwin zu der Schlussfolgerung, dass Reziprozität der Grundstein der Moral sei. Darwin bezeichnete Reziprozität – was ich dir gebe, gibst du mir zurück – als sozialen Instinkt. Der Austausch kann Güter oder Geld betreffen, aber auch moralische Billigung und Missbilligung. Ich unterstütze deine Überzeugungen, Bemühungen und geheiligten Werte und erwarte im Gegenzug von dir, dass du die meinen unterstützt. Soziale Verträge beruhen auf einer Mischung von Vertrauen und Reziprozität. Tit-for-Tat ist beispielsweise eine Interaktionsform, bei der zunächst Vertrauen und dann Reziprozität herrscht (siehe Kapitel 3). Ich vertraue dir, indem ich dir etwas zukommen lasse, und erwarte, dass du es mir vergiltst. Dagegen würde blindes Vertrauen in einer Gesellschaft auf lange Sicht nicht funktionieren, weil sich Betrüger etablieren würden, die sich Nutzen verschafften, ohne den Preis dafür zu zahlen. Daher haben Menschen auch einen Apparat von Fähigkeiten, um soziale Verträge vor Ausbeutung zu schützen. Dazu gehört ein automatischer Spürsinn, um Situationen zu erkennen, in denen man betrogen wird.[199] Um diese Betrüger zu entdecken und auszuschließen, braucht man Fähigkeiten wie Gesichts- und Stimmerkennung sowie Emotionen – das Gefühl für Schuld, Spott, Wut und Strafe.

Der Familieninstinkt, der die Verwandtschaft begünstigt, und der Gemeinschaftsinstinkt, der die Identifikation mit nichtverwandten Mitgliedern symbolischer Gruppen fördert, sind zwei Wurzeln des moralischen und altruistischen Verhaltens. Diese Grundinstinkte werden durch besondere soziale Fähigkeiten in die Tat umgesetzt, beispielsweise das Vermögen, Betrüger aufzudecken und anderen Menschen zu vertrauen. Werfen wir einen genaueren Blick auf das Vertrauen, das Bindemittel der Gesellschaft.

Vertrauen

Der Gesichtsausdruck eines Menschen liefert Hinweise darauf, ob er vertrauenswürdig ist oder nicht. Diese Hinweisreize wurden 1960 mit Erfolg im Präsidentschaftswahlkampf gegen den republikanischen Kandidaten Richard Nixon angewendet. Das Plakat zeigte ein Bild von Nixon mit schmalen Lippen, Bartstoppeln und dunklen Schatten unter den Augen. Darunter stand zu lesen: »Würden Sie von diesem Mann einen Gebrauchtwagen kaufen?« Vertrauen rangiert hoch in einer modernen Demokratie. Trotz raffinierter Informationstechnologie, einer florierenden Versicherungsindustrie und einem wahren Gesetzesdschungel würde kaum eine wirtschaftliche Transaktion oder eine persönliche Beziehung zustande kommen, wenn nicht zumindest ein gewisses Maß an Vertrauen unter den Beteiligten herrschte.

Man sollte meinen, Vertrauen wäre schon immer das Bindemittel des sozialen Lebens gewesen, da viele Menschen doch wehklagend die gute alte Zeit beschwören, in der man sich noch aufeinander habe verlassen können. Doch die Kulturhistorikerin Ute Frevert vertritt die Ansicht, das Vertrauen in den Mitmenschen sei in vormodernen Gesellschaften auffällig selten gewesen.[200] Martin Luther warnte die Menschen davor, sich gegenseitig zu trauen, und empfahl ihnen stattdessen das Vertrauen in Gott. Doch im 19. Jahrhundert nahm das Gottvertrauen ab, während gleichzeitig das soziale Vertrauen – wenn auch nur zwischen bestimmten Gruppen – wuchs. Männer vertrauten Männern, Ehemänner ihren Frauen, Familienmitglieder anderen Familienmitgliedern, dagegen wurde das Vertrauen zwischen unverheirateten Männern und Frauen mit Argwohn betrachtet. Das Vertrauen wurde zu einer zentralen Frage, als durch den Wandel der Arbeitsstruktur und die Abwanderung aus vergleichsweise kleinen Ortschaften in die Großstädte verschiedene Veränderungen eintraten: die neue, umfassende Arbeitsteilung, welche die Arbeiter zwang, sich aufeinander zu verlassen, größere Gruppen, in denen es schwieriger war, jeden Einzelnen zu kontrollieren, und wachsende Mobilität. »Primitive« Gesellschaften kommen mit weniger Vertrauen aus: In kleinen Gruppen ist es leichter, einander die ganze Zeit über zu beobachten. Je besser man dazu in der Lage ist, das Verhalten anderer zu kontrollieren und vorherzusagen, desto weniger Vertrauen braucht man.

Kooperation in einer ungewissen technischen Welt verlangt ein so hohes Maß an Vertrauen, dass es zum Lebenselixier des modernen Gemeinschaftsinstinkts wird. Wir vertrauen unser Geld den Banken an, öffnen die Tür, wenn es klingelt, und geben Fremden am Telefon unsere Kreditkartennummer. Wenn jemand in unserem Haus stiehlt, sind wir zornig, doch wenn der Räuber unsere Babysitterin ist, sind wir nicht nur zornig, sondern fühlen uns auch verraten. Der Schaden, den die Babysitterin anrichtet, indem sie Vertrauen zerstört, ist sowohl materieller als auch psychologischer Art. Ohne Vertrauen gäbe es keine Kooperation in großem Maßstab, wenig Handel und nur wenige glückliche Paare. Wie kommt das? »In dieser Welt ist nichts sicher außer dem Tod und den Steuern«, hat Benjamin Franklin einmal gesagt. Soziale Ungewissheit in großen Gesellschaften ist ein Problem, das durch Vertrauen gelöst werden kann – und dies geschieht so auch.

Transparenz schafft Vertrauen

»Wenn Ihnen meine Worte ungewöhnlich verständlich erscheinen, müssen Sie mich missverstanden haben«, sagte Alan Greenspan, der ehemalige Vorsitzende der US-Notenbank, zu einem Kongressabgeordneten. Eine andere seiner berühmten Repliken lautete: »Ich weiß, Sie glauben, Sie hätten verstanden, was ich Ihrer Meinung nach gesagt habe, aber ich bin mir nicht sicher, ob Ihnen klar ist, dass das, was Sie gehört haben, nicht das ist, was ich meinte.«[201] Es lässt sich nicht immer eindeutig entscheiden, ob Greenspan bei solchen Gelegenheiten wirklich sagte, was er dachte, oder ob er nur an der Legende strickte, die seine orphische Sprache, das *Greenspanesisch*, umgab. Sosehr Greenspan als »makroökonomischer Zauberer« verehrt wurde, sosehr war auch klar, dass niemand, nachdem er seinen Sessel geräumt hatte, in der Lage sein würde, sein Werk fortzusetzen – all sein stummes Wissen und seine erfolgsträchtigen Ahnungen scheinen in seinem Kopf begraben zu sein.

Mervyn King ist Chef der Bank of England und bekleidet damit eine entsprechende Position wie der Vorsitzende der US-amerikanischen Notenbank. Bei einem Mittagessen erzählte er mir folgende Geschichte: Als er bei der Bank of England anfing, fragte er Paul Volcker, Alan Greenspans Vorgänger, ob dieser ihm einen Rat geben könne, der ihm zu Erfolg in seinem neuen Amt verhelfe. Volckers Antwort war knapp: »Rätselhaft bleiben.« Doch King entschied sich gegen diese Politik und wählte den entgegengesetzten Ansatz zum Umgang mit der Öffentlichkeit: Transparenz. Wenn die Bank of England die Inflationsrate des folgenden Jahres schätzt, veröffentlicht sie nicht einfach eine Zahl, etwa 1,2 Prozent, als handle es sich um eine unbestreitbare Tatsache, sondern stellt die Diskussion des Vorstands ins Internet, einschließlich aller Argumente zugunsten oder gegen den Schätzwert, sodass die Entscheidungsprozesse für alle einsichtig werden. Die Bank stellt auch klar, dass die Vorhersage nicht gewiss sei, wie eine einzige, isolierte Zahl es suggerieren würde. Außerdem gibt sie den Variationsbereich an, beispielsweise von 0,8 bis 1,5 Prozent. Als King sein transparentes System vorstellte, reagierten einige Politiker überrascht: »Wollen Sie damit sagen, dass Sie keine sichere Vorhersage machen können?« Die Wahrheit ist, dass Gewissheit eine Illusion ist. Wenn die Ungewissheiten offen eingestanden werden, lassen sich Krisen möglicherweise dadurch vermeiden, dass Politiker rechtzeitig auf Probleme aufmerksam werden, die am Horizont auftauchen. Binnen eines Jahrzehnts verwandelte die Politik der Transparenz die Bank of England in eine der britischen Institutionen, denen am meisten Vertrauen entgegengebracht wird. Dazu King: »Transparenz besteht nicht einfach darin, dass man bestimmte Daten zugänglich macht, sie ist vielmehr eine wirtschaftspolitische Methode, fast ein Lebensstil.«[202]

In einigen Ländern erhalten Politiker den Rat, keine Spur von Unsicherheit an die Öffentlichkeit dringen zu lassen, unter dem Vorwand, sie müssten ihre Bürger davor »schützen«, als wären diese Kinder, die die Wahrheit nicht vertragen können. Doch die Öffentlichkeit ist intelligent genug, dieses Spiel zu durchschauen. Daher stiften solche Politiker ein Klima des Misstrauens, in dem allgemeines Desinteresse und Politikverdrossenheit gedeihen. Eine

Gallup-Umfrage in siebenundvierzig Ländern ergab, dass Parlamente und Kongresse, die vermeintlich zentralen demokratischen Einrichtungen, von allen Institutionen das geringste Vertrauen genießen.[203] Selbst multinationale Konzerne und Gewerkschaften wecken mehr Vertrauen.

Die Politik der Rätselhaftigkeit und illusionären Gewissheit erschüttert das öffentliche Vertrauen in die Institutionen des Staates und beeinträchtigt die Gesetzestreue der Bürger. Wie das Beispiel der Bank of England zeigt, gibt es eine wirksame Alternative – Transparenz, die für Vertrauen und informierte Bürger sorgen kann.

Nachahmung

Wenn Sie je ein Buch über Entscheidungstheorie aufgeschlagen haben, sind Sie vermutlich auf die Idee gestoßen, dass der menschliche Geist ein unermüdlicher Buchhalter des Pro und Kontra ist, der Dutzende oder sogar Hunderte von Entscheidungen pro Tag trifft. Wäre es nicht realistischer zu fragen, wie Menschen es vermeiden können, ständig zu entscheiden? Kein Mensch und keine Maschine sollte angesichts der begrenzten Zeit und Information, die zur Verfügung stehen, den Versuch machen, alle Entscheidungen selbst zu treffen.[204] Oft ist es vernünftig, andere um Rat oder aber gar nicht zu fragen und einfach ihr Verhalten nachzuahmen. Viele Amerikaner wechseln ihre Kleidung ein- bis zweimal pro Tag, während die meisten Europäer sie mehrere Tage tragen, bevor sie sie waschen. Egal, welche Reinlichkeitsnorm befolgt wird, sie ist keine Frage, die jeden Morgen entschieden wird, sondern eine Gewohnheit, die aus der Nachahmung anderer erwächst. Als Kinder ahmen wir nach, was Vater und Mutter essen und wie sie sprechen. Später im Leben halten wir uns an öffentliche und berufliche Rollenmodelle. Nachahmung ist nicht einfach eine Abkürzung bewusster Entscheidungen für Fälle, in denen wir wenig Information und Zeit haben, sondern einer von drei Prozessen – die anderen sind Instruktion und Sprache –, durch die sich die Übermittlung der ungeheuren kulturellen Information von Generation zu Generation vollzieht. Ohne sie müsste jedes Kind wieder bei null anfangen und durch individuelle Erfahrung lernen. Bei den meisten Tieren gibt es diese Art des kulturellen Lernens nicht. Sogar bei anderen Primaten gibt es nur ein begrenztes Maß an Nachahmung, ein bisschen »Unterricht« und ganz rudimentäre Formen von Sprache. Ich unterscheide zwischen zwei grundlegenden Arten der Nachahmung:[205]

– *Tue das, was die Mehrheit deiner Bezugsgruppe tut.*
– *Tue das, was der Erfolgreiche tut.*

Wenn Sie einen exzentrischen Menschen bewundernswert finden und anfangen, sein extravagantes Verhalten nachzuahmen und nicht das Ihrer konventionelleren Freunde, folgen Sie nicht der Mehrheit. Dies tun Sie jedoch dann, wenn Sie das exzentrische Verhalten unerträglich finden und handeln wie Ihre übrigen Freunde. Diese Faustregel prägt unsere Intuitionen über das, was wir mögen und nicht mögen, was wir achten und verachten. Wir sind bereit, bedingungslos in das Gekreische von Rolling-Stones-Fans oder das Gegröle von Harley-Davidson-Bikern einzustimmen, wenn die Mitglieder unserer Bezugsgruppe es tun. Nachahmung der Mehrheit befriedigt den Gemeinschaftsinstinkt, weil die Zugehörigkeit zu einer Gruppe angenehme Konformität erzeugt und uns von anderen Gruppen unterscheidet. Entsprechend kann die Nachahmung eines erfolgreichen Gruppenmitglieds den künftigen Status in der Gruppe erhöhen und, wenn andere dies auch tun, die Konformität stärken.

Keine Form der Nachahmung ist gut oder schlecht an sich. Auf dem Gebiet der technischen Entwicklung und des Industriedesigns ist die Nachahmung erfolgreicher Modelle eine wichtige Strategie. Die Gebrüder Wright nutzten diese Form des Trittbrettfahrens mit Erfolg, indem sie ihre Flugmaschinen nach dem Vorbild von Octave Chanutes Gleiter konstruierten, während die Versuche anderer zum Scheitern verurteilt waren, weil sie die Flugtechnik von Albatrossen und Fledermäusen nachahmen wollten. Auch der Erfolg der Nachahmung hängt von der Struktur der Umwelt ab. Strukturmerkmale, die einen adaptiven Charakter der Nachahmung bewirken können, sind:

– eine relativ stabile Umwelt
– fehlende Rückmeldung
– gefährliche Handlungskonsequenzen.

In einer stabilen Umwelt kann sich Nachahmung auszahlen. Wie sollte ein Sohn das Unternehmen seines Vaters führen? Ist das Geschäftsfeld, in dem das Unternehmen operiert, relativ stabil, dann wäre der Sohn gut beraten, wenn er seinen erfolgreichen Vater nachahmte, statt wieder bei null anzufangen, indem er neue Strategien mit unbekannten Konsequenzen einführt.

Nachahmung kann sich auch in einer Welt mit wenig Rückmeldung auszahlen. Häufig können wir nicht feststellen, ob eine Handlung, für die wir uns entschieden haben, tatsächlich besser ist als die Alternative, die wir nicht gewählt haben. Werden sich Kinder moralisch besser verhalten, wenn die Eltern streng sind oder wenn den Kindern ihr Wille gelassen wird? Es ist fast unmöglich, die Antwort durch Erfahrung herauszufinden. Die meisten Menschen haben nur wenige Kinder, und es dauert lange, bis sie die Ergebnisse ihrer Erziehung sehen. Und selbst dann wissen die Eltern immer noch nicht, welche Ergebnisse sie erzielt hätten, wenn sie sich anders verhalten hätten. Eingeschränktes Feedback ist typisch für einmalige Entscheidungen, etwa was man nach dem Studium anfangen soll, und für sich wiederholende Ereignisse, deren Folgen erst nach langer Zeit zu beobachten sind – eine bestimmte Lebensweise zum Beispiel. In diesen Fällen kann Nachahmung sich auszahlen, während individuelles Lernen an natürliche Grenzen stößt.

Nachahmung kann sich auch in Situationen mit gefährlichen Konsequenzen empfehlen. Nahrungssuche ist ein Beispiel. Wer sich allein auf seine individuelle Erfahrung verlässt, um herauszufinden, welche Beeren im Wald giftig sind, hat sich offenkundig für eine schlechte Strategie entschieden. Hier kann uns Nachahmung das Leben retten – auch wenn es dabei hin und wieder falschen Alarm geben kann. Als Junge hatte ich aus vermeintlich sicherer Quelle gehört, dass man nach dem Verzehr von Kirschen niemals Wasser trinken dürfe, weil man davon sehr krank werden oder sogar sterben könne. Da sich dort, wo ich aufwuchs, jeder an diese Maxime hielt, tat ich es auch. Niemand hinterfragte das. Eines Tages vertilgte ich eine große Portion Kirschen mit einem britischen Freund, der noch nie von dieser Gefahr gehört hatte. Als er nach einem Glas Wasser griff, versuchte ich ihn davon abzuhalten, um ihm das Leben zu retten, doch er lachte mich nur aus. Er nahm einen Schluck, und nichts geschah – so wurde ich von diesem Glauben geheilt. Aber nach wie vor hüte ich mich, Pilze aufzuwärmen, aus dem einfachen Grund, weil man mir gesagt hat, dass dies gefährlich sei.

Wann ist Nachahmung gefährlich? Wie erwähnt kann Nachahmung dem individuellen Lernen unterlegen sein, wenn sich die Welt rasch verändert. Betrachten wir noch einmal den Sohn, der die Firma seines Vaters erbt und dessen erfolgreiche Vorgehensweise nachahmt, weil sie im Lauf der Zeit zu einem erklecklichen Vermögen geführt hat. Doch wenn sich die Umwelt rasch verändert, wie im Zeichen der Globalisierung, kann die Strategie, die einst erfolgreich war, in den Bankrott führen. Generell gilt: Die Nachahmung traditioneller Vorgehensweisen ist in der Regel erfolgreich, wenn sich die Veränderungen langsam, und gefährlich, wenn sich die Veränderungen rasch vollziehen.

Kultureller Wandel

Nachahmung ist eine rasch wirksame Methode, um sich die Fertigkeiten und Werte einer Kultur anzueignen und die kulturelle Entwicklung voranzutreiben. Doch wenn sich jeder auf Nachahmung beschränkte, gäbe es keine Veränderung. Offenbar ist gesellschaftlicher Wandel ebenso sehr das Produkt psychologischer Faktoren wie ökonomischer und evolutionärer Prozesse.[206]

Unkenntnis der Regeln kann die Regeln verändern

Sozialer Wandel ist durch eine Vielzahl von Maßnahmen hervorgebracht worden, unter anderem durch bewundernswerte Beweise individuellen Mutes. 1955, als die Afroamerikanerin Rosa Parks sich in Montgomery, Alabama, weigerte, ihren Sitzplatz im Bus für einen Weißen zu räumen, wurde sie wegen Verstoßes gegen die Rassentrennungsgesetze der Stadt in Haft genommen. Schwarze Bürgerrechtler unter Führung des jungen Martin Luther King boykottierten daraufhin das Nahverkehrssystem länger als ein Jahr – obwohl auf Kings Haus ein Bombenanschlag verübt und seine Familie bedroht wurde –, bis sie ihr Ziel erreicht hatten: die Aufhebung der Rassentrennung in den Bussen. Man kann durchaus sagen, dass Parks Entscheidung der Funke für die Entstehung der Bürgerrechtsbewegung in den USA gewesen ist. Ihre Courage, das Gesetz zu missachten, und ihre Bereitschaft, für die Durchsetzung ihres Ideals Strafe auf sich zu nehmen, sind ermutigende Beispiele für die psychologischen Faktoren, die den Wandel vorantreiben. Doch es gibt auch weniger augenfällige Beispiele.

Eine gute Freundin von mir ist Professorin an einer namhaften amerikanischen Universität und jetzt im Begriff, nach einer glänzenden Karriere in den Ruhestand zu treten. Nachdem sie es als Teenager zur Schönheitskönigin gebracht hatte, widmete sie ihre Zeit und Aufmerksamkeit später dem Studium und schloss Mitte der 1950er-Jahre ihren Bachelor mit Auszeichnung ab. Nach der Graduierung fragte sie ihren Mentor, wie sie ihre akademische Laufbahn am besten fortsetzen könne und ob er ihr ein Empfehlungsschreiben für Harvard und Yale ausstellen würde. Der Mentor musterte sie erstaunt: »Ich bitte Sie, meine Liebe, Sie sind eine Frau! Nein, ich werde Ihnen keine Empfehlung schreiben. Sie sind viel zu intelligent. Am Ende schnappen Sie noch einem Mann den Posten weg!« Meine Freundin war schockiert und den Tränen nahe. Sie hatte sich nie klargemacht, dass es einen einfachen Grund dafür gab, warum alle ihre Professoren Männer waren: Frauen waren nicht für diesen Beruf bestimmt. Als ihr Mentor ihr die Bitte so rundweg abschlug, war sie nicht etwa zornig auf die ungeschriebenen Gesetze der männlich geprägten akademischen Welt, sondern tief beschämt über ihren Fauxpas. Doch beeindruckt von ihrer emotionalen Reaktion und Entschlossenheit, entschieden die anderen Professoren, für sie das zu tun, was sie für einen männlichen Studenten getan hätten, und schrieben ihr die Empfehlungen. Schließlich wurde sie eine der ersten Professorinnen auf ihrem Gebiet. Ihre unschuldige Unwissenheit öffnete ihr das Tor zu ihrer Karriere, und sie wurde ein Rollenmodell für viele Frauen. Ich vermute, dass sie auf jeden Versuch verzichtet hätte, wenn sie sich ihres Platzes in der akademischen Welt der Männer bewusster gewesen wäre.

Die Macht der Unwissenheit, die den gesellschaftlichen Wandel beschleunigt, ist ein literarisches Leitmotiv. Unter den vielen Helden in Wagners *Ring des Nibelungen* ist Siegfried der ahnungsloseste. Der elternlos aufgewachsene Jüngling ist der naive Held, der impulsiv handelt und seine Abenteuer nicht bewusst plant, sondern von ihnen ereilt wird. Die Mischung aus Unwissenheit und Furchtlosigkeit ist Siegfrieds Waffe, die schließlich sogar die Herrschaft der Götter zu Fall bringt. Große Ähnlichkeit mit Siegfried hat Parsifal, der Held aus Wagners letzter Oper. Von der Mutter in der Einsamkeit des Waldes aufgezogen, weiß er nichts über die Welt, als er die Suche nach dem Heiligen Gral beginnt. Die Stärke von Figuren wie Siegfried und Parsifal liegt darin, dass sie die Gesetze nicht kennen, die in der sozialen Welt herrschen. Wie meine Kollegin, als sie jung war, legt der naive Held eine scheinbar unbekümmerte und kindliche Missachtung der sozialen Konventionen an den Tag. Unkenntnis – und daher Missachtung – des Status quo ist eine wirksame Waffe zum Umsturz der gesellschaftlichen Ordnung.

Die intuitiven Taten dieser Helden erklärten sich aus fehlendem Wissen, doch selbst falsches Wissen kann Bauchgefühle wie »Das schaffe ich« zum Erfolg führen. Lange Zeit hatte Christoph Kolumbus Schwierigkeiten, seinen Traum von der Entdeckung des westlichen Seewegs nach Indien zu finanzieren. Seine Zeitgenossen glaubten, er habe die Entfernung nach Indien falsch berechnet, und sie hatten recht damit. Obwohl Kolumbus wusste, dass die Erde rund ist, unterschätzte er ihren Radius erheblich. Schließlich erhielt Kolumbus die erforderlichen Mittel, brach auf und fand etwas anderes: Amerika. Hätte er gewusst, dass Indien so weit entfernt ist, wäre er womöglich gar nicht aufgebrochen. Kolumbus selbst betrachtete die Entdeckung nicht als glückliche Folge eines Fehlers, er beharrte bis zu seinem Tod auf seiner Überzeugung, er sei nach Indien gelangt.

Lassen sich die positiven Möglichkeiten der Unwissenheit nicht nur zufällig, sondern auch systematisch nutzen? Als ich Direktor am Max-Planck-Institut für Bildungsforschung wurde, »erbte« ich von meinem Vorgänger mehrere Mitarbeiter. Augenblicklich erklärten sich einige wohlmeinende Menschen bereit, mir die charakterlichen und beruflichen Schwächen dieser Personen in allen Einzelheiten zu schildern. Ich lehnte es ab. Mein Grundsatz lautete, nicht alles über meine Mitarbeiter in Erfahrung zu bringen, sondern ihnen die Möglichkeit zur Änderung einzuräumen. Spannungen im Berufsalltag werden nicht nur durch einzelne Personen hervorgerufen, sondern auch durch die Umwelt, in der sie tätig sind – einschließlich der Leute, die sich unbedingt über sie beklagen wollen. Da ich entschlossen war, eine neue Umgebung zu schaffen, erhielten diese Mitarbeiter eine Chance, dem Bild zu entkommen, das sich andere von ihnen machten – eine Chance, die sie alle nutzten.

Unwissenheit kann wirksam sein, ist aber kein Wert an sich. Sie kann helfen, soziale Veränderung in Situationen voranzutreiben, die den hier beschriebenen ähneln, ist aber alles andere als ein Universalrezept. Allen Geschichten, die ich wiedergegeben habe, ist ein erhebliches Maß an Ungewissheit oder sozialer Unvorhersagbarkeit zu eigen. Unwissenheit wäre von geringem Nutzen bei alltäglicher Problemlösung, wo Effizienz und Sachverstand gefragt sind.

Beschämung

Im Jahr 2003 verschlechterten sich auf der britischen Isle of Wight die Verhältnisse in den Schulbussen dramatisch.[207] Die Schüler prügelten sich, wurden ausfällig, warfen Sitze zum Fenster hinaus und lenkten die Fahrer ab. Das Verhalten einer Minderheit von Kindern gefährdete die Sicherheit aller anderen. Zwar gefiel es den Fahrern nicht sonderlich, die Unruhestifter an die frische Luft zu setzen, aber am Ende blieb ihnen nichts anderes übrig, als sie am Straßenrand zurückzulassen oder die Polizei anzurufen. Doch selbst dieses harte Durchgreifen half nicht. Daraufhin führte die Gemeindebeauftragte für die Eindämmung der Jugendkriminalität auf der Insel eine einfache, aber wirksame Maßnahme ein. Sie trennte die Randalierer von den anderen Schülern und ließ sie fortan in einem rosa Bus befördern, der *Pink Peril*, »Rosa Gefahr«, hieß. Der Bus und seine Farbe waren sorgfältig ausgewählt. Es war das älteste Fahrzeug des Unternehmens, hatte keine Heizung und erhielt die Farbe, die bei Jungen, dem Gros der Unruhestifter, als besonders uncool galt. Den Unruhestiftern war es peinlich, in dem Bus gesehen zu werden, daher verhüllten sie entweder ihre Gesichter oder rutschten auf den Sitzen unter die Fenster hinunter, um sich vor neugierigen Blicken zu schützen. Dank dieser Maßnahme gingen die gewaltsamen Zwischenfälle in den Bussen erheblich zurück. Beschämung war wirksamer als die Methoden der Polizei.

Die Idee, statt körperlicher Strafen soziale Gefühle als Abschreckung zu verwenden, ist nicht neu. Im mittelalterlichen Europa wurden diverse Übeltäter gezwungen, sogenannte Schandmasken zu tragen, die ihre Vergehen öffentlich bloßstellten: eine Schandflöte für schlechte Musiker, eine Schweinsmaske für Männer, die ihre Frauen schlecht behandelten, und eine Schandhaube für schlechte Schüler und Studenten. Verlegenheit, Scham und Schuldgefühle können sich als sehr wirksames Mittel gegen abweichendes Verhalten erweisen, ganz unabhängig von den Ursachen.

Auch Spott ist ein geeignetes Mittel, um das Verhalten und die Überzeugungen von Menschen zu beeinflussen. In dem bayerischen Dorf, in dem mein Großvater lebte, hatten die Menschen häufig Schlafschwierigkeiten und fuhren nachts aus Albträumen auf, die so schlimm waren, dass sie Angst hatten, wieder einzuschlafen. Die Ursache dieses weit verbreiteten Leidens war allgemein bekannt: ein hexenartiges Geschöpf mit haarigen Händen und Füßen – die Trud. Nachts, wenn man schlief, setzte sie sich einem so schwer auf die Brust, dass man kaum atmen konnte. Mit besonderer Vorliebe suchte sie Schwangere und Hirsche heim. In Bayern und Österreich ranken sich eine Vielzahl von Sagen und Legenden um die Heimsuchungen der Trud, einige Männer und Frauen sollen von ihr sogar erstickt worden sein. Wie oft bei solch volkstümlichem Glauben ließ sich die Existenz der Trud kaum widerlegen, weil sie schon so vielen Erwachsenen begegnet war. Vernünftige Einwände erwiesen sich als wirkungslos oder wurden verächtlich abgetan.

All das änderte sich während des Zweiten Weltkriegs, als überall in den bayerischen Ortschaften Militär stationiert wurde. Die Soldaten wurden auf den Bauernhöfen einquartiert und aßen zusammen mit ihren Gastgebern und deren Knechten und Mägden. Bei Tisch beklagten sich einige Bauern, sie seien des Nachts durch Atemnot geweckt worden, weil die Trud wieder auf ihrer Brust gesessen habe. Die Soldaten am Tisch hatten nie von der Trud gehört und begannen zu grinsen. Die Einheimischen beharrten auf der Wahrheit ihrer Geschichte, woraufhin die Soldaten in lautes Gelächter ausbrachen. Nach mehreren solchen Heiterkeitsausbrüchen hörten die Einheimischen auf, von der Trud zu sprechen, weil sie den Spott der Fremden fürchteten. Die Bauern mögen trotz ihres Schweigens weiterhin an die Trud geglaubt haben, doch der Umstand, dass sie sich nicht mehr trauten, ihre Geschichten in der Öffentlichkeit zum Besten zu geben, löschte die Trud aus dem kollektiven Gedächtnis der folgenden Generationen. Heute weiß kaum jemand in Bayern noch von der Trud, und Albträume werden anderen Ursachen zugeschrieben.

Ein Gerücht reißt die Mauer ein

In einer milden Novembernacht des Jahres 1989 fiel die Berliner Mauer. Kurz vor Mitternacht des 9. November drängten sich Tausende von DDR-Bürgern durch den ersten Grenzübergang, und um 1 Uhr nachts waren alle Grenzübergänge sperrangelweit offen. In dieser denkwürdigen Nacht tanzten die Berliner auf der Mauer vor dem Brandenburger Tor und jubelten dem endlosen Strom Ostberliner zu, der sich nach Westen schob. Mit Blumen in den Händen und Tränen in den Augen fielen sich die Menschen in die Arme. Kein Politiker hatte den Fall der Mauer vorhergesagt, noch nicht einmal einen Tag vorher. »Wer hat uns das eingebrockt?«, fragte der entsetzte Staatschef der DDR. »Das ist unmöglich, das ist unglaublich!«, jubelte der westdeutsche Kanzler.[208] Alle, auch die CIA und US-Präsident Bush, wurden von den Ereignissen vollkommen überrumpelt.

Die Mauer teilte Berlin seit fast dreißig Jahren. Mit einer Höhe von bis zu viereinhalb Metern zog sich das monströse Betongebilde, gekrönt von Stacheldraht und gesichert von Wachtürmen, Minen und Grenzsoldaten, über eine Länge von fünfundvierzig Kilometern durch die Stadt. Mehr als hundert DDR-Bürger waren bei dem Versuch, sie zu überwinden und in den Westen zu entkommen, getötet worden und viele tausend in Gefangenschaft geraten. An-

Abbildung 11.1: Niemand hatte den Fall der Berliner Mauer vorhergesagt.
© ullstein bild-fishan

fang 1989 hatte Erich Honecker erklärt, die Mauer werde auch in fünfzig oder hundert Jahren noch stehen.[209] Für die DDR-Bürger schien es wenig Hoffnung zu geben, dass die Reisebeschränkungen jemals ganz aufgehoben würden. Doch die DDR-Führung geriet unter starken Druck, als die reformorientierte ungarische Regierung die Grenzen nach Westen öffnete, sodass DDR-Bürger jetzt über Ungarn fliehen konnten. Als auch die Tschechoslowakei ihre Grenzen öffnete, benutzten Tausende diese kürzere Route für einen Massenexodus gen Westen. Jeden Montag demonstrierten große Menschenmengen für die demokratischen Grundrechte: Reisefreiheit, Pressefreiheit und freie Wahlen. Alle Voraussetzungen für politische Veränderungen waren geschaffen, aber niemand wusste, wie sie in Gang gesetzt werden sollten.

Am 9. November reagierte die DDR-Führung, indem sie neue Richtlinien für Auslandsreisen verkündete, die nur eine leichte Lockerung der alten Einschränkungen bedeuteten. Wie bisher mussten DDR-Bürger zunächst einen Pass beantragen (den die meisten nicht hatten) und dann um ein Visum nachsuchen. Solche Anträge umfassten Berge von Formularen, dauerten Monate und liefen stets Gefahr, abgelehnt zu werden. Die neuen Richtlinien versprachen lediglich, dass dieser Vorgang beschleunigt werden sollte. Um 18 Uhr hielt Günter Schabowski, der neue Sprecher des Zentralkomitees für die in- und ausländischen Medien, eine einstündige Pressekonferenz ab, bei der er nur ganz zum Schluss die neuen Richtlinien erwähnte. Da der müde und erschöpft aussehende Schabowski nicht an der Regierungssitzung teilgenommen hatte, auf der diese Richtlinien besprochen worden waren, arbeitete er sich etwas mühsam und stockend durch einen Text, der ihm offenbar nicht vertraut war. Kundige und aufmerksame Zuhörer erkannten, dass die Verlautbarung wenig Neues enthielt – die übliche DDR-Politik. Ein italienischer Journalist fragte, wann die neue Regelung in Kraft trete. Schabowski, der es nicht zu wissen schien, zögerte, blickte auf seinen Zettel und sagte dann: »Sofort, unverzüglich.« Um 19 Uhr beendete er die Pressekonferenz.

Während die meisten Journalisten wenig Grund zur Aufregung sahen, stürzte der italienische Reporter davon, und kurz darauf verbreitete seine Agentur die Nachricht: »Die Mauer ist gefallen.« Dieser Bericht war durch nichts von dem gerechtfertigt, was Schabowski gesagt hatte. Gleichzeitig deutete ein amerikanischer Journalist, der kein Deutsch konnte, die Übersetzung der Pressekonferenz dahingehend, dass die Mauer nun offen sei, woraufhin NBC die Meldung verbreitete, vom nächsten Morgen an dürften DDR-Bürger ohne jegliche Einschränkungen ausreisen. Um 20 Uhr fasste das westdeutsche Fernsehen unter Zeitdruck die Pressekonferenz mit eigenen Worten zusammen und zeigte Schabowski, wie er sagte: »Sofort, unverzüglich.« Am Ende des Berichts wurde die Schlagzeile »DDR öffnet Grenze« hinzugefügt. Andere Nachrichtenagenturen beteiligten sich an dem Wettstreit im Wunschdenken und berichteten fälschlicherweise, die Grenze sei bereits offen. Der Kellner eines nahe gelegenen Cafés in Westberlin ging mit seinen Gästen und einem Tablett voller Sektgläser zu den verblüfften Grenzposten hinaus, um einen Toast auf die Maueröffnung auszubringen. Die Grenzer, die das für einen schlechten Scherz hielten, schickten die Störenfriede wieder fort. Doch das Gerücht gelangte auch in den Bundestag nach Bonn, wo gerade eine Sitzung stattfand. Tief bewegt und teilweise mit Tränen in den Augen standen die Bundestagsabgeordneten auf und stimmten das Deutschlandlied an. Die DDR-Bürger, die das westdeutsche Fernsehen schauten, waren nur zu gern bereit, den Nachrichten Glauben zu schenken. Ein unendlich ferner Traum schien wahr zu werden. Tausende und bald schon Zehntausende von DDR-Bürgern sprangen in ihre Autos oder begaben sich zu Fuß an die Grenzübergänge in den Westen. Doch die Grenzsoldaten hatten natürlich keinen Befehl, die Grenze zu öffnen. Empörte Bürger verlangten, was sie als ihr neues Reiserecht erachteten, während die Posten zunächst noch die Stellung hielten. Doch angesichts einer Lawine von Bürgern, die immer dichter herandrängte, ließ ein Offizier einen Grenzübergang öffnen, weil er befürchtete, dass seine wenigen Männer sonst zu Tode getrampelt würden. Bald darauf waren alle Grenzübergänge offen. Kein Schuss war abgefeuert, kein Tropfen Blut vergossen worden.

Wie konnte dieses Wunder geschehen? Jahre diplomatischer Bemühungen und finanzieller Leistungen des Westens hatten nichts gebracht. Wie sich herausstellte, war der unmittelbare Grund für den Fall der Berliner Mauer eine Kombination der Unwissenheit Schabowskis, des Wunschdenkes der Bürger und eines unbegründeten Gerüchts, das sich wie ein Buschfeuer ausbreitete. Die Regierung war genauso überrascht wie die Bürger, während ein wohlgeplanter Aufstand leicht hätte von Panzern und Soldaten niedergeschlagen werden können, wie es 1953 geschehen war. Das Wunschdenken konnte sich ausbreiten, weil man die neue Regelung eilig zusammengestoppelt hatte, ohne die übliche Presseerklärung aufzusetzen, die sonst stets dafür sorgte, dass die Journalisten nur das berichteten, was sie berichten sollten. Wenn die Medien und die Berliner Bürger die Fakten beachtet und sorgfältig auf das gehört hätten, was Schabowski gesagt hatte, wäre in dieser denkwürdigen Nacht nichts geschehen, und der folgende Tag wäre einfach ein weiterer Tag im geteilten Berlin gewesen. Nach dem Mauerfall jedoch vollzogen Krenz und Schabowski rasch eine Kehrtwendung und ließen sich als Väter der Grenzöffnung feiern.

Gerüchte und Wunschdenken gelten fast immer als negative Phänomene, die es zu vermeiden und durch bewusstes, vernünftiges Denken zu ersetzen gilt. Wie Planung und Verhandlung können sie sich jedoch äußerst positiv auswirken. Ein hochrangiger Regierungsvertreter der Bundesrepublik Deutschland soll nach der folgenreichen Pressekonferenz zu dem Schluss gekommen sein, dass sich an der DDR-Politik wieder einmal nichts geändert habe, und zu Bett gegangen sein. Er verschlief diese historische Nacht, weil er zu viel wusste.

* * *

Im abendländischen Denken galt die Intuition einst als die sicherste Form der Erkenntnis, während sie heute als fragwürdige und unzuverlässige Richtschnur des Handelns belächelt wird. Engeln und spirituellen Wesen schrieb man Intuitionen von unfehlbarer Klarheit zu – allem bloß menschlichen Denken überlegen. Philosophen meinten, die Intuition ermögliche uns die »Anschauung« der selbstevidenten Wahrheit in Mathematik und Moral. Doch heute, mit dem Bauch statt mit dem Bewusstsein verknüpft, ist die Intuition von göttlicher Gewissheit zum bloßen Gefühl abgestiegen. In Wahrheit aber sind Bauchgefühle weder unfehlbar noch töricht. Wie ich dargelegt habe, machen sie sich die evolvierten Fähigkeiten des Gehirns zunutze und beruhen auf Faustregeln, die es uns ermöglichen, rasch und mit verblüffender Genauigkeit zu handeln. Ihre Qualität gewinnt die Intuition aus der Intelligenz des Unbewussten: der Fähigkeit, ohne Nachdenken zu erkennen, auf welche Regel wir uns in welcher Situation zu verlassen haben. Wir haben gesehen, dass Bauchentscheidungen die raffiniertesten Denk- und Computerstrategien in den Schatten stellen können, andererseits besteht aber auch die Möglichkeit, dass sie ausgenutzt werden und uns fehlleiten. Doch an der Intuition führt kein Weg vorbei; ohne sie brächten wir wenig zustande.

In diesem Buch habe ich Sie in das weitgehend unbekannte Land der intuitiven Gefühle entführt, das in einen Nebel der Ungewissheit gehüllt ist. Für mich war es eine faszinierende Reise, voll des Staunens über das Vermögen der Bauchentscheidungen und die Wunder, die zum Vorschein kommen, wenn sich der Nebel lichtet. Ich hoffe, dass auch Sie diese Einblicke in die Intelligenz des Unbewussten genossen und erkannt haben, wie viele gute Gründe es gibt, auf Ihren Bauch zu vertrauen.

Dank

Das vorliegende Buch lebt von der Forschung, die ich in den letzten sieben Jahren am Max-Planck-Institut für Bildungsforschung durchgeführt habe. Es soll in unterhaltsamer und lesbarer Weise darlegen, was wir über Intuitionen wissen, und ist ausdrücklich nicht als wissenschaftlicher Text abgefasst. Ich hoffe, die Mischung aus realen Geschichten und psychologischen Konzepten wird den Leser dazu anregen, Bauchgefühle ernster zu nehmen und über ihre Ursprünge nachzudenken. Wer sich näher mit dem Thema befassen möchte, findet ausreichend Hinweise in den Literaturangaben.

Viele Freunde und Kollegen waren so freundlich, das Manuskript zu diesem Buch in seinen verschiedenen Stadien zu lesen, zu kommentieren und zu verbessern: Peter Ayton, Lucas Bachmann, Simon Baron-Cohen, Nathan Berg, Sian Beilock, Henry Brighton, Arndt Bröder, Helena Cronin, Uwe Czienkowski, Sebastian Czyzykowski, Lorraine Daston, Mandeep Dhami, Jeff Elman, Ursula Flitner, Wolfgang Gaissmaier, Thalia Gigerenzer, Daniel Goldstein, Lee Green, Dagmar Gülow, Jonathan Haidt, Peter Hammerstein, Ralph Hertwig, Ulrich Hoffrage, Dan Horan, John Hutchinson, Tim Johnson, Günther Jonitz, Konstantinos Katsikopoulos, Monika Keller, Hartmut Kliemt, Elke Kurz-Milcke, Julian Marewski, Laura Martignon, Craig McKenzie, Daniel Merenstein, John Monahan, Wiebke Möller, Andreas Ortmann, Thorsten Pachur, Markus Raab, Torsten Reimer, Jürgen Rossbach, Erna Schiwietz, Lael Schooler, Dennis Shaffer, Joan Silk, Paul Sniderman, Masanori Takezawa, Peter Todd, Alex Todorov und Maren Wöll.

Mein besonderer Dank gilt Rona Unrau, die das ganze Manuskript einschließlich der Anmerkungen und Literaturangaben redigiert hat. Darüber hinaus hat sie an den Recherchen zu mehreren Themen mitgewirkt und auf Klarheit der Gliederung gedrungen. Sie war eine wunderbare Hilfe. Mit seinem scharfen Auge hat

Eckard Schuster der deutschen Fassung den letzten Schliff gegeben. Meine Frau Lorraine Daston und meine Tochter Thalia Gigerenzer waren mir in den vier Jahren, die ich an diesem Buch gearbeitet habe, eine geistige und seelische Stütze. Menschen sind wichtig, aber auch die Umgebung, in der man arbeitet. Ich hatte das Glück, die unvergleichliche Unterstützung der Max-Planck-Gesellschaft genießen, ihre einzigartigen Hilfsmittel in Anspruch nehmen und mich von ihrer wunderbaren intellektuellen Atmosphäre anregen lassen zu können. Sie ist ein Forschungsparadies.

Anmerkungen

Kapitel 1: Bauchgefühle

1 Franklin (1779). Der Naturforscher und Staatsmann Benjamin Franklin war einer der bedeutendsten Vertreter der Aufklärung. Seine moralische Algebra war eine frühe Spielart des modernen Utilitarismus und der rationalen Entscheidungstheorie. In seiner Ethik sind der Wüstling und der Trunkenbold ganz normale Menschen, die nur deshalb zu dem wurden, was sie sind, weil sie sozusagen ihre moralischen Rechenaufgaben falsch lösten.

2 Wilson et al. (1993). Ganz ähnlich haben Halberstadt und Levine (1999) sowie Wilson und Schooler (1991) experimentell gezeigt, dass Selbstbeobachtung die Qualität von Entscheidungen beeinträchtigen kann. Zajonc (1980) und Wilson (2002) lieferten weitere Anekdoten über den Konflikt zwischen Bilanzmethode und Bauchgefühl. So berichtet Wilson von einer Sozialpsychologin, die mithilfe einer solchen Bilanz von Pros und Kontras entscheiden wollte, ob sie das Stellenangebot einer anderen Universität annehmen sollte. Irgendwann sagte sie: »Mist, das ist das falsche Ergebnis! Ich muss eine Möglichkeit finden, ein paar Pluspunkte auf die andere Seite zu kriegen.« (S. 167)

3 Schwartz et al. (2002). Das Verb *satisfice* wurde vom Nobelpreisträger Herbert A. Simon eingeführt und stammt ursprünglich aus Northumbria, einer englischen Region an der Grenze zu Schottland, wo es »befriedigen, zufriedenstellen« bedeutet.

4 Goldstein und Gigerenzer (2002). Der Begriff *Heuristik* kommt aus dem Griechischen und bedeutet »Was dazu dient, zu finden oder zu entdecken«. Der Mathematiker George Pólya (1954) von der Stanford University unterschied zwischen heuristischem und analytischem Denken. Beispielsweise ist heuristisches Denken unentbehrlich für das Finden eines mathematischen Beweises, während analytisches Denken erforderlich ist, um die Schritte eines Beweises zu begründen. Pólya machte Herbert A. Simon, auf dessen Arbeit ich mich stütze, mit der Heuristik vertraut. Unabhängig davon vertraten Kahneman et al. (1982) die Auffassung, dass wir Heuristiken verwenden, wenn wir Urteile fällen, konzentrierten sich allerdings auf Fehler im Denken. Im vorliegenden Buch verwende ich die Begriffe *Heuristik* und *Faustregel* synonym. Eine Heuristik oder Faustregel ist schnell und ökonomisch, das heißt, sie kommt mit minimaler Information aus, um ein Problem zu lösen.

5 Dawkins (1996, S. 166).

6 Babler und Dannemiller (1993); Saxberg (1987); Todd (1981).
7 McBeath et al. (1995); Shaffer et al. (2004).
8 McBeath et al. (2002); Shaffer und McBeath (2005).
9 Seeleute lernen, dass eine Kollision droht, wenn die Peilung bei Annäherung eines Schiffs konstant bleibt. Soldaten lehrt man, bei einem Geschoss, das auf sie abgefeuert wird, zu warten, bis es hoch in der Luft ist, und dann darauf zu zeigen. Wenn es sich relativ zu ihrem Finger nicht bewegt, tun sie gut daran, die Beine in die Hand zu nehmen. Senkt sich das Geschoss unter ihren Finger, wird es vor ihnen aufschlagen; steigt es weiter, wird es hinter ihnen landen.
10 Collett und Land (1975); Lanchester und Mark (1975).
11 Shaffer et al. (2004).
12 Dowd (2003).
13 Horan (in Druck).
14 Lerner (2006).
15 Hühnerzüchter sind bestrebt, die weiblichen Küken möglichst rasch zu erkennen, um an das unerwünschte Geschlecht, die nicht Eier legenden Männchen, nach Möglichkeit kein Futter zu verschwenden. Bevor die Kunst des »Sexens« in Japan entwickelt wurde, mussten Geflügelzüchter warten, bis die Küken fünf oder sechs Wochen alt waren. Heute können erfahrene Sexer schon nach einem Tag das Geschlecht von Küken anhand kaum merklicher Hinweise erkennen, und zwar mit einem Durchsatz von etwa tausend Küken pro Stunde. R. D. Martin, Autor des Buchs *The Specialist Chick Sexer* (1994), zitiert einen Experten auf der Website seines Verlags: »Da war nichts, aber ich wusste, dass es ein Hähnchen war«, und merkt an: »Da war Intuition am Werk.« Wie andere Fertigkeiten, die auf Fingerspitzengefühl beruhen, kann auch Sexen zur Obsession werden. »Wenn ich mehr als vier Tage lang keine Küken bestimmte, machten sich bei mir ›Entzugssymptome‹ bemerkbar« (http://www.bernalpublishing.com/poultry/essays/essay12.shtml).
16 Doch diese Auffassung ist nicht totzukriegen. Sogar wenn es um emotionale Intelligenz geht, herrscht noch die Ansicht vor, man könne sie messen, indem man Fragen stellt, die das deklarative Wissen betreffen. Beispielsweise forderte man die Befragten auf, sich in Bezug auf die Aussage »Ich weiß, warum meine Gefühle sich verändern« selbst einzustufen (siehe Matthews et al. 2004). Dem liegt die Überzeugung zugrunde, dass Menschen in der Lage und bereit sind mitzuteilen, wie ihre Intelligenz funktioniert. Im Gegensatz dazu zeigten die einflussreichen Untersuchungen von Nisbett und Wilson (1977), dass wir häufig keinen introspektiven Zugriff auf die Gründe unserer Urteile und Gefühle haben. Die Forschung zum *impliziten Lernen* beschäftigt sich mit Lernvorgängen, die unabsichtlich und unbewusst stattfinden (Lieberman 2000; Shanks 2005).
17 Zu ähnlichen Definitionen siehe Bruner (1970), Haidt (2001) und Simon (1992).
18 Siehe Jones (1953, S. 327) zu Freud, und Kahneman et al. (1982) zu kogni-

tiven Illusionen. Zu meiner Kritik an diesen Auffassungen siehe Gigerenzer (1996, 2000, 2001); zu einer Antwort auf meine Kritik siehe Kahneman und Tversky (1996) sowie Vranas (2001).

19 So zeigt Gladwell (2005) in seinem fesselnden Buch *Blink* anhand einschlägiger Forschungsergebnisse, einschließlich meiner eigenen, wie Menschen erfolgreiche Blitzurteile fällen: »und – *Blink!* – weiß er ... Aber genau hier ist das Problem: Sehr zu seinem eigenen Leidwesen kann Braden nicht sagen, warum er weiß, was er weiß« (S. 55). Im vorliegenden Buch versuche ich zu erklären, wie es zu diesen Intuitionen kommt.

20 Wilson et al. (1993, S. 332) erklärten, warum die Frauen, die Gründe angaben, mit ihren auf diese Weise ausgewählten Postern weniger zufrieden waren: »Selbstbeobachtung ... kann ein optimales in ein suboptimales Gewichtungsschema verwandeln. Wenn wir Gründe analysieren, konzentrieren wir uns unter Umständen auf diejenigen Eigenschaften des Einstellungsobjekts, die als plausible Gründe der Bewertungen erscheinen, aber vorher wenig Bedeutung hatten.« Die Idee, dass der Prozess, der intuitiven Urteilen zugrunde liegt, Franklins Bilanzschema und der rationalen Entscheidungstheorie gleiche, findet sich auch bei Dijksterhuis und Nordgren (2006) sowie bei Levine et al. (1996). Diese namhaften Forscher zeigten in ihren faszinierenden Experimenten, dass weniger Denken mehr sein kann. Zur Erklärung dieses Phänomens setzen sie jedoch nicht auf die Einsicht, dass weniger tatsächlich mehr sein könnte (siehe die nächsten Kapitel), sondern nehmen stattdessen an, dass Augenblicksurteile, wenn sie gut sind, auf der unbewussten Aufrechnung aller Pros und Kontras beruhen müssten.

21 Dazu gehören Ambady und Rosenthal (1993), Cosmides und Tooby (1992), Gazzaniga (1998), Hogarth (2001), Kahneman et al. (1982), Myers (2002), Payne et al. (1993), Pinker (1998) sowie Wegner (2002). Zu einer Einführung in die Forschung des Max-Planck-Instituts siehe Gigerenzer et al. (1999), Gigerenzer und Selten (2001), Gigerenzer (2004a) sowie Todd und Gigerenzer (2003).

Kapitel 2: Weniger ist (manchmal) mehr

22 Fritsche (2005). Für Einstein war die Einfachheit einer Erklärung ebenso sehr ein Zeichen ihrer Wahrheit wie ein Ziel der Wissenschaft: »Nach unserer bisherigen Erfahrung sind wir nämlich zum Vertrauen berechtigt, daß die Natur die Realisierung des mathematisch denkbar Einfachsten ist« (Einstein 1993, S. 116 f.).

23 Bursztain et al. (1990).

24 Luria (1991, S. 64).

25 Anderson und Schooler (2000); Schacter (2005); Schooler und Hertwig (2005).

26 James (1890/1981, S. 680). Der Vergleich mit dem Pufferspeicher von Word

wurde von Lael Schooler vorgeschlagen und stammt aus Schooler und Anderson (1997).

27 Das heißt, es konnte keine Konzepte erfassen wie die Kongruenz von Subjekt und Verb in eingebetteten Sätzen (Elman 1993; siehe auch Newport 1990).

28 Zitiert in: Fölsing (1995, S. 25).

29 Huberman und Jiang (2006).

30 DeMiguel et al. (2006). Die Strategien zur optimalen Investition umfassten »sample-based Mean-Variance-Portfolios« (wobei »mean« für den Erwartungswert und »variance« für die Varianz der Rendite stehen), »Minimum-Variance-Portfolios« und Strategien zur dynamischen Vermögensanlage. Diese Strategien stützten sich bei ihren Schätzungen auf Finanzdaten der letzten zehn Jahre und mussten die Entwicklung des folgenden Monats vorhersagen. Zu ähnlichen Ergebnissen siehe Bloomfield et al. (1977). Die 1/*N*-Regel ist eine Spielart der Regeln, die alle Faktoren gleich gewichten und von denen wir wissen, dass sie komplexe Gewichtungsstrategien an Geschwindigkeit und Genauigkeit übertreffen können (Dawes 1979; Gigerenzer et al. 1999). Siehe Zweig (1998) zu Markowitz.

31 Ortmann et al. (in Druck); Barber und Odean (2001).

32 Wir verwendeten die fünfhundert Aktien des Standard & Poor's Index sowie zweihundertachtundneunzig deutsche Aktien und fragten vier Gruppen – Chicagoer Passanten, Wirtschaftsstudenten der University of Chicago, Münchner Passanten, Wirtschaftsstudenten der Universität München –, welche der Aktien sie dem Namen nach kannten (Borges et al. 1999). Dann konstruierten wir acht Portfolios mit hohen Rekognitionsraten (US-amerikanische und deutsche Aktien für jede der vier Gruppen) und beurteilten ihre Wertentwicklung nach sechs Monaten anhand von vier Bezugspunkten: Marktindizes, Investmentfonds, Zufallsportfolios und Portfolios mit niedrigen Rekognitionsraten. Die Portfolios mit hohen Rekognitionsraten übertrafen die jeweiligen Marktindizes (Dow 30 und DAX 30) sowie die Investmentfonds in sechs von acht Fällen und schnitten in allen Fällen im Vergleich zu den Zufallsportfolios oder den Portfolios mit niedrigen Rekognitionsraten genauso gut oder besser ab. Diese Studie löste ein lebhaftes Medienecho und zwei entgegengesetzte Reaktionen aus. Die einen, vor allem die Finanzexperten, sagten: »Das kann nicht wahr sein«, und die anderen meinten: »Keine Überraschung. Das wussten wir schon lange.« Ein Einwand lautete, wir hätten einen Haussemarkt erwischt, doch in zwei nachfolgenden Studien fanden wir einen Baissemarkt vor und konnten trotzdem den positiven Effekt der Namenswiedererkennung betätigen (Ortmann et al., in Druck). In zwei weiteren Untersuchungen erwies sich die Namenswiedererkennung aber nicht als vorteilhaft, wobei beide sich jedoch ausschließlich auf die Rekognitionsraten von Studenten und nicht der breiten Öffentlichkeit stützten. Boyd (2001) befragte Studenten, deren Namenswiedererkennung stark persönlich geprägt war und zu unverhältnismäßig hohen Verlusten oder Gewinnen führte. Frings et al. (2003) schlossen alle Studenten aus, die mehr als 50 Pro-

zent des Nemax50 kannten, und verstießen gegen das Diversifikationsprinzip (mindestens zehn Aktien in einem Paket), das wir in unseren Studien anwendeten. Alles in allem lassen die Studien darauf schließen, das Portfolios, die sich an kollektiver Namenswiedererkennung orientieren, meist genauso gut und manchmal sogar besser abschneiden als Finanzexperten, der Markt und Investmentfonds.

33 Sherden (1998, S. 107). Beispielsweise übertraf der Markt zwischen 1968 und 1983 Pensionsfonds-Manager um rund 0,5 Prozent pro Jahr. Rechnen wir noch die Verwaltungsgebühren hinzu, kommen wir sogar auf –1 Prozent pro Jahr. 1995 stieg der Standard & Poor's 500 Index um 37 Prozent, während Investmentfonds nur um 30 Prozent anzogen und die große Mehrheit (89 Prozent) hinter dem Markt zurückblieb. Siehe auch Taleb (2004).

34 Goode (2001).

35 Diese magische Zahl wurde von dem Psychologen George A. Miller (1956) vorgeschlagen. Ausgehend von dieser Zahl, gelangt Malhotra (1982) zu dem Schluss, dass bei Konsumentscheidungen zehn oder mehr Alternativen die Entscheidungen beeinträchtigen.

36 Iyengar und Lepper (2000).

37 http://www.forbes.com/lists/2003/02/26/billionaireland.html

38 Lenton et al. (2006).

39 Beilock et al. (2004); Beilock et al. (2002).

40 Johnson und Raab (2003). Die Balken in Abbildung 2.3 sind Standardfehler der Mittelwerte.

41 Klein (2003).

42 Wulf und Prinz (2001).

43 Siehe Carnaps (1947) »Prinzip der totalen Evidenz« und Goods (1967) »total evidence theorem« – wonach Information niemals außer Acht gelassen werden sollte – sowie Sober (1975) zu einer Diskussion. Hogarth (in Druck) sichtet die Forschungsergebnisse auf vier Gebieten, auf denen einfache Strategien durchgehend bessere Ergebnisse erzielen als Methoden, die mehr Informationen nutzen: Einfache versicherungsstatistische Verfahren liefern bessere Voraussagen als elaborierte klinische Urteile, einfache Methoden der Zeitreihenvorhersage sind »theoretisch korrekten« Techniken überlegen; Gleichgewichtung (wie bei 1/*N*) ist häufig genauer als »optimale« differenzierte Gewichtung, und Entscheidungen lassen sich oft verbessern, indem man einschlägige Informationen beiseitelässt. Hogarth gelangt zu dem Schluss, dass man auf jedem dieser Gebiete die Beweise dafür, dass einfache Strategien besser als komplizierte Methoden sind, weitgehend außer Acht gelassen hat, weil die meisten Forscher diese Idee nur schwer akzeptieren können. Zum Weniger-ist-mehr-Prinzip siehe Hertwig und Todd (2003).

Kapitel 3: Wie Intuition funktioniert

44 Zitiert in: Egidi und Marengo (2004, S. 335). Whitehead war Mathematiker und Philosoph, der mit B. Russell die *Principia Mathematica* verfasste.
45 Darwin (1859/1963, S. 339).
46 Der Satz wird Jerome Bruner zugeschrieben, doch die Idee ist älter. Beispielsweise sprach der Psychologe Egon Brunswik von »vicarious functioning« (stellvertretendem Vermitteln) und Hermann von Helmholtz von »unbewussten Schlüssen« (siehe Gigerenzer und Murray 1987).
47 Von Helmholtz (1856–1866/2003). In einer Reihe faszinierender Experimente haben Kleffner und Ramachandran (1992) eingehend untersucht, wie Form aus Schattierung geschlossen wird. Bargh (1989) lieferte eine ausgezeichnete Diskussion automatischer Prozesse im Allgemeinen.
48 Baron-Cohen (1995). Tomasello (1988) zeigte, dass sogar achtzehn Monate alte Kinder den Blick als Hinweisreiz verwenden.
49 Baron-Cohen (1995, S. 93).
50 Hier und im weiteren Verlauf folge ich Sacks (1995, S. 338, 358).
51 Rosander und Hofsten (2002).
52 Barkow et al. (1992); Daly und Wilson (1988); Pinker (1998); Tooby und Cosmides (1992).
53 Cacioppo et al. (2000).
54 Zu verschiedenen kognitiven Theorien über die Beziehung zwischen Geist und Umwelt siehe Anderson und Schooler (2000), Cosmides und Tooby (1992), Fiedler und Juslin (2006) sowie Gigerenzer (2000).
55 Axelrod (1987) hat das Gefangenendilemma verwendet, ein strategisches Spiel, das die Sozialwissenschaften seit einem halben Jahrhundert beschäftigt. Tit-for-Tat wurde von dem Psychologen und Spieltheoretiker Anatol Rapaport vorgeschlagen. In der Regel scheitert das Prinzip in sozialen Umwelten, in denen die Beteiligten neben freundlichem und gemeinem Verhalten auch die Option »Aussteigen« haben (Delahaye und Mathieu 1998). Formal bedeutet Tit-for-Tat, dass Spieler ihre Züge gleichzeitig machen, doch ich verwende es an dieser Stelle auch in einem allgemeineren Sinne, wonach die Beteiligten auch sukzessive agieren können.

Kapitel 4: Angepasste Gehirne

56 Hayek (1996, S. 68). Der Wirtschaftswissenschaftler und Nobelpreisträger Friedrich August von Hayek hat mehrere Ideen vorweggenommen, die ich hier vertrete: unter anderem, dass Verhalten auf Regeln beruht, die meist nicht vom Handelnden verbalisiert werden können, dass Verhalten von seiner Umgebung abhängt und dass die menschliche Intelligenz keine Institutionen schafft, sondern dass beide sich gemeinsam entwickeln.

57 Frey und Eichenberger (1996). Frau Bush wird zitiert in Todd und Miller (1999, S. 287).
58 Richerson und Boyd (2005, S. 100). Diese Autoren bieten eine sehr empfehlenswerte Einführung zur Rolle der Nachahmung beim kulturellen Lernen.
59 Tomasello (1996).
60 Cosmides und Tooby (1992).
61 Hammerstein (2003).
62 Freire et al. (2004); Baron-Cohen et al. (1997).
63 Blythe et al. (1999).
64 Turing (1950, S. 439). Der Philosoph Hilary Putnam (1960) zum Beispiel nahm Turings Arbeit zum Ausgangspunkt, um seine Auffassung vom Unterschied zwischen Geist und Gehirn darzulegen. Putnam wollte mit dieser Unterscheidung die Versuche abwehren, den Geist allein auf das physische Gehirn zurückzuführen. Vielen Psychologen kam das sehr gelegen, um die Autonomie der Psychologie gegenüber der Neurophysiologie und Hirnwissenschaft zu begründen.
65 Holland et al. (1986, S. 2).
66 Silk et al. (2005). Die Ergebnisse wurden von Jensen et al. (2006) unabhängig bestätigt.
67 Thompson et al. (1997).
68 Cameron (1999).
69 Takezawa et al. (2006).
70 Henrich et al. (2005).
71 Barnes (1984, Bd. 1, S. 948–949). Das Argument, das ich hier skizziere, findet sich ausführlicher bei Daston (1992).
72 Zitiert in: Schiebinger (1993, S. 381, 211). Zu Darwins Auffassung siehe Darwin (1871/1952, S. 556, 561–564).
73 Hall (1904, S. 561).
74 Die Studie wurde 2005 von dem Psychologen Richard Wiseman, University of Hertfordshire, während des International Science Festival in Edinburgh durchgeführt. Siehe etwa der BBC-Bericht unter http://news.bbc.co.uk/1/hi/uk/4436021.stm
75 Meyers-Levy (1989). Die Anzeigen, von denen im Folgenden die Rede ist, schildert sie in ihrem Artikel.

Kapitel 5: Intelligenz und Umwelt

76 Simon (1990, S. 7). Der britische Nationalökonom Alfred Marshall hatte diesen Vergleich zuvor verwendet, um sich über die Debatte zwischen Angebots- und Nachfragetheorien lustig zu machen. Er verglich sie mit einem Streit über die Frage, ob das Tuch von der oberen oder unteren Schneide der Schere zerschnitten werde.
77 Simon (1969/1994, S. 65). Herbert A. Simon war das Musterbeispiel eines

wahrhaft interdisziplinären Denkers, der sich auf keine Schublade festlegen ließ – nicht auf die des Psychologen, des Wirtschaftswissenschaftlers, des Politikwissenschaftlers oder irgendeine andere –, und gilt als einer der Väter der Künstlichen Intelligenz und der Kognitionswissenschaft. Zur Beziehung zwischen Simon und meiner Arbeit siehe Gigerenzer (2004b).

78 Dieser Wert ergibt sich aus 0,8 × 0,8 + 0,2 × 0,2 = 0,68. Das heißt, die Ratte wendet sich mit einer Wahrscheinlichkeit von 0,8 nach links und erhält in diesem Fall Futter mit einer Wahrscheinlichkeit von 0,8. Sie wendet sich mit einer Wahrscheinlichkeit von 0,2 nach rechts und erhält Futter mit einer Wahrscheinlichkeit von 0,2. Zum Probability Matching siehe Brunswik (1939) und Gallistel (1990).

79 Gigerenzer (2006).

80 Törngren und Montgomery (2004).

81 Sherden (1998, S. 7).

82 Bröder (2003); Bröder und Schiffer (2003); Rieskamp und Hoffrage (1999).

83 Gigerenzer und Goldstein (1996); Gigerenzer et al. (1999).

84 Czerlinski et al. (1999). Dieses Verfahren bezeichnet man als Kreuzvalidierung. Wir wiederholten es tausendmal, um stabile Ergebnisse zu erhalten. Der Terminus für die andere, zurückschauende Aufgabe ist *Data Fitting* (Anpassung eines Modells an bereits bekannte Daten).

85 Bei fünf Städten gibt es fünf mögliche erste Städte, für jede von ihnen vier mögliche zweite Städte und so fort, woraus 5 × 4 × 3 x 2 × 1 mögliche Wege resultieren. Bei n Städten ergeben sich also $n! = n \times (n\text{-}1) \times (n\text{-}2) \times (n\text{-}3) \ldots \times 1$ Wege. Einige dieser Wege haben die gleiche Länge; beispielsweise ist der Weg »a, b, c, d, e und zurück zu a« genauso lang wie der Weg »b, c, d, e, a und zurück zu b«. Bei fünf Städten gibt es fünf Ausgangspunkte, die zu Wegen von gleicher Länge führen, außerdem ergeben sich zwei Richtungen für jeden Weg. Mithin muss die Zahl möglicher Wege durch 5 × 2 geteilt werden, was 4 × 3 = 12 Wege von verschiedener Länge ergibt. Allgemein ist diese Zahl $n!/2n = (n\text{-}1)!/2$. Das Problem der Wahlkampftour hat die gleiche Struktur wie das Problem des Handelsreisenden (Michalewicz und Fogel 2000, S. 14).

86 Rapoport (2003).

87 Michalewicz und Fogel (2000).

Kapitel 6: Warum gute Intuitionen nicht logisch sein müssen

88 Cartwright (1999, S. 1)

89 Tversky und Kahneman (1982, S. 98). Es sei darauf hingewiesen, das hier und im Folgenden mit dem Begriff *Logik* die Gesetze der Logik erster Ordnung bezeichnet werden.

90 Gould (1994, S. 544). Zu eingehenderen Informationen über die angeblichen Konsequenzen siehe Johnson et al. (1993); Kanwisher (1989); Stich (1985).

91 Der Linguist Paul Grice (1989) untersuchte diese Faustregel des Gesprächs.

92 Hertwig und Gigerenzer (1999); siehe auch Fiedler (1988); Mellers, Hertwig und Kahneman (2001). Tversky und Kahneman (1983) fanden bei einer anderen Aufgabe einen ähnlichen Effekt, hielten aber an ihrer logischen Norm fest (Gigerenzer 2000). Ein anderer Grund für diesen »Fehlschluss« könnte darin liegen, dass man aus dem Satz »Linda ist eine Bankangestellte« herausliest: »Linda ist eine Bankangestellte und nicht in der Frauenbewegung aktiv.« Das mag gelegentlich passieren, kann aber nicht erklären, dass der »Fehlschluss« weitgehend verschwindet, wenn »wahrscheinlich« durch »wie viele« ersetzt wird.

93 Edwards et al. (2001).

94 Kahneman und Tversky (1984/2000, S. 5, 10).

95 Sher und McKenzie (2006); McKenzie und Nelson (2003).

96 Feynman (1990, S. 69f.).

97 Selten (1978, S. 132f.).

98 Wundt (1912/1950), S. 74. Zur künstlichen Intelligenz siehe Copeland (2004).

99 Gruber und Vonèche (1977, Sp. xxxiv–xxxix).

Kapitel 7: Schon mal davon gehört?

100 Einige Forscher vertreten die Ansicht, in diesen Unterschieden kämen keine unterschiedlichen Prozesse zum Ausdruck, das Wiedererkennen sei einfach eine einfachere Form der Erinnerung (Anderson et al., 1998).

101 Dawkins (1996, S. 175).

102 Standing (1973).

103 Warrington und McCarthy (1988); Schacter und Tulving (1994). Laboruntersuchungen haben gezeigt, dass das Gedächtnis für bloße Wiedererkennung sogar in Lernsituationen funktioniert, in denen die Ablenkung so stark ist, dass keine anderen Inhalte erinnert werden können (Jacoby et al. 1989).

104 Pachur und Hertwig (2006). Die Rekognitionsvaliditäten für die Herreneinzelpaarungen in Wimbledon 2003 finden sich bei Serwe und Frings (2006) und für die Einwohnerzahlen von Städten bei Goldstein und Gigerenzer (2002) sowie bei Pohl (2006). Wichtig ist, dass es bei der Rekognitionsheuristik um Schlussfolgerungen aus dem Gedächtnis geht, nicht um Schlussfolgerungen aus schriftlich vorliegenden Fakten, die Informationen über die nicht wiedererkannte Alternative enthalten können.

105 Ayton und Önkal (2005). Ähnlich berichten Andersson et al. (2005), dass Laien die Ergebnisse der Fußballweltmeisterschaft 2002 genauso gut vorhersagten wie Fachleute.

106 Serwe und Frings (2006). Die Vorhersagen betrafen eine Stichprobe von sechsundneunzig aus einer Gesamtzahl von hundertsiebenundzwanzig Spielen. Die Korrelationen zwischen den drei offiziellen Ranglisten reichten von

0,58 bis 0,74, und die Korrelation zwischen den beiden Wiedererkennungs-Ranglisten betrug 0,64. Die Wettquoten in Wimbledon, die nicht mit den Ranglisten zu vergleichen sind, weil sie nach jedem Spiel aktualisiert werden, brachten es auf 79 Prozent richtige Vorhersagen. Scheibehenne und Bröder (2006) haben die Ergebnisse für Wimbledon 2005 bestätigt.

107 Hoffrage (1995); siehe auch Gigerenzer (1993).

108 Dieser Wert von 60 Prozent heißt *Wissensvalidität* und wird definiert als der Anteil richtiger Antworten, wenn beide Alternativen wiedererkannt werden. Im Gegensatz dazu wird die *Rekognitionsvalidiät* definiert als der Anteil richtiger Antworten, wenn bei Anwendung der Rekognitionsheuristik nur eine Alternative erkannt wird (Goldstein und Gigerenzer 2002).

109 Die Kurven in Abbildung 7.4 lassen sich auch formal ableiten. Stellen Sie sich jemanden vor, der Vorhersagen über N Objekte macht, Tennisspieler etwa oder Länder, und der n dieser Objekte wiedererkennt. Dabei kann n eine Zahl zwischen 0 und N sein. Nun gilt es herauszufinden, welches von zwei Objekten den höheren Wert bezüglich eines Kriteriums hat, etwa die Frage, welcher Spieler das Match gewinnen wird. Es gibt drei Möglichkeiten: Jemand erkennt eines der beiden Objekte, keines oder beide wieder. Im ersten Fall kann man die Rekognitionsheuristik anwenden, im zweiten muss man raten und im dritten Fall auf sein Wissen bauen. Die Zahlen n_{ub}, n_{uu} und n_{bb} geben an, wie häufig diese Fälle vorkommen (u = unbekannt, b = bekannt). Wenn wir die Rekognitionsheuristik anwenden und jedes Objekt mit jedem anderen paaren, erhalten wir:

Zahl der richtigen Vorhersagen = $n_{ub}\alpha + n_{uu}1/2 + n_{bb}\beta$.

Der erste Term auf der rechten Seite der Gleichung gibt die Zahl der richtigen Schlüsse an, die mit der Rekognitionsheuristik gezogen wurden. Wenn es beispielsweise zehn Fälle gibt, in denen eines der beiden Objekte wiedererkannt wird, und die Rekognitionsvalidität α 0,80 beträgt, können wir acht richtige Antworten erwarten. Der zweite Term steht für das Raten, und der dritte ist gleich der Zahl richtiger Schlussfolgerungen, wenn Wissen verwendet wird, das über das Wiedererkennen hinausgeht (β ist die Wissensvalidität). Vorausgesetzt, man wendet die Rekognitionsheuristik an, und α und β sind konstant, lässt sich im Allgemeinen beweisen, dass die Rekognitionsheuristik einen Weniger-ist-mehr-Effekt liefert, wenn $\alpha > \beta$ (Goldstein und Gigerenzer 2002).

110 Goldstein und Gigerenzer (2002).

111 Schooler und Hertwig (2005).

112 Gigone und Hastie (1997). Die Mehrheitsregel ist für Situationen beschrieben worden, in denen die richtige Antwort von keinem Gruppenmitglied bewiesen werden kann (wie es bei einer mathematischen Aufgabe der Fall wäre).

113 Reimer und Katsikopoulos (2004). Die Autoren beweisen, dass der Weniger-ist-mehr-Effekt in Gruppen (davon mehr im nächsten Abschnitt) auf die gleiche Weise formal abgeleitet werden kann wie in Abbildung 7.4.

114 Toscani (1997).
115 Hoyer und Brown (1990).
116 Allison und Uhl (1964).
117 Oppenheimer (2003). Siehe auch Pohl (2006).
118 Volz et al. (2006). In dieser Untersuchung folgten die Urteile der Rekognitionsheuristik in 84 Prozent der Fälle, ähnlich wie in früheren Experimenten. Wenn außerdem Teilnehmer partiell unwissend waren, wenn sie also nur von einer der beiden Städte gehört hatten, gaben sie mehr richtige Antworten, als wenn sie beide Städte dem Namen nach kannten.
119 Interview mit Simon Rattle (Peitz, 2003).

Kapitel 8: Ein einziger guter Grund reicht

120 Zu empirischen Belegen dafür, dass wir uns oft nur auf einen oder einige wenige Gründe stützen, siehe Shepard (1967), Shanteau (1992), Ford et al. (1989), Bröder (2003), Bröder und Schiffer (2003) sowie Rieskamp und Hoffrage (1999).
121 Schlosser (2002).
122 Dawkins (1996, S. 259 ff.).
123 Cronin (1991).
124 Gadagkar (2003).
125 Grafen (1990) zeigte, dass das Handicap-Prinzip sowohl für die Evolution echter Signale als auch für den Kontext der sexuellen Selektion herangezogen werden kann.
126 Petrie und Halliday (1994). Auf die Zahl der Augenflecken ließ sich ihrerseits aus der Symmetrie des Schwanzes schließen; siehe Gadagkar (2003).
127 Siehe Sniderman und Theriault (2004).
128 Menard (2004).
129 Zitiert in: Neuman (1986, S. 174).
130 Ebenfalls zitiert in: Neuman (1986, S. 132).
131 Sniderman (2000).
132 Die Perlen-Heuristik ist eine Weiterentwicklung des theoretischen Ansatzes von Coombs (1964) und des Konzepts des Proximitätswählens.
133 Gigerenzer (1982). Diese Studie analysiert Wählerreaktionen auf zwei neue Parteien, die Grünen und die Europäische Arbeiterpartei (EAP, hier nicht wiedergegeben). Die Wähler wussten sehr wenig über das Programm der EAP, doch ihre Präferenzen und Urteile waren ebenso beständig wie bei den Grünen, über die sie mehr wussten. Diese Studie macht auch einen wichtigen methodischen Punkt klar (siehe Gigerenzer 1982). Wäre ich nicht daran interessiert, welcher kognitive Prozess den Wählerintuitionen zugrunde liegt, würde ich mich stattdessen einfach an ihre Urteile halten und sie mit einem statistischen Standardpaket analysieren. Im Fortgang würde ich feststellen und berichten, dass die Korrelationen zwischen Links – Rechts, Präferenzen

und ökologischen Ansichten meist nahe bei null lägen. So käme ich irrtümlich zu dem Schluss, dass sich Präferenzordnungen und andere Aspekte nicht durch das Links-Rechts-Schema erklären ließen und dass die Wähler daher ein differenziertes System von Gründen im Kopf haben müssten. Unter Umständen würde ich diesen Fehler nie bemerken, frei nach dem beliebten Prinzip: »Korrelieren wir erst einmal und erklären wir später.« In den Intuitionen gibt es Muster, selbst wenn die Korrelationen keine aufweisen.

134 Neuman (1986).

135 Sniderman et al. (1991, S. 94).

136 Scott (2002).

137 Bröder (2000, 2003); Bröder und Schiffer (2003); Newell et al. (2003). Wie die Studie an Eltern zeigen auch diese Experimente individuelle Unterschiede, das heißt, die Menschen unterscheiden sich im Hinblick auf die von ihnen verwendeten Faustregeln.

138 Keeney und Raiffa (1993).

139 Tversky und Kahneman (1982); zum Konservatismus siehe Edwards (1968).

140 Todorov (2003). Die Bayes-Regel ist nach Thomas Bayes benannt, dem diese Regel zugeschrieben wird. Mit ihr lassen sich die sogenannten Likelihood-Quotienten für die diversen möglichen Unterschiede in den Halbzeitständen errechnen, weil größere Unterschiede stärker zu Buche schlagen müssten als kleinere. Take-the-Best dagegen geht nur danach, wer vorne liegt, und kümmert sich nicht darum, mit wie viel Punkten. Obwohl manche die Bayes-Regel für die beste Methode halten, um rationale Entscheidungen in der wirklichen Welt zu treffen, ist es in der Tat unmöglich, die Regel auf Probleme von einiger Komplexität anzuwenden, weil sie nicht mehr berechenbar ist. Die Bayes-Regel lässt sich anwenden, wenn wenige Faktoren (wie Halbzeitstand) bekannt sind, doch bei komplexen Problemen ist die komplexe Regel kaum von Nutzen.

141 Gröschner und Raab (2006). In einer zweiten Studie wurden zweihundertacht Experten und Laien aufgefordert, die Ergebnisse der Fußballweltmeisterschaft 2002 vorherzusagen. Die Laien schnitten beträchtlich besser ab und sagten den Gewinner doppelt so häufig wie die Experten voraus. Die Laien folgten häufig der Intuition, dass für die Mannschaft, die bis dahin die meisten Meisterschaften gewonnen hatte (Brasilien), auch dieses Mal die Wahrscheinlichkeit spräche, und sie hatten recht.

142 Als ich in einem Vortrag zum ersten Mal berichtete, dass *ein* guter Grund besser sei als Franklins Regel, stand ein namhafter Entscheidungsforscher auf und sagte: »Wenn Sie mich beeindrucken wollen, müssen Sie nachweisen, dass *ein* guter Grund es auch mit der multiplen Regressionsanalyse aufnehmen kann.« Wir nahmen die Herausforderung an und bewiesen zum ersten Mal, dass Take-the-Best auch diese Analyse übertreffen kann (Gigerenzer und Goldstein 1996, 1999). Wir veröffentlichten die Daten, sodass jeder die Tests wiederholen und die Behauptung überprüfen konnte. Viele, die ihren

Augen nicht trauen wollten, bestätigten das ursprüngliche Resultat. Der nächste Einwand lautete, wir hätten das nur ein einziges Mal bewiesen. Daher erweiterten wir den Test auf insgesamt zwanzig reale Probleme aus Psychologie, Wirtschaft, Biologie, Soziologie, Gesundheitswesen und anderen Bereichen. Die multiple Regressionsanalyse schaffte im Durchschnitt 68 Prozent richtige Vorhersagen und Take-the-Best 71 Prozent. Als sich die Nachricht in der wissenschaftlichen Gemeinschaft verbreitete und andere Forscher die Ergebnisse unabhängig von uns bestätigten, vermuteten die Verteidiger des Mehr-ist-immer-besser-Prinzips den Fehler nicht mehr in den von uns verwendeten Problemen, sondern in der Art und Weise, wie wir die multiple Regression verwendeten. Einige Experten meinten, wir hätten andere Versionen dieser Methode durchrechnen müssen. Wir taten es und kamen im Prinzip zum gleichen Ergebnis (Czerlinski et al. 1999; Martignon und Laskey 1999). Schließlich konnten wir einige der Bedingungen beweisen, unter denen die komplexe Strategie nicht besser abschneiden kann als Take-the-Best (Martignon und Hoffrage 1999, 2002; Katsikopoulos und Martignon 2006). Das machte diesem Einwand ein Ende, aber nicht der Debatte. Plötzlich ging es nicht mehr um die multiple Regression, sondern um die Notwendigkeit, Take-the-Best mit hochkomplexen, informationsfressenden Algorithmen aus der KI-Forschung und dem Maschinenlernen zu vergleichen. Abermals nahmen wir die Herausforderung an und gelangten zu dem Ergebnis, dass in vielen Situationen ein einziger guter Grund bessere Vorhersagen liefert als diese extrem komplexen Strategien (Brighton 2006). Zu den getesteten komplexen Strategien gehörten (1) konnektionistische Modelle: mit dem Backpropagation-Algorithmus trainierte neuronale Netze (Feed-Forward-Netze), (2) zwei klassische Entscheidungsbaum-Induktionsalgorithmen: Klassifikations- und Regressionsbäume (CART) und C4.5 sowie (3) »Exemplar Models«: Nearest Neighbour Classifier und Nosofskys Generalisiertes Kontext-Modell (GCM).

143 Das ist eine Zusammenfassung von einigen Ergebnissen der Analyse und Simulation, über die berichtet wird in: Gigerenzer, Todd et al. (1999); Katsikopoulos und Martignon (2006); Martignon und Hoffrage (2002), Hogarth und Karelaia (2005a, b, 2006). Die Überschneidung der beiden Linien in Abbildung 5.2 illustriert das Problem des *Overfitting* (Überanpassung). Dieses Phänomen lässt sich folgendermaßen definieren: Nehmen wir zwei Zufallsstichproben einer Population (etwa die Temperaturmessungen zweier Jahre); das erste Jahr ist die Lernstichprobe und das folgende Jahr die Teststichprobe. Ein Modell A ist überangepasst an die Lernstichprobe, wenn es ein alternatives Modell gibt, das eine höhere Fehlerquote in der Lernstichprobe, aber eine geringere Fehlerquote in der Teststichprobe hat.

144 Die Literaturhinweise für die folgenden Beispiele finden sich in Hutchinson und Gigerenzer (2005).

145 Ursprünglich hatte der römische Kalender zehn Monate, und das Jahr begann mit Martius (März); Januarius und Februarius kamen später hinzu.

Julius Cäsar verlegte den Jahresbeginn auf den 1. Januar; Quintilis wurde ihm zu Ehren in Julius umgetauft. Aus Sextilis wurde später Augustus zum Ruhme von Cäsar Augustus (Ifrah 2000, S. 7).

Kapitel 9: Weniger ist mehr für Patienten

146 Naylor (2001).
147 Berg, Biele und Gigerenzer (2007). Informative medizinische Literatur, etwa der *Guide to Clinical Preventive Services* der U.S. Preventive Services Task Force (2002a), ist im Internet sowie in jeder Universitätsbibliothek zu finden.
148 Merenstein (2004).
149 Ransohoff et al. (2002).
150 U.S. Preventive Services Task Force (2002b).
151 Lapp (2005).
152 Etzioni et al. (2002).
153 Schwartz et al. (2004).
154 U.S. Food and Drug Administration; siehe Schwartz et al. (2004).
155 Lee und Brennan (2002).
156 Gigerenzer (2002, S. 133 f.).
157 Domenighetti et al. (1993). Die Schweiz hat übrigens die finanziellen Barrieren für die medizinische Versorgung der Gesamtbevölkerung schon vor fast einem Jahrhundert aufgehoben. Daher ist die Behandlungsrate (einschließlich der Überbehandlung) in der Allgemeinbevölkerung nicht dadurch verzerrt, dass nicht versicherte Bürger keinen Zugang zur Behandlung haben, wie es in Ländern ohne gesetzliche Krankenversicherung der Fall ist (was möglicherweise die Erklärung dafür ist, warum sich in einer US-amerikanischen Studie keine abweichenden Hysterektomie-Raten für Arztfrauen finden; siehe Bunker und Brown 1974).
158 Deveugele et al. (2002); Langewitz et al. (2002).
159 Kaiser et al. (2004).
160 Wennberg und Wennberg (1999).
161 Wennberg und Wennberg (1999, S. 4).
162 Elwyn et al. (2001).
163 Siehe den Reader von Dowie und Elstein (1988).
164 Elwyn et al. (2001). Betreff unseres Programms zur Verbesserung der Intuitionen von Ärzten und Patienten bezüglich Risiken und Ungewissheiten siehe Gigerenzer (2002) und Hoffrage et al. (2000).
165 Pozen et al. (1984).
166 Siehe Green und Yates (1995).
167 Green und Mehr (1997).
168 Corey und Merenstein (1987); Pearson et al. (1994).
169 Zu näheren Einzelheiten siehe Martignon et al. (2003).

170 Wenn der Arzt das Heart Disease Predictive Instrument verwendet, berechnet er für jeden Patienten eine Zahl und vergleicht sie mit einem Schwellenwert. Liegt die Zahl über dem Schwellenwert, kommt der Patient auf die Intensivstation. Dieser Schwellenwert kann hoch oder niedrig festgesetzt werden. Ist er hoch, kommen weniger Patienten auf die Intensivstation, was zu einer höheren Rate von übersehenen Infarkten führt. Das entspricht den Quadraten auf der linken Seite der Abbildung 9.3. Wird die Schwelle niedrig festgesetzt, werden mehr Patienten auf die Intensivstation geschickt, wodurch sich die Zahl der falschen Alarme erhöht, wie die Quadrate rechts zeigen.

171 In einer Wiederholungsstudie in zwei anderen Krankenhäusern in Michigan, die den Nachfolger des Heart Disease Predictive Instrument verwendete, das Acute Coronary Ischemic Time-Insensitive Predictive Instrument (ACI-TIPI), schnitt ein effizienter Entscheidungsbaum abermals genauso gut ab wie die komplexe Methode (Green 1996).

Kapitel 10: Moralisches Verhalten

172 Browning (1999, S. 13). Ich wähle dieses heikle Beispiel, weil es einer der bestdokumentierten Massenmorde in der Geschichte ist, wobei die Besonderheit in diesem Fall darin lag, dass die Polizisten die Chance erhielten, sich nicht an dem Morden zu beteiligen. Wenn Sie noch andere Beispiele kennen, wäre ich für jede Information dankbar. Mein kurzer Bericht kann der Komplexität der Situation nicht gerecht werden. Ich empfehle die Lektüre von Brownings Buch, insbesondere sein Nachwort, wo er seinen Kritikern, wie etwa Daniel Goldhagen, antwortet. Browning liefert ein vielschichtiges Porträt des Bataillons während der ersten und der nachfolgenden Massenerschießungen. Die größte Gruppe der Polizisten tat am Ende das, was von ihr verlangt wurde, weil sie das Risiko vermeiden wollte, sich den Vorgesetzten zu widersetzen oder feige zu erscheinen, auch wenn sie sich nicht freiwillig zu den Erschießungen meldeten. Von der Gewalt zunehmend abgestumpft, hielten sie nicht für unmoralisch, was sie taten, weil es von ihren Vorgesetzten sanktioniert wurde. Tatsächlich versuchten sie, gar nichts zu denken. Eine zweite Gruppe von »eifrigen« Mördern, die ihre Gräueltaten feierten, wuchs im Laufe der Zeit an. Die kleinste Gruppe waren die Verweigerer, die sich jedoch mit Ausnahme eines Leutnants nie gegen das Regime auflehnten oder ihren Kameraden Vorwürfe machten.

173 Browning (1999, S. 105).

174 Johnson und Goldstein (2003). Wohlgemerkt, bei der Anzahl dieser Bürger handelt es sich per Gesetz um potenzielle Spender, nicht um die tatsächliche Spenderrate. Letztere hängt davon ab, wie gut der Austausch zwischen Spender und Empfänger koordiniert ist und wie gut die Mitarbeiter ausgebildet sind – auch davon, wie rasch der Spender, in der Regel das Opfer eines Verkehrsunfalls oder Schlaganfalls, ins Krankenhaus gebracht wird. In den Jah-

ren 1996 bis 2002 wurden die bei weitem beste Organisation und höchste Spenderrate in Spanien erreicht, wo das Einverständnis stillschweigend vorausgesetzt wird, also jeder Bürger als potenzieller Spender gilt, solange keine anderslautende Willensbekundung vorliegt.

175 Johnson und Goldstein (2003).

176 Johnson et al. (1993).

177 Haidt und Graham (in Druck) orientieren sich bei ihren fünf moralischen Dimensionen an der Arbeit von Shweder et al. (1997), wo Schaden und Reziprozität die Ethik der Autonomie betreffen, Hierarchie und Bezugsgruppe die Ethik der Gemeinschaft und Reinheit die Ethik des Göttlichen. Die Verbindung dieser fünf Dimensionen mit Individuum, Familie und Gemeinschaft (statt mit Autonomie, Gemeinschaft und Göttlichkeit) stammt nicht von den Autoren, sondern fällt in meine Verantwortung. Siehe auch Gigerenzer (2007).

178 Kohlberg et al. (1983, S. 75). In diesem Artikel formulieren die Autoren Kohlbergs (1981) ursprüngliche Theorie neu. Die folgende Bewertung der Evidenz stützt sich auf Shweder et al. (1997).

179 Haidt (2001).

180 Harrison (1967, S. 72).

181 Haidt (2001, S. 814); siehe auch Nisbett und Wilson (1977) sowie Tetlock (2003).

182 Laland (2001).

183 Terkel (1997, S. 164).

184 Der Bail Act 1976 und seine Revisionen; siehe Dhami und Ayton (2001).

185 Dhami und Ayton (2001, S. 163). Das folgende Zitat stammt von Dhami (August 2003, persönliche Mitteilung).

186 Dhami (2003).

187 Dhami und Ayton (2001).

188 Gazzaniga (1985).

189 Es gibt zahlreiche Spielarten des Konsequentialismus; siehe Williams (1973) und Downie (1991). Bei Sunstein (2005) findet sich eine interessante Erörterung von Faustregeln und Konsequentialismus.

190 Daston (1988).

191 Bentham (1789/1966); siehe Smart (1967). Das hedonistische Kalkül stammt aus Bentham (1789/1966), Kapitel 4. Wie testamentarisch verfügt, wurde Benthams Leichnam konserviert und in einem Schaukasten im University College London ausgestellt, wo er, mit einem Wachskopf versehen, noch heute zu betrachten ist.

192 Dennett (1988/1986).

193 Sunstein (2005); Viscusi (2000).

Kapitel 11: Soziale Instinkte

194 Humphrey (1976/1988, S. 19); siehe auch Kummer et al. (1997).
195 Richerson und Boyd (2005).
196 Cronin (1991).
197 Darwin (1871/1952, S. 140).
198 Sober und Wilson (1998).
199 Siehe Cosmides und Tooby (1992); Gigerenzer und Hug (1992).
200 Frevert (2003).
201 Resche (2004, S. 723, 741).
202 Mervyn King, 9. September 1999, »Reforming the international financial system: The middle way«. Vortrag auf einer Sitzung der Geldmarkthändler an der Federal Reserve Bank of New York. www.bankofengland.co.uk/publications/news/1999/070.htm
203 Gallup International (2002).
204 Der Neurologe Antonio Damasio (1995, S. 263 ff.) berichtete von einem Patienten mit präfrontaler Schädigung, den er Elliot nannte. Eines Tages fragte Damasio ihn, wann die nächste Sitzung stattfinden könne, und gab ihm zwei Termine zur Auswahl, die nur einige Tage auseinanderlagen: »Fast eine halbe Stunde lang zählte [der Patient] Gründe für und gegen die beiden Termine auf. Vorangehende Verabredungen, die zeitliche Nähe anderer Verabredungen, mögliche Wetterverhältnisse: praktisch alles, was man bei einer so simplen Frage berücksichtigen kann. ... [Er] zwang ... uns, nun einer ermüdenden Kosten-Nutzen-Analyse zu folgen, einer endlosen Aufzählung und einem überflüssigen Vergleich von Optionen und möglichen Konsequenzen.« Als Damasio ihm den zweiten Termin nahelegte, sagte Elliot einfach: »In Ordnung.«
205 Richerson und Boyd (2005).
206 Zu einer Evolutionstheorie der sozialen Veränderung siehe Boyd und Richerson (2005).
207 Lightfoot (2003).
208 Hertle (1996, S. 7, 245). Der folgende Bericht stützt sich auf Hertles Recherchen.
209 Hertle und Stephan (1997, S. 42).

Literatur

Allison, R. I., und K. P. Uhl: »Influence of beer brand identification on taste perception«. *Journal of Marketing Research* 1 (1964), S. 36 ff.

Ambady, N., und R. Rosenthal: »Half a minute: Predicting teacher evaluations from thin slices of nonverbal behavior and physical attractiveness«. *Journal of Personality and Social Psychology* 64 (1993), S. 431–441.

Anderson, J. R., D. Bothell, C. Lebiere und M. Matessa: »An integrated theory of list memory«. *Journal of Memory and Language* 38 (1998), S. 341–380.

Anderson, J. R., und L. J. Schooler: »The adaptive nature of memory«. In: E. Tulving und F. I. M. Craik (Hg.): *Handbook of memory.* New York 2000, S. 557–570.

Andersson, P., J. Edman und M. Ekman: »Predicting the World Cup 2002: Performance and confidence of experts and non-experts«. *International Journal of Forecasting* 21 (2005), S. 565–576.

Axelrod, R.: *Die Evolution der Kooperation*, München 1987.

Ayton, P., und D. Önkal: *Effects of ignorance and information on judgments and decisions.* Unveröffentlichtes Manuskript 2005.

Babler, T. G., und J. L. Dannemiller: »Role of image acceleration in judging landing location of free-falling projectiles«. *Journal of Experimental Psychology: Human Perception and Performance* 19 (1993), S. 15–31.

Barber, B., und T. Odean: »Boys will be boys: Gender, overconfidence, and common stock investment«. *Quarterly Journal of Ecomomics* 116 (2001), S. 261–292.

Bargh, J. A.: »Conditional automaticity: Varieties of automatic influence in social perception and cognition«. In: J. S. Uleman und J. A. Bargh (Hg.): *Unintended thought.* New York 1989, S. 3–51.

Barkow, J. H., L. Cosmides und J. Tooby (Hg.): *The adapted mind: Evolutionary psychology and the generation of culture.* New York 1992.

Barnes, J. (Hg.): *The complete works of Aristotle.* Princeton 1984.

Baron-Cohen, S.: *Mindblindness: An essay on autism and theory of mind.* Cambridge, MA, 1995.

Baron-Cohen, S., D. Baldwin und M. Crowson: »Do children with autism use the Speaker's Direction of Gaze (SDG) strategy to crack the code of language?« *Child Development* 68 (1997), S. 48–57.

Beilock, S. L., B. I. Bertenthal, A. M. McCoy und T. H. Carr: »Haste does not always make waste: Expertise, direction of attention, and speed versus accuracy in performing sensorimotor skills«. *Psychonomic Bulletin and Review* 11 (2004), S. 373–379.

Beilock, S. L., T. H. Carr, C. MacMahon und J. L. Starkes: »When paying attention becomes counterproductive: Impact of divided versus skill-focused attention on novice and experienced performance of sensorimotor skills«. *Journal of Experimental Psychology: Applied* 8 (2002), S. 6–16.

Bentham, J.: *Prinzipien der Gesetzgebung.* Unveränderter reprografischer Nachdruck der Ausgabe von 1833. Frankfurt 1966 (englische Erstveröffentlichung 1789).

Berg, N., G. Biele und G. Gigerenzer: *Logical consistency and accuracy of beliefs: Survey evidence on health decision-making among economists.* Unveröffentlichtes Manuskript 2007.

Bloomfield, T., R. Leftwich und J. Long: »Portfolio strategies and performance«. *Journal of Financial Economics* 5 (1977), S. 201–218.

Blythe, P. W., P. M. Todd und G. E. Miller: »How motion reveals intention: Categorizing social interactions«. In: G. Gigerenzer, P. M. Todd und die ABC Research Group: *Simple heuristics that make us smart.* New York 1999, S. 257–285.

Borges, B., D. G. Goldstein, A. Ortmann und G. Gigerenzer: »Can ignorance beat the stock market?« In: G. Gigerenzer, P. M. Todd und die ABC Research Group, a.a.O., S. 59–72.

Boyd, M.: »On ignorance, intuition and investing: A bear market test of the recognition heuristic«. *Journal of Psychology and Financial Markets* 2 (2001), S. 150–156.

Boyd, R., und P. J. Richerson: *The origin and evolution of cultures.* New York 2005.

Brighton, H.: »Robust inference with simple cognitive models«. In: C. Lebiere und B. Wray (Hg.): *Between an rock and a hard place: Cognitive science principles meet AI-hard problems. Papers for the AAAI Spring Symposium* [AAAI-Bericht SS-06-03]. Menlo Park 2006, S. 17–22.

Bröder, A.: »Assessing the empirical validity of the ›Take-The-Best‹ heuristic as a model of human probabilistic inference«. *Journal of Experimental Psychology: Learning, Memory, and Cognition* 26 (2000), S. 1332–1346.

Bröder, A.: »Decision making with the ›adaptive toolbox‹: Influence of environmental structure, intelligence, and working memory load«. *Journal of Experimental Psychology* 29 (2003), S. 611–625.

Bröder, A., und S. Schiffer: »Bayesian strategy assessment in multi-attribute decision making«. *Journal of Behavioral Decision Making* 16 (2003), S. 193–213.

Browning, C. R.: *Ganz normale Männer: Das Reserve-Polizeibataillon 101 und die »Endlösung« in Polen.* Reinbek 1999.

Bruner, J.: *Der Prozeß der Erziehung.* Berlin 1970.

Brunswik, E.: »Probability as a determiner of rat behavior«. *Journal of Experimental Psychology* 25 (1939), S. 175–197.

Bunker, J. P., und B. W. Brown: »The physician-patient as an informed consumer of surgical services«. *New England Journal of Medicine* 290 (1974), S. 1051 ff.

Bursztajn, H., R. I. Feinbloom, R. M. Hamm und A. Brodsky: *Medical choices, medical chances: How patients, families, and physicians can cope with uncertainty.* New York 1990.

Cacioppo, J. T., G. G. Berntson, J. F. Sheridan und M. K. McClintock: »Multilevel integrative analyses of human behavior: Social neuroscience and the complementing nature of social and biological approaches«. *Psychological Bulletin* 126 (2000), S. 829–843.

Cameron, L. A.: »Raising the stakes in the Ultimatum Game: Experimental evidence from Indonesia«. *Economic Inquiry* 37 (1999), S. 47–59.

Carnap, R.: »On the application of inductive logic«. *Philosophy and Phenomenological Research* 8 (1947), S. 133–148.

Cartwright, N.: *The dappled world: A study of the boundaries of science.* Cambridge 1999.

Collett, T. S., und M. F. Land: »Visual control of flight behaviour in the hoverfly, Syritta pipiens L.« *Journal of Comparative Physiology* 99 (1975), S. 1–66.

Coombs, C. H.: *A theory of data.* New York 1964.

Copeland, B. J. (Hg.): *The essential Turing: Seminal writings in computing, logic, philosophy, artificial intellegence, and artificial life, plus the secrets of enigma.* Oxford 2004.

Corey, G. A., und J. H. Merenstein: »Applying the acute ischemic heart disease predictive instrument«. *Journal of Family Practice* 25 (1987), S. 127–133.

Cosmides, L., und J. Tooby: »Cognitive adaptions for social exchange«. In: J. H. Barkow, L. Cosmides und J. Tooby (Hg.): *The adapted mind: Evolutionary psychology and the generation of culture.* New York 1992, S. 163–228.

Cronin, H.: *The ant and the peacock: Altruism and sexual selection from Darwin to today.* Cambridge (UK) 1991.

Czerlinski, J., G. Gigerenzer und D. G. Goldstein: »How good are simple heuristics?« In: G. Gigerenzer, P. M. Todd und die ABC Reseach Group: *Simple heuristics that make us smart*, New York 1999, S. 97–118.

Daly, M., und M. Wilson: *Homicide.* New York 1988.

Damasio, A.: *Descartes' Irrtum: Fühlen, Denken und das menschliche Gehirn.* München 1995.

Darwin, C.: *Die Abstammung des Menschen und die geschlechtliche Zuchtwahl.* Leipzig 1952 (englische Erstveröffentlichung 1871).

Darwin, C.: *Die Entstehung der Arten.* Stuttgart 1963 (englische Erstveröffentlichung 1859).

Daston, L. J.: *Classical probability in the Enlightenment.* Princeton 1988.

Daston, L. J.: »The naturalized female intellect«. *Science in Context* 5 (1992), S. 209–235.

Dawes, R. M.: »The robust beauty of improper linear models in decision making«. *American Psychologist* 34 (1979), S. 571–582.

Dawkins, R.: *Das egoistische Gen.* Reinbek 1996.

Delahaye, J. P., und P. Mathieu: »Altruismus mit Kündigungsmöglichkeit«. *Spektrum der Wissenschaft* (2/1998), S. 8–14.

DeMiguel, V., L. Garlappi und R. Uppal: *1/N*, EFA 2006 Zürich [SSRN: http://ssrn.com/abstract:911512].

Dennett, D. C.: »The moral first aid manual«. In: S. M. McMurrin (Hg.): *The Tanner Lectures on Human Values*, Bd. VIII. Salt Lake City (1988), S. 119–147 (Vortrag an der University of Michigan, November 1986).

Deveugele, M., A. Derese, A. van den Brink-Muinen, J. Bensing und J. De Maeseneer: »Consultation length in general practice: Cross sectional study in six European countries«. *British Medical Journal* 325 (2002), S. 472–477.

Dhami, M. K.: »Psychological models of professional decision-making«. *Psychological Science* 14 (2003), S. 175–180.

Dhami, M. K., und P. Ayton: »Bailing and jailing the fast and frugal way«. *Journal of Behavioral Decision Making* 14 (2001), S. 141–168.

Dijksterhuis, A., und L. F. Nordgren: »A theory of unconscious thought«. *Perspectives on Psychological Science* 1 (2006), S. 95–109.

Domenighetti, G., A. Casabianca, F. Gutzwiller und S. Martinoli: »Revisiting the most informed consumer of surgical services: The physician-patient«. *International Journal of Technology Assessment in Health Care* 9 (1993), S. 505–513.

Dowd, M.: »Blanket of dread«. *New York Times*, 30. Juli 2003, S. A19.

Dowie, J., und A. S. Elstein (Hg.): *Professional judgement. A reader in clinical decision making*. Cambridge 1988.

Downie, R. S.: »Moral philosophy«. In: J. Eatwell, M. Milgate und P. Newman (Hg.): *The New Palgrave: A dictionary of economics*, Bd. 3. London 1991, S. 551–556.

Edwards, A., G. J. Elwyn, J. Covey, E. Mathews und R. Pill: »Presenting risk information – A review of the effects of ›framing‹ and other manipulations on patient outcomes«. *Journal of Health Communication* 6 (2001), S. 61–82.

Edwards, W.: »Conservatism in human information processing«. In: B. Kleinmuntz (Hg.): *Formal representation of human judgment*. New York 1968, S. 17–52.

Egidi, M., und L. Marengo: »Near-decomposability, organization, and evolution: Some notes on Herbert Simon's contribution«. In: M. Augier und J. J. March (Hg.): *Models of a man: Essays in memory of Herbert A. Simon*. Cambridge, MA, 2004, S. 335–350.

Einstein, A.: »Zur Methodik der theoretischen Physik«. In: *Mein Weltbild*. Frankfurt/Main 1993 (ursprünglich: Herbert-Spencer-Vortrag, Oxford, 10. Juni 1933).

Elman, J. L.: »Learning and development in neural networks: The importance of starting small«. *Cognition* 48 (1993), S. 71–99.

Elwyn, G. J., A. Edwards, M. Eccles und D. Rovner: »Decision analysis in patient care«. *The Lancet* 358 (2001), S. 571 ff.

Epstein, R. A.: *Simple rules for a complex world*. Cambridge, MA, 1997.

Etzioni, R., D. F. Penson, J. M. Legler, D. di Tommaso, R. Boer, P. H. Gann et al.: »Overdiagnosis due to prostate-specific antigen screening: Lessons from U.S. prostate cancer incidence trends«. *Journal of the National Cancer Institute* 94 (2002), S. 981–990.

Feynman, R. P.: *Vom Wesen physikalischer Gesetze.* München 1990.

Fiedler, K.: »The dependence of the conjunction fallacy on subtle linguistic factors«. *Psychological Research* 50 (1988), S. 123–129.

Fiedler, K., und P. Juslin (Hg.): *Information sampling and adaptive cognition.* New York 2006.

Fölsing, A.: *Albert Einstein.* Frankfurt 1995.

Ford, J. K., N. Schmitt, S. L. Schechtman, B. H. Hults und M. L. Doherty: »Process tracing methods: Contributions, problems, and neglected research questions«. *Organizational Behavior and Human Decision Processes* 43 (1989), S. 75–117.

Franklin, B.: »Letter to Jonathan Williams« (Passy, 8. April 1779). In: A. H. Smyth (Hg.): *The writings of Benjamin Franklin*, Bd. VII. New York 1907, S. 281 f.

Freire, A., M. Eskritt und K. Lee: »Are eyes windows to a deceiver's soul? Children's use of another's eye gaze cues in a deceptive situation«. *Developmental Psychology* 40 (2004), S. 1093–1104.

Frevert, U. (Hg.): *Vertrauen. Historische Annäherungen.* Göttingen 2003.

Frey, B. S., und R. Eichenberger: »Marriage paradoxes«. *Rationality and Society* 8 (1996), S. 187–206.

Frings, C., H. Holling und S. Serwe: »Anwendung der Recognition Heuristic auf den Aktienmarkt – Ignorance cannot beat the Nemax50«. *Wirtschaftspsychologie* 4 (2003), S. 31–38.

Fritsche, O.: »So einfach wie möglich«. *Spektrumdirekt,* 20. Januar 2005 (http://www.wissenschaft-online.de/abo/ticker/769498).

Gadagkar, R.: »Is the peacock merely beautiful or also honest?«. *Current Science* 85 (2003), S. 1012–1020.

Gallistel, C. R.: *The organization of learning.* Cambridge, MA, 1990.

Gallup International: *Trust will be the challenge of 2003.* Pressemeldung vom 8. November 2002 (http://www.voice-of-the-people.net).

Gazzaniga, M. S.: *The social brain: Discovering the networks of the mind.* New York 1985.

Gazzaniga, M. S.: *The mind's past.* Berkeley 1998.

Gigerenzer, G.: Der eindimensionale Wähler. *Zeitschrift für Sozialpsychologie* 13 (1982), S. 217–236.

Gigerenzer, G.: »The bounded rationality of probabilistic mental models«. In: K. I. Manktelow und D. E. Over (Hg.): *Rationality: Psychological and philosophical perspectives.* London 1993, S. 284–313.

Gigerenzer, G.: »On narrow norms and vague heuristics. A reply to Kahneman and Tversky (1996)«. *Psychological Review* 103 (1996), S. 592 ff.

Gigerenzer, G.: *Adaptive thinking: Rationality in the real world.* New York 2000.

Gigerenzer, G.: »Content-blind norms, no norms, or good norms? A reply to Vranas«. *Cognition* 81 (2001), S. 93–103.

Gigerenzer, G.: *Das Einmaleins der Skepsis*. Berlin 2002.
Gigerenzer, G.: »Fast and frugal heuristics: The tools of bounded rationality«. In: D. Koehler und N. Harvey (Hg.): *Blackwell handbook of judgment and decision making*. Oxford 2004a, S. 62–88.
Gigerenzer, G.: »Striking a blow for sanity in theories of rationality«. In: M. Augier und J. G. March (Hg.): *Models of a man: Essays in honor of Herbert A. Simon*. Cambridge, MA, 2004b, S. 389–409.
Gigerenzer, G.: »Follow the leader«. *Harvard Business Review* (Februar 2006), S. 18.
Gigerenzer, G.: »Moral intuition = Fast and frugal heuristics?«. In: W. Sinnott-Armstrong (Hg.): *Moral Psychology*, Bd. 2. *The cognitive science of morality: Intuition and Diversity*. Cambridge, MA (in Druck).
Gigerenzer, G., und D. G. Goldstein: »Reasoning the fast and frugal way: Models of bounded rationality«. *Psychological Review* 103 (1996), S. 650–669.
Gigerenzer, G., und D. G. Goldstein: »Betting on one good reason: The Take The Best Heuristic. In: G. Gigerenzer, P. M. Todd und die ABC Research Group: *Simple heuristics that make us smart*. New York 1999, S. 75–95.
Gigerenzer, G., und K. Hug: »Domain-specific reasoning: Social contracts, cheating, and perspective change«. *Cognition* 43 (1992), S. 127–171.
Gigerenzer, G., und D. J. Murray: *Cognition as intuitive statistics*. Hillsdale 1987.
Gigerenzer, G., und R. Selten (Hg.): *Bounded rationality: The adaptive toolbox*. Cambridge 2001.
Gigerenzer, G., P. M. Todd und die ABC Research Group: *Simple heuristics that make us smart*. New York 1999.
Gigone, D., und R. Hastie: »The impact of information on small group choice«. *Journal of Personality and Social Psychology* 72 (1997), S. 132–140.
Gladwell, M.: *Blink: Die Macht des Moments*. Frankfurt/Main 2005.
Goldstein, D. G., und G. Gigerenzer: »Models of ecological rationality, The recognition heuristic«. *Psychological Review* 109 (2002), S. 75–90.
Good, I. J.: »On the principle of total evidence«. *British Journal for the Philosophy of Science* 17 (1967), S. 319 ff.
Goode, E.: In weird math of choices, 6 choices can beat 600. *New York Times*, 9. Januar 2001, S. 7.
Gould, S. J.: *Bravo, Brontosaurus. Die verschlungenen Wege der Naturgeschichte*. Hamburg 1994.
Grafen, A.: »Biological signals as handicaps«. *Journal of Theoretical Biology* 144 (1990), S. 517–546.
Green, L. A.: *Can good enough be as good as the best? Comparative performance of satisficing and optimal decision strategies in chest pain diagnosis*«. Referat auf der Jahrestagung der Society for Medical Decision Making, Toronto 1996.
Green, L. A., und D. R. Mehr: »What alters physicians' decisions to admit to the coronary care unit?« *The Journal of Family Practice* 45 (1997), S. 219–226.
Green, L. A., und J. F. Yates: »Influence of pseudodiagnostic information on the

evaluation of ischemic heart disease«. *Annual of Emergency Medicine* 25 (1995), S. 451–457.

Grice, H. P.: *Studies in the way of words.* Cambridge, MA, 1989.

Gröschner, C., und M. Raab: »Vorhersagen im Fußball. Deskriptive und normative Aspekte von Vorhersagemodellen im Sport«. *Zeitschrift für Sportpsychologie* 13 (2006), S. 23–36.

Gruber, H. E., und J. J. Vonèche: *The essential Piaget.* New York 1977.

Haidt, J.: »The emotional dog and its rational tail: A social intuitionist approach to moral judgment«. *Psychological Review* 108 (2001), S. 814–834.

Haidt, J., und J. Graham: »When morality opposes justice: Emotions and intuitions related to ingroups, hierarchy, and purity«. *Social Justice Research* (in Druck).

Halberstadt, J., und G. L. Levine: »Effects of reasons analysis on the accuracy of predicting basketball games«. *Journal of Applied Social Psychology* 29 (1999), S. 517–530.

Hall, G. S.: *Adolescence*, Bd. 2. New York 1904.

Hammerstein, P.: »Why is reciprocity so rare in social animals? A Protestant appeal«. In: P. Hammerstein (Hg.): *Genetic and cultural evolution of cooperation.* Cambridge, MA, 2003, S. 83–93.

Harrison, J.: »Ethical objectivism«. In: P. Edwards (Hg.): *The encyclopedia of philosophy*, Bd. 3–4. New York 1967, S. 71 ff.

Hayek, F. A.: *Die verhängnisvolle Anmaßung: Die Irrtümer des Sozialismus.* Tübingen 1996.

Helmholtz, H. von: *Abhandlung der physiologischen Optik.* Hildesheim 2003 (Erstveröffentlichung 1856–1866).

Henrich, J., R. Boyd, S. Bowles, C. Camerer, E. Fehr, H. Gintis et al.: »›Economic man‹ in cross-cultural perspective: Behavioral experiments in 15 small-scale societies«. *Behavioral and Brain Sciences* 28 (2005), S. 795–855.

Hertle, H.-H.: *Chronik des Mauerfalls: Die dramatischen Ereignisse um den 9. November 1989.* Berlin 1996.

Hertle, H.-H., und G.-R. Stephan: *Das Ende der SED: Die letzten Tage des Zentralkomitees.* Berlin 1997.

Hertwig, R., und G. Gigerenzer: »The ›conjunction fallacy‹ revisited: How intelligent inferences look like reasoning errors«. *Journal of Behavioral Decision Making* 12 (1999), S. 275–305.

Hertwig, R., und P. M. Todd: »More is not always better: The benefits of cognitive limits«. In: D. Hardman und L. Macchi (Hg.): *The psychology of reasoning and decision making: A handbook.* Chichester 2003, S. 213–231.

Hoffrage, U.: *The adequacy of subjective confidence judgments: Studies concerning the theory of probabilistic mental models.* Unveröffentlichte Dissertation, Salzburg 1995.

Hoffrage, U., S. Lindsey, R. Hertwig und G. Gigerenzer: »Communicating statistical information«. *Science* 290 (2000), S. 2261 f.

Hogarth, R. M.: *Educating intuition.* Chicago 2001.

Hogarth, R. M.: »On ignoring scientific evidence: The bumpy road to enlightenment«. In: P. M. Todd, G. Gigerenzer und die ABC Reseach Group (Hg.): *Ecological rationality: Intelligence in the world* (in Druck).

Hogarth, R. M., und N. Karelaia: »Simple models for multi-attribute choice with many alternatives: When it does and does not pay to face tradeoffs with binary attributes«. *Management Science* 51 (2005), S. 1860–1872.

Hogarth, R. M., und N. Karelaia: »Ignoring information in binary choice with continuous variables: When is less ›more‹?« *Journal of Mathematical Psychology* 49 (2005), S. 115–124.

Hogarth, R. M., und N. Karelaia: »Regions of rationality: Maps for bounded agents«. *Decision Analysis* 3 (2006), S. 124–144.

Holland, J. H., K. J. Holyoak, R. E. Nisbett und P. R. Thagard: *Induction: Processes of inference, learning and discovery*. Cambridge, MA, 1986.

Horan, D.: »Hunches in law enforcement«. In: C. Lerner und D. Polsby (Hg.): *Mere hunches: Policing in the age of terror* (in Druck).

Hoyer, W. D., und S. P. Brown: »Effects of brand awareness on choice for a common, repeat-purchase product«. *Journal of Consumer Research* 17 (1990), S. 141–148.

Huberman, G., und W. Jiang: »Offering vs. choice in 401(k) plans: Equity exposure and number of funds«. *Journal of Finance* 61 (2006), S. 763–801.

Humphrey, N. K.: »The social function of intellect«. In: R. Byrne und A. Whiten (Hg.): *Machiavellian intelligence*. Oxford 1988, S. 13–26 (ursprünglich 1976 erschienen).

Hutchinson, J. M. C., und G. Gigerenzer: »Simple heuristics and rules of thumb: Where psychologists and behavioural biologists might meet«. *Behavioural processes* 69 (2005), S. 97–124.

Ifrah, G.: *A universal history of numbers*. New York 2000.

Iyengar, S. S., und M. R. Lepper: »When choice is demotivating: Can one desire too much of a good thing?«. *Journal of Personality and Social Psychology* 79 (2000), S. 995–1006.

Jacoby, L. J., V. Woloshyn und C. Kelley: »Becoming famous without being recognized: Unconscious influences of memory produced by dividing attention«. *Journal of Experimental Psychology* 118 (1989), S. 115–125.

James, W.: *The principles of psychology*, Bd. 1. Cambridge, MA, 1981 (ursprünglich 1890 veröffentlicht).

Jensen, K., B. Hare, J. Call und M. Tomasello: »What's in it for me? Self-regard precludes altruism and spite in chimpanzees«. *Proceedings of the Royal Society B: Biological Sciences* 273 (2006), S. 1013–1021.

Johnson, E. J., und D. G. Goldstein: »Do defaults save lives?« *Science* 302 (2003), S. 1338 f.

Johnson, E. J., J. Hershey, J. Meszaros und H. Kunreuther: »Framing, probability distortions, and insurance decisions«. *Journal of Risk and Uncertainty* 7 (1993), S. 35–51.

Johnson, J. G., und M. Raab: »Take the first: Option generation and resulting choices«. *Organizational Behavior and Human Decision Processes* 91 (2003), S. 215–229.

Jones, E.: *The life and work of Sigmund Freud*, Bd. 1. New York 1953.

Kahneman, D., P. Slovic und A. Tversky (Hg.): *Judgment under uncertainty: Heuristics and biases.* Cambridge 1982.

Kahneman, D., und A. Tversky: »On the reality of cognitive illusions«. *Psychological Review* 103 (1996), S. 582–591.

Kahneman, D., und A. Tversky: »Choices, values, and frames«. In: D. Kahneman und A. Tversky (Hg.): *Choices, values, and frames.* Cambridge 2000 (Nachdruck aus: *American Psychologist 39* [1984], S. 341–350).

Kaiser, T., H. Ewers, A. Waltering, D. Beckwermert, D. Jennen und P. T. Sawicki: »Sind die Aussagen medizinischer Werbeprospekte korrekt?«. *Arznei-Telegramm* 35 (2004), S. 21 ff.

Kanwisher, N.: »Cognitive heuristics and American security policy«. *Journal of Conflict Resolution* 33 (1989), S. 652–675.

Katsikopoulos, K., und L. Martignon: »Naive heuristics for paired comparisons: Some results on their relative accuracy«. *Journal of Mathematical Psychology* 50 (2006), S. 489 ff.

Keeney, R. L., und H. Raiffa: *Decisions with multiple objectives.* Cambridge 1993.

Kleffner, D. A., und V. S. Ramachandran: »On the perception of shape from shading«. *Perception und Psychophysics* 52 (1992), S. 18–36.

Klein, G.: *Natürliche Entscheidungsprozesse. Über die »Quellen der Macht«, die unsere Entscheidungen lenken.* Paderborn 2003.

Kohlberg, L.: *Essays on moral development*, Bd. 1: *The philosophy of moral development.* San Francisco 1981.

Kohlberg, L., C. Levine und A. Hewer: »Moral stages: A current formulation and a response to critics«. In: J. A. Meacham (Hg.): *Contributions to human development,* Bd. 10. New York 1983.

Kummer, H., L. Daston, G. Gigerenzer und J. Silk: »The social intelligence hypothesis«. In: P. Weingart, P. Richerson, S. D. Mitchell und S. Maasen (Hg.): *Human by nature: Between biology and the social sciences.* Hillsdale 1997, S. 157–179.

Laland, K.: »Imitation, social learning, and preparedness as mechanisms of bounded rationality«. In: G. Gigerenzer und R. Selten (Hg.): *Bounded rationality: The adaptive toolbox.* Cambridge, MA, 2001, S. 233–247.

Lanchester, B. S., und R. F. Mark: »Pursuit and prediction in the tracking of moving food by a teleost fish (Acanthaluteres spilomelanurus)«. *Journal of Experimental Psychology*: General 63 (1975), S. 627–645.

Langewitz, W., M. Denz, A. Keller, A. Kiss, S. Rüttimann und B. Wössmer: »Spontaneous talking time at start of consultation in outpatient clinic: Cohort study«. *British Medical Journal* 325 (2002), S. 682 f.

Lapp, T.: »Clinical guidelines in court: It's a tug of war«. *American Academy of Family Physicians Report*, Februar 2005 (http://www.aafp.org/x33422.xml).

Lee, T. H. und T. A. Brennan: »Direct-to-consumer marketing of high-technology screening tests«. *New England Journal of Medicine* 346 (2002), S. 529 ff.

Lenton, A. P., B. Fasolo und P. M. Todd: »When less is more in ›shopping‹ for a mate: Expectations vs. actual preferences in online mate choice« (in Druck).

Lerner, C.: »Reasonable suspicion and mere hunches«. *Vanderbilt Law Review* 59 (2006), S. 407–474.

Levine, G. M., J. B. Halberstadt und R. L. Goldstone: »Reasoning and the weighing of attributes in attitude judgements«. *Journal of Personality and Social Psychology* 70 (1996), S. 230–240.

Lieberman, M. D.: »Intuition: A social cognitive neuroscience approach«. *Psychological Bulletin* 126 (2000), S. 109–137.

Lightfoot, L.: »Unruly boys taken on pink bus to shame them into behaving«. *Daily Telegraph*, 20. Mai 2003, S. 1.

Luria, A. R.: *Der Mann, dessen Welt in Scherben ging.* Reinbek 1991.

Malhotra, N. K.: »Information load and consumer decision making«. *The Journal of Consumer Research* 8 (1982), S. 419–430.

Marshall, A.: *Principles of economics.* London 1920 (Erstveröffentlichung 1890).

Martignon, L., und U. Hoffrage: »Why does one-reason decision making work? A case study in ecological rationality«. In: G. Gigerenzer, P. M. Todd und die ABC Research Group: *Simple heuristics that make us smart.* New York 1999, S. 119–140.

Martignon, L., und U. Hoffrage: »Fast, frugal and fit: Lexicographic heuristics for paired comparison«. *Theory and Decision* 52 (2002), S. 29–71.

Martignon, L., und K. B. Laskey: »Bayesian benchmarks for fast and frugal heuristics«. In: G. Gigerenzer, P. M. Todd und die ABC Research Group: *Simple heuristics that make us smart.* New York 1999, S. 169–188.

Martignon, L., O. Vitouch, M. Takezawa und M. R. Forster: »Naive and yet enlightened: From natural frequencies to fast and frugal decision trees«. In: D. Hardman und L. Macchi (Hg.): *Thinking: Psychological perspectives on reasoning, judgement and decision making.* Chichester 2003, S. 189–211.

Martin, R. D.: *The specialist chick sexer: A history, a world view, future prospects.* Melbourne 1994.

Matthews, G., R. D. Roberts und M. Zeidner: »Seven myths about emotional intelligence«. *Psychological Inquiry* 15 (2004), S. 179–198.

McBeath, M. K., D. M. Shaffer und M. K. Kaiser: »How baseball outfielders determine where to run to catch fly balls«. *Science* 268 (1995), S. 569 ff.

McBeath, M. K., D. M. Shaffer, S. E. Morgan und T. G. Sugar: *Lack of conscious awareness of how we navigate to catch baseballs.* Referat auf der Toward a Center of Consciousness Conference, University of Arizona, Tucson 2002.

McKenzie, C. R. M., und J. D. Nelson: »What a speaker's choice of frame reveals: Reference points, frame selection, and framing effects«. *Psychonomic Bulletin and Review* 10 (2003), S. 596–602.

Mellers, B., R. Hertwig und D. Kahneman: »Do frequency representations eliminate conjunction effects? An exercise in adversarial collaboration«. *Psychological Science* 12 (2001), S. 269–275.

Menard, L.: »The unpolitical animal«. *The New Yorker,* 30. August 2004, S. 3092 ff.

Merenstein, D.: »Winners and losers«. *Journal of the American Medical Association* 7 (2004), S. 15 f.

Meyers-Levy, J.: Gender differences in information processing: A selectivity interpretation«. In: P. Cafferata und A. Tybout (Hg.): *Cognitive and affective responses to advertising.* Lexington 1989, S. 219–260.

Michalewicz, Z., und D. Fogel: *How to solve it: Modern heuristics.* New York 2000.

Miller, G. A.: »The magical number seven, plus or minus two: Some limits on our capacity of processing information«. *Psychological Review* 63 (1956), S. 81–97.

Myers, D. G.: *Intuition: Its powers and perils.* New Haven 2002.

Naylor, C. D.: »Clinical decisions: From art to science and back again«. *The Lancet* 358 (2001), S. 523 f.

Neuman, W. R.: *The paradox of mass politics.* Cambridge, MA, 1986.

Newell, B. R., N. Weston und D. R. Shanks: »Empirical tests of a fast and frugal heuristic: Not everyone ›takes-the-best‹«. *Organizational Behavior and Human Decision Processes* 91 (2003), S. 82–96.

Newport, E. L.: »Maturational constraints on language learning«. *Cognitive Science* 14 (1990), S. 11–28.

Nisbett, R. E., und T. D. Wilson: »Telling more than we can know: Verbal reports on mental processes«. *Psychological Review* 84 (1977), S. 231–259.

Oppenheimer, D. M.: »Not so fast! (and not so frugal!): Rethinking the recognition heuristic«. *Cognition* 90 (2003), S. B1–B9.

Ortmann, A., G. Gigerenzer, B. Borges und D. G. Goldstein: »The recognition heuristic: A fast and frugal way to investment choice?« In: C. R. Plott und V. L. Smith (Hg.): *Handbook of experimental economics results.* Amsterdam 2006.

Pachur, T., und R. Hertwig: »On the psychology of the recognition heuristic: Retrieval primacy as a key determinant of its use«. *Journal of Experimental Psychology: Learning, Memory, and Cognition* 32 (2006), S. 983–1002.

Payne, J. W., J. R. Bettman und E. J. Johnson: *The adaptive decision maker.* Cambridge 1993.

Pearson, S. D., L. Goldman, T. B. Garcia, E. F. Cook und T. H. Lee: »Physician response to a prediction rule for the triage of emergency department patients with chest pain«. *Journal of General Internal Medicine* 9 (1994), S. 241–247.

Peitz, C.: »Das Leben ist keine Probe«. Interview mit Simon Rattle. *Der Tagesspiegel*, 29. Dezember 2003 (http://archiv.tagesspiegel.de/archiv/29.12.2003/909678.asp).

Petrie, M., und T. Halliday: »Experimental and natural changes in the peacock's (*Pavo cristatus*) train can affect mating success«. *Behavioral and Ecological Sociobiology* 35 (1994), S. 213 ff.

Pinker, S.: *Wie das Denken im Kopf entsteht*, München 1998.
Pohl, R. F.: »Empirical tests of the recognition heuristic«. *Journal of Behavioral Decision Making* 19 (2006), S. 251–271.
Polya, G.: *Mathematik und plausibles Schließen,* Bd. 1. Basel 1962.
Pozen, M. W., R. B. D'Agostino, H. P. Selker, P. A. Sytkowski und W. B. Hood: »A predictive instrument to improve coronary-care-unit admission practices in acute ischemic heart disease«. *The New England Journal of Medicine* 310 (1984), S. 1273 ff.
Putnam, H.: »Minds and machines«. In: S. Hook (Hg.): *Dimensions of mind.* New York 1960, S. 138–164.
Ransohoff, D. F., M. McNaughton Collins und F. J. Fowler jr.: »Why is prostate cancer screening so common when the evidence is so uncertain? A system without negative feedback«. *The American Journal of Medicine* 113 (2002), S. 663 ff.
Rapoport, A.: »Chance, utility, rationality, strategy, equilibrium«. *Behavioral and Brain Sciences* 26 (2003), S. 172 f.
Reimer, T., und K. Katsikopoulos: »The use of recognition in group decision-making«. *Cognitive Science* 28 (2004), S. 1009–1029.
Resche, C.: »Investigating ›Greenspanese‹: From hedging to ›fuzzy transparency‹«. *Discourse and Society* 15 (2004), S. 723–744.
Richerson, P. J., und R. Boyd: *Not by genes alone.* Chicago 2005.
Rieskamp, J., und U. Hoffrage: »When do people use simple heuristics and how can we tell?« In: G. Gigerenzer, P. M. Todd und die ABC Research Group: *Simple heuristics that make us smart.* New York 1999.
Rosander, K. und C. Hofsten: »Development of gaze tracking of small and large objects«. *Experimental Brain Research* 146 (2002), S. 257–264.
Sacks, O.: *Eine Anthropologin auf dem Mars.* Reinbek 1995.
Saxberg, B. V. H.: »Projected free fall trajectories: I. Theory and simulation«. *Biological Cybernetics* 56 (1987), S. 159–175.
Schacter, D. L.: *Aussetzer. Wie wir vergessen und uns erinnern.* Bergisch Gladbach 2005.
Schacter, D. L., und E. Tulving: »What are the memory systems of 1994?« In: D. L. Schacter und E. Tulving (Hg.): *Memory systems 1994.* Cambridge, MA, 1994, S. 1–38.
Scheibehenne, B., und A. Bröder: Predicting Wimbledon tennis results 2005 by mere player name recognition (unveröffentlichtes Manuskript 2006).
Schiebinger, L.: *Schöne Geister. Frauen in den Anfängen der Wissenschaft.* Stuttgart 1993.
Schlosser, E.: *Fast Food Gesellschaft. Fette Gewinne, faules System.* München 2003.
Schooler, L. J., und J. R. Anderson: »The role of process in the rational analysis of memory«. *Cognitive Psychology* 32 (2005), S. 219–250.
Schooler, L. J., und R. Hertwig: »How forgetting aids heuristic inference«. *Psychological Review* 112 (2005), S. 610–628.

Schwartz, B., A. Ward, J. Monterosso, S. Lyubomirsky, K. White und D. R. Lehman: »Maximizing versus satisficing: Happiness is a matter of choice«. *Journal of Personality and Social Psychology* 83 (2002), S. 1178–1197.

Schwartz, L. M., F. J. Fowler, S. Woloshin jr. und H. G. Welch: »Enthusiasm for cancer screening in the United States«. *Journal of the American Medical Association* 291 (2004), S. 71–78.

Scott, A.: »Identifying and analysing dominant preferences in discrete choice experiments: An application in health care«. *Journal of Economic Psychology* 23 (2002), S. 383–398.

Selten, R.: »The chain-store paradox«. *Theory and Decision* 9 (1978), S. 127–159.

Serwe, S., und C. Frings: »Who will win Wimbledon 2003? The recognition heuristic in predicting sports events«. *Journal of Behavioral Decision Making* 19 (2006), S. 321–332.

Shaffer, D. M., S. M. Krauchunas, M. Eddy und M. K. McBeath: »How dogs navigate to catch Frisbees«. *Psychological Science* 15 (2004), S. 437 ff.

Shaffer, D. M., und M. K. McBeath: »Naive beliefs in baseball: Systematic distortion in perceived time of apex for fly balls«. *Journal of Experimental Psychology: Learning, Memory, and Cognition* 31 (2005), S. 1492–1501.

Shanteau, J.: »How much information does an expert use? Is it relevant?« *Acta Psychologica* 81 (1992), S. 75–86.

Shanks, D. R.: »Implicit learning«. In: K. Lamberts und R. Goldstone (Hg.): *Handbook of cognition.* London 2005, S. 202–220.

Shepard, R. N.: »On subjectively optimum selections among multi-attribute alternatives«. In: W. Edwards und A. Tversky (Hg.): *Decision Making.* Baltimore 1967, S. 257–283.

Sher, S., und C. R. M. McKenzie: »Information leakage from logically equivalent frames«. *Cognition* 101 (2006), S. 467–494.

Sherden, W. A.: *The fortune sellers: The big business of buying and selling predictions.* New York 1998.

Shweder, R. A., N. C. Much, M. Mahaptra und L. Park: »The ›big three‹ of morality (autonomy, community, and divinity), and the ›big three‹ explanations of suffering, as well«. In: A. Brandt und P. Rozin (Hg.): *Morality and health.* New York 1997, S. 119–169.

Silk, J. B., S. F. Brosnan, J. Vonk, J. Henrich, D. J. Povinelli, A. S. Richardson et al.: »Chimpanzees are indifferent to the welfare of unrelated group members«. *Nature* 437 (2005), S. 1357 ff.

Simon, H. A.: »Invariants of human behavior«. *Annual Review of Psychology* 41 (1990), S. 1–19.

Simon, H. A.: »What is an ›explanation‹ of behavior?« *Psychological Science* 3 (1992), S. 150–161.

Simon, H. A.: *Die Wissenschaften vom Künstlichen.* Wien 1990 (engl. 1969).

Smart, J. J. C.: »Utilitarianism«. In: P. Edwards (Hg.): *The encyclopedia of philosophy*, Bd. 8. New York 1967, S. 206–212.

Sniderman, P. M.: »Taking sides: A fixed choice theory of political reasoning«. In: A. Lupia, M. D. McCubbins und S. L. Popkin (Hg.): *Elements of reason: Cognition, choice, and the bounds of rationality.* New York 2000, S. 74–84.

Sniderman, P. M., R. A. Brody und P. E. Tetlock: *Reasoning and choice: Explorations in political psychology.* New York 1991.

Sniderman, P. M., und S. M. Theriault: »The dynamics of political argument and the logic of issue framing«. In: W. E. Saris und P. M. Sniderman (Hg.): *Studies in public opinion: Gauging attitudes, nonattitudes, measurement error and change*, Princeton 2004, S. 133–165.

Sober, E.: *Simplicity.* Oxford 1975.

Sober, E., und D. S. Wilson: *Unto others. The evolution and psychology of unselfish behavior.* Cambridge, MA, 1998.

Standing, L.: »Learning 10,000 pictures«. *Quarterly Journal of Experimental Psychology* 25 (1973), S. 207–222.

Stich, S. P.: »Could man be an irrational animal?« *Synthese* 64 (1985), S. 115–135.

Sunstein, C. R.: »Moral heuristics«. *Behavioral and Brain Sciences* 28 (2005), S. 531–542.

Takezawa, M., M. Gummerum und M. Keller: »A stage for the rational tail of the emotional dog: Roles of moral reasoning in group decision making«. *Journal of Economic Psychology* 27 (2006), S. 117–139.

Taleb, N. N.: *Fooled by randomness: The hidden role of chance in life and in the markets.* New York 2004.

Terkel, S.: *My American century.* New York 1997.

Tetlock, P. E.: »Thinking the unthinkable: Sacred values and taboo cognitions«. *Trends in Cognitive Sciences* 7 (2003), S. 320 ff.

Thompson, C., J. Barresi und C. Moore: »The development of future-oriented prudence and altruism in preschool children«. *Cognitive Development* 12 (1997), S. 199–212.

Todd, J. T.: »Visual information about moving objects«. *Journal of Experimental Psychology: Human Perception and Performance* 7 (1981), S. 8795–8810.

Todd, P. M., und G. Gigerenzer: »Bounding rationality to the world«. *Journal of Economic Psychology* 24 (2003), S. 143–165.

Todd, P. M., und G. F. Miller: »From pride and prejudice to persuasion: Satisficing in mate search«. In: G. Gigerenzer, P. M. Todd und die ABC Research Group: *Simple heuristics that make us smart.* New York 1999, S. 287–308.

Todorov, A.: *Predicting real outcomes: When heuristics are as smart as statistical models* (unveröffentlichtes Manuskript 2003).

Tomasello, M.: The role of joint-attentional processes in early language acquisition. *Language Sciences* 10 (1988), S. 69–88.

Tomasello, M.: »Do apes ape?«. In: B. G. Galef jr. und C. M. Heyes (Hg.): *Social learning in animals: The roots of culture.* New York 1996, S. 319–346.

Tooby, J., und L. Cosmides: »The psychological foundations of culture«. In:

J. Barkow, L. Cosmides und J. Tooby (Hg.): *The adapted mind: Evolutionary psychology and the generation of culture.* New York 1992, S. 19–136.

Törngren, G., und H. Montgomery: »Worse than chance? Performance and confidence among professionals and laypeople in the stock market«. *Journal of Behavioral Finance* 5 (2004), S. 148 ff.

Toscani, O.: *Die Werbung ist ein lächelndes Aas.* Frankfurt 1997.

Turing, A. M.: »Computing machinery and intelligence«. *Mind* 59 (1950), S. 433–460.

Tversky, A., und D. Kahneman: »Judgements of and by representativeness«. In: D. Kahneman, P. Slovic und A. Tversky (Hg.): *Judgement under uncertainty: Heuristics and biases.* Cambridge 1982, S. 84–98.

Tversky, A., und D. Kahneman: »Extensional versus intuitive reasoning: The conjunction fallacy in probability judgement«. *Psychological Review* 90 (1983), S. 293–315.

U.S. Preventive Services Task Force: *Guide to clinical preventive services: Report of the U.S. preventive services task force.* 3. Aufl. Baltimore 2002.

U.S. Preventive Services Task Force: »Screening for prostate cancer: Recommendations and rationale«. *Annals of Internal Medicine* 137 (2002), S. 915 f.

Viscusi, W. K.: »Corporate risk analysis: A reckless act?« *Stanford Law Review* 52 (2000), S. 547–597.

Volz, K. G., L. J. Schooler, R. I. Schubotz, M. Raab, G. Gigerenzer und D. Y. von Cramon: »Why you think Milan is larger than Modena: Neural correlates of the recognition heuristic«. *Journal of Cognitive Neuroscience* 18 (2006), S. 1924–1936.

Vranas, P. B. M.: »Single-case probabilities and content-neutral norms: A reply to Gigerenzer«. *Cognition* 81 (2001), S. 105–111.

Warrington, E. K., und R. A. McCarthy: »The fractionation of retrograde amnesia«. *Brain and Cognition* 7 (1988), S. 184–200.

Wegner, D. M.: *The illusion of conscious will.* Cambridge, MA, 2002.

Wennberg, J., und D. Wennberg (Hg.): *Dartmouth atlas of health care in Michigan.* Chicago 1999.

Williams, B.: »A critique of utilitarianism«. In: J. J. C. Smart und B. Williams (Hg.): *Utilitarianism: For and against.* Cambridge 1973, S. 77–150.

Wilson, T. D.: *Strangers to ourselves: Discovering the adaptive unconscious.* Cambridge, MA, 2002.

Wilson, T. D., D. J. Lisle, J. W. Schooler, S. D. Hodges, K. J. Klaaren und S. J. LaFleur: »Introspecting about reasons can reduce post-choice satisfaction«. *Personality und Social Psychology Bulletin* 19 (1993), S. 331–339.

Wilson, T. D., und J. W. Schooler: »Thinking too much: Introspection can reduce the quality of preferences and decisions«. *Journal of Personality and Social Psychology* 60 (1991), S. 181–192.

Wulf, G., und W. Prinz: »Directing attention to movement effects enhances learning: A review«. *Psychonomic Bulletin und Review* 8 (2001), S. 648–660.

Wundt, W.: *Einführung in die Psychologie.* Bonn 1950 (Erstveröffentl. 1912).

Zajonc, R. B.: »Feeling and thinking: Preferences need no inferences«. *American Psychologist* 35 (1980), S. 151–175.

Zweig, J.: »Five investing lessons from America's top pension fund«. *Money,* Januar 1998, S. 115 ff.

Sachregister

Kursive Seitenangaben verweisen auf Abbildungen.

Personenregister